"互联网+"新形态一体化系列丛书

企业纳税实务

主　编　宋在旺　李春会　王冬梅

北京理工大学出版社
BEIJING INSTITUTE OF TECHNOLOGY PRESS

版权专有 侵权必究

图书在版编目(CIP)数据

企业纳税实务 / 宋在旺，李春会，王冬梅主编. -- 北京：北京理工大学出版社，2022.12
ISBN 978-7-5763-1955-2

Ⅰ. ①企… Ⅱ. ①宋… ②李… ③王… Ⅲ. ①企业管理-税收管理-中国-教材 Ⅳ. ①F279.235.4

中国版本图书馆 CIP 数据核字(2022)第 249743 号

出版发行 /	北京理工大学出版社有限责任公司
社　　址 /	北京市海淀区中关村南大街5号
邮　　编 /	100081
电　　话 /	(010)68914775(总编室)
	(010)82562903(教材售后服务热线)
	(010)68944723(其他图书服务热线)
网　　址 /	http://www.bitpress.com.cn
经　　销 /	全国各地新华书店
印　　刷 /	定州启航印刷有限公司
开　　本 /	889毫米×1094毫米　1/16
印　　张 /	11
字　　数 /	218千字
版　　次 /	2022年12月第1版　2022年12月第1次印刷
定　　价 /	35.00元

责任编辑 / 孟祥雪
文案编辑 / 孟祥雪
责任校对 / 周瑞红
责任印制 / 边心超

图书出现印装质量问题,请拨打售后服务热线,本社负责调换

前言 PREFACE

大数据、智能化、云计算、物联网等新技术的广泛应用给财税行业带来了前所未有的新变化,我国的税收政策和会计制度也有了更多新要求,财经类专业教育改革、课程改革更是势在必行。为适应新岗位技能的变化,满足培养高智能财税人才目标,我们编写了此系列教材。

本教材以企业纳税工作过程为依据,将不同税种确定为不同的项目,将技术技能的培养和理论知识的学习相结合,本教材的编写体现了以下特点:

1. "项目化"的教材结构体现教、学、做融合

本教材根据每个税种设置一个项目,有利于开展项目化教学。整体结构充分体现了教、学、做相融合的特点。通过税法导读,了解本项目所需运用的税法条款;通过知识树,从总体上了解本项目的知识框架;然后开展理论知识的学习,理论学习之后,通过"任务操作单"和"学生工作页"的指导,以一个企业完整的经济业务为实战训练,进行"实务解析",并结合"想一想""随堂练习"等栏目,引发思考和训练;最终,在每个项目理论学习结束时,配套进行实战案例和课后作业。教材结构完全融合了教、学、做三个过程。

2. 课证融通,服务于初级会计师考试和各类 x 证书

本教材依托国家税务总局纳税申报平台,根据"1+X"智能财税证书、共享服职业技能证书、金税财务应用职业技能证书等考证内容,将实际企业纳税操作技能和各证的实操训练相结合,形成了各税种的纳税流程,将纳税理论知识和纳税技能有机结合。通过本教材的学习与训练,学习者可以有效提高纳税职业技能和素养。同时,本教材还设计了初级会计师考试要点,方便学生在理论学习的同时,对接掌握初级会计师考试中"经济法基础"科目与税法相关的考点内容。

3. 活页式、工作手册式设计,对接岗位职业能力要求

深化校企"双元"合作开发教材,根据税务会计岗位(群)职业能力要求,设计了增值

税的计算与纳税申报、消费税的计算与纳税申报、企业所得税的计算与纳税申报等活页式、工作手册式教材，根据国家税法政策的变化，及时更新教材内容。

4. 立体化的教材建设既打破了纸质教材的局限，又有利于课堂教学模式改革

教材开发包括课程大纲、教学标准、教案与课件、习题、重点和难点的内容详解、案例讲解、拓展阅读资料等及其他与该教材有关的数字资源，特别是微课、视频。充分利用清华在线网络教学平台和智慧树学习平台为教学提供支持和保障，为线上线下混合教学提供信息化资源。

5. 课程思政，培养学生社会责任意识

通专融合、课程思政特色明显，开展基于课程思政教材编写，将纳税意识、诚信纳税、环境保护观、资源保护观等思政元素渗透到课程中来，让学生感受国家民生政策、激发家国情怀，增强其社会主义制度的认同感，培养学生的社会责任意识。

本教材的编者均为"双师型"人员，由宋在旺、李春会、王冬梅担任主编，唐胜楠与王学玲担任副主编。由于编写水平有限，错误和缺点在所难免，欢迎广大读者批评指正。

编　者

目 录
CONTENTS

项目一　企业纳税认知 ·· 1

　　任务一　税收基本内涵 ·· 2
　　任务二　税收制度及其相关概念 ·································· 4

项目二　增值税的税务处理 ······································ 10

　　任务一　增值税的计算 ··· 12
　　任务二　增值税的会计处理 ····································· 20
　　任务三　增值税的纳税申报 ····································· 25

项目三　消费税的税务处理 ······································ 35

　　任务一　消费税的计算 ··· 36
　　任务二　消费税的会计处理 ····································· 46
　　任务三　消费税的纳税申报 ····································· 51

项目四　关税的税务处理 ·· 57

　　任务一　关税的计算 ··· 58
　　任务二　关税的会计处理 ······································· 65
　　任务三　关税的申报缴纳 ······································· 66

项目五　企业所得税的税务处理 ... 72
- 任务一　企业所得税的计算 ... 73
- 任务二　企业所得税的会计处理 ... 82
- 任务三　企业所得税的申报缴纳 ... 85

项目六　个人所得税的税务处理 ... 94
- 任务一　个人所得税的计算 ... 96
- 任务二　个人所得税的会计处理 ... 109
- 任务三　个人所得税的申报缴纳 ... 111

项目七　其他税种的税务处理 ... 121
- 任务一　城市维护建设税和教育费附加的税务处理 ... 123
- 任务二　资源税的税务处理 ... 127
- 任务三　房产税和契税的税务处理 ... 141
- 任务四　城镇土地使用税的税务处理 ... 150
- 任务五　印花税的税务处理 ... 153
- 任务六　车船税的税务处理 ... 160
- 任务七　车辆购置税的税务处理 ... 165

参考文献 ... 170

项目一

企业纳税认知

项目描述

王鹏同学是一名中职在读学生,临近毕业,为了增强对企业税务管理工作的认识,他到信合公司实习。在实习期间,王鹏同学通过公司 2021 年的各项经济业务,熟悉了税务会计岗位设置及工作的内容,为进一步办理涉税业务做好铺垫。

学习目标

1. 能判断税收的种类。
2. 能简单阐述我国税法的构成要素。
3. 能区别税务会计与财务会计。
4. 能熟悉税务会计工作内容。
5. 树立诚实守信、遵章办事的意识。
6. 具备依规办税、维护企业合法正当权益的能力。

知识树

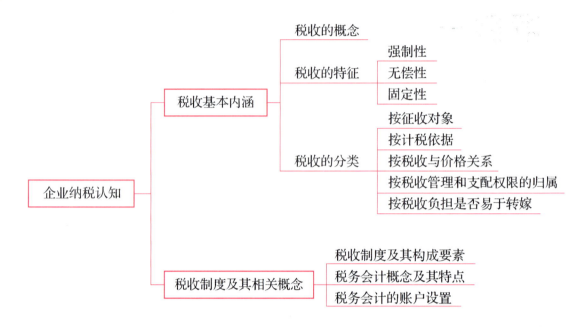

任务一　税收基本内涵

任务描述

为了能够尽快适应工作，王鹏同学需要在实习师傅的指导下，查阅与税收相关的知识，熟悉税收的概念及特征，还要系统地了解税收的种类，为后续工作打好基础。

任务分析

王鹏同学需要先认知税收，确定税收的概念、特征及税收的种类等。

知识准备

一、税收的概念

税收是国家为满足社会公共需要，凭借政治权力，按照法律所规定的标准和程序，参与国民收入分配，强制地、无偿地取得财政收入的一种特定分配方式。

税收是国家参与收入再分配的一种特殊形式。税收是政府财政收入的主要来源，是一定社会制度下的一种特定分配关系。

二、税收的特征

税收作为政府筹集财政收入的一种规范形式，具有区别于其他财政收入形式的特点，即强制性、无偿性和固定性（见表1-1）。

表1-1 税收的特征

特征	表现形式	关 系
强制性	税收的强制性是指国家凭借其公共权力以法律、法令形式对税收征纳双方的权利与义务进行规范，依据法律进行征税	税收的三个特征是统一的整体，相互联系，缺一不可。无偿性是税收这种特殊分配手段本质的体现，强制性是实现税收无偿征收的保证，固定性是无偿性和强制性的必然要求。三者相互配合，保证了政府财政收入的稳定
无偿性	税收的无偿性是指国家征税后，税款一律纳入国家财政预算统一分配，而不直接向具体纳税人返还或支付报酬	
固定性	税收的固定性是指国家征税之前预先规定了统一的征税标准，包括纳税人、课税对象、税率、纳税期限、纳税地点等。这些标准一经确定，在一定时间内是相对稳定的	

三、税收的分类

根据各种税收的目的和作用不同，我国的税收大致有以下几种类型（见表1-2）。

表1-2 按税收的目的和作用不同的分类

分类依据	种 类	主要税种
征税对象	货物劳务税（流转税）	增值税、消费税、车辆购置税、关税
	所得税	企业所得税、个人所得税
	资源税	资源税
	财产行为税	契税、土地增值税、印花税、房产税、城市维护建设税
计税依据	从量税	耕地占用税、车船税、城镇土地使用税
	从价税	增值税、关税和所得税
税收与价格关系	价内税	消费税、关税
	价外税	增值税
税收管理和支配权限的归属	中央税	关税
	地方税	财产行为税
	中央与地方共享税	增值税、资源税

续表

分类依据	种 类	主要税种
税收负担是否易于转嫁	直接税	企业所得税
	间接税	增值税、关税

其中按征税对象不同，税收可以划分为货物劳务税、所得税、资源税和财产行为税（见表1-3）。

表1-3　按征税对象不同的分类

分 类	主要特点	主要税种
货物劳务税	又称为流转税，是指在生产、流通和服务领域中，以销售商品或提供劳务而取得的销售收入额或营业收入额为征税对象征收的一种税	增值税、消费税、车辆购置税、关税
所得税	是指以各种所得额为征税对象征收的一种税	个人所得税、企业所得税
资源税	是以各种应税自然资源为征税对象，为了调节资源级差收入并体现国有资源有偿使用而征收的一种税	资源税
财产行为税	是指以纳税人所拥有或支配的财产数量或财产价值为征税对象，或者为了某些特定目的以某些特定行为为征税对象的税收	契税、土地增值税、印花税、房产税、城市维护建设税

任务二　税收制度及其相关概念

任务描述

王鹏同学通过实习，已经明确了税收的概念、特征和类别。为了日后能更好地开展工作，王鹏同学还需要明确知晓税收的构成要素及内涵。

任务分析

为了能更好地胜任这项工作，小王同学除了要认知税收，还要确定税收的构成要素、税务会计与财务会计的区别、税务会计的内容、税务会计的账户设置等。

知识准备

一、税收制度及其构成要素

(一) 税收制度的概念

税收制度简称"税制",是国家以法律或者法令形式规定确定的各种课税办法的总和,反映国家与纳税人之间的经济关系,是国家财政制度的主要内容。

(二) 税收制度的构成要素

税收制度的构成要素简称税法要素,一般包括征税人、纳税义务人、征税对象、税目、税率、计税依据、纳税环节、纳税期限、纳税地点、减税免税、法律责任等。其中,纳税义务人、征税对象、税率是构成税法的三个基本要素。

1. 征税人

征税人是指代表国家行使税收征管职权的各级税务机关和其他征收机关。税种不同,可能有不同的征税人。如增值税征税人是税务机关,关税的征税人是海关。

2. 纳税义务人

纳税义务人(纳税主体,简称纳税人)是指税法规定的直接负有纳税义务的单位和个人。纳税人是纳税的主体,每一种税的税法都必须规定纳税人,包括自然人和法人。

3. 征税对象

征税对象(纳税客体)是指税收法律关系中征纳双方权利、义务所指向的物或者行为,即对什么征税的问题。

4. 税目

税目是指征税对象的具体项目,反映具体的征税范围。

5. 税率

税率是指应纳税额与征税对象之间的比例,是计算应纳税额的尺度,它体现征税的深度。我国现行税率的基本形式有三种:比例税率、累进税率和定额税率,如表1-4所示。

表1-4 我国现行税率的基本形式

税率形式	概　念	适用税种举例
比例税率	对同一征税对象不论数额大小,都按同一比例征税的税率	我国现行的增值税、企业所得税等

续表

税率形式	概 念	适用税种举例
累进税率	按征税对象数额的大小，划分若干等级，每个等级由低到高规定相应的税率，征税对象数额越大税率越高，数额越小税率越低的一种税率。 常用的累进税率有超额累进税率和超率累进税率两种	目前个人所得税中工资薪金所得等采用的是超额累进税率；土地增值税采用的是超率累进税率
定额税率	按照征税对象的计量单位直接规定一个固定税额的税率	我国现行的城镇土地使用税、车船税等

6. 计税依据

计税依据也称计税标准，是指计算应纳税额的依据或标准，即根据什么来计算纳税人应缴纳的税额。

计税依据可以分为从价计征、从量计征、复合计征三种类型。

7. 纳税环节

纳税环节是指税法规定的征税对象在从生产到消费的流转过程中应当缴纳税款的环节。如流转税在商品的生产和流通环节纳税，所得税在分配环节纳税。

8. 纳税期限

纳税期限是指负有纳税义务的纳税人向国家缴纳税款的最后时间限制。它是税收强制性、固定性在时间上的体现。

9. 纳税地点

纳税地点是指纳税人具体缴纳税款的地点。通常，在税法上规定的纳税地点主要是机构所在地、经济活动发生地、财产所在地、报关地等。

10. 减税免税

减税免税是指税法规定的对某些特殊情况给予减轻或免除税收负担的一种税收优惠措施或特殊调节手段。减税是对应征税款减少征收一部分；免税是全部免除税收负担。

11. 法律责任

法律责任是指对有违反税法行为的纳税人采取的惩罚措施，包括加收滞纳金、处以罚款、追究刑事责任等。罚则是税收强制性在税收制度中的体现，纳税人必须按期足额缴纳税款，凡有拖欠税款、逾期不缴税、偷税抗税等违反税法行为的，都应受到制裁（包括刑事制裁和行政处罚制裁等）。

二、税务会计概念及其特点

（一）税务会计概念

税务会计是以现行税收法规为准绳，运用会计学的理论、方法和程序，对企业涉税会计事项进行确认、计量、记录和申报（报告），以实现企业最大化税收利益的一门专业会计。

（二）税务会计特点

税务会计的特点如表1-5所示。

表1-5　税务会计的特点

特　点	表现形式
法定性	税务会计要严格依据国家税收法律法规进行核算，这是它区别于其他专业会计最典型的特点
广泛性	只要发生符合法律规定要件的行为，无论是自然人还是法人都可能成为纳税义务人
统一性	同一种税对于不同纳税人而言，其规定具有统一性、规范性
独立性	税务会计和企业财务会计并不是并列存在的，它属于企业会计的一个特殊领域
可筹划性	税务会计可以在精准把握税收法规及国家相关政策的基础上，进行预先的经营安排，以使纳税人实现税负的最小化，从而减轻税收负担

（三）税务会计与财务会计的关系

税务会计及财务会计都是通过企业的财务数据进行核算，核算的内容在某些方面具有一致性。两者都遵循持续经营、会计分期和货币计量的假设，均以共同的纳税人核算工作为会计主体，同时，两者都是为了提高企业的经济效益而存在，在合法的范围内最大限度地减少企业的纳税金额，提高企业的经济效益。但财务会计和税务会计在实现的目标、核算对象、核算依据、会计要素以及对会计上的稳健原则态度有所区别，具体内容如表1-6所示。

表1-6　税务会计与财务会计的关系

区　别	税务会计	财务会计
核算所实现的目标方向不同	在税法的规范下为企业筹划纳税形式，并实施纳税筹划、计算、申纳税款等税务活动	客观、公正地反映企业的财务状况、经营成果及资金变动情况
核算对象不同	企业涉及税收部分的财务数据，例如企业的经营收入及利润等，为企业核算应缴税款然后进行税款的缴纳	核算的是企业全部的资金运动
核算依据不同	需要借助于财务会计的数据资料，按照税法规定进行调整数据以编制纳税申报表及调整后的财务报表	根据会计法、企业的数据资料编制相应的财务报表
会计要素不同	有应税收入、扣除费用、纳税所得和应纳税额四项。这里的应税收入、扣除费用和财务会计中的收入、费用不同，在确认的范围、时间，计量标准和方法上都可能发生差异	有六大要素，即资产、负债、所有者权益、收入、费用和利润。这六大要素是会计对象的具体化，财务会计所反映的内容是围绕六要素进行的

续表

区　别	税务会计	财务会计
对会计上的稳健原则态度不同	一般不对未来损失和费用进行预计，只有在客观上证据表明已发生的情况下才可确认	实行稳健原则，一般充分预计可能的损失和费用，而不预计可能的收入，使财务报表所反映的财务状况和经营成果不被报表使用者误解

三、税务会计的账户设置

目前，在我国税务会计尚未建立完整、独立的会计核算制度。企业税务会计核算是与财务会计核算融合为一体的，并从属于财务会计核算。税务会计核算相关规定只是散见于相关具体税收法规文件中，并无单行税务会计法规。在实务工作中，企业一般按照《企业会计准则》或《小企业会计准则》等规定，主要通过"应交税费"账户进行税务核算。

任务实施

学生工作页
税收基本内涵

学生工作页
税收制度及其构成要素

时政热点

守信激励　失信惩戒——纳税信用管理助力企业"增信减负"

2021年5月18日　　　　　　来源：新华社客户端

纳税信用是衡量企业信用的"试金石"。

近年来，税务部门建立健全纳税信用管理制度，落实信用联合激励惩戒，加强部门合作和信用信息共享，积极构建现代化纳税信用管理体系，助力企业"增信减负"，实现高质量发展。

"诚信纳税为企业带来'真金白银'！"河南省焦作市东方祥生电器有限公司财务负责人王腾飞告诉记者，2017—2019年，公司连续3年被评为A级纳税信用企业，在税务部门的帮助指导下，2020年公司顺利获得了100万元的纳税信用贷款。

国家税务总局纳税服务司有关负责人介绍,"十三五"期间,税务部门不断优化纳税信用管理系统,提升数据自动采集率、完善系统归集分析功能,同时,加强对企业经营管理和财务人员的税法宣传教育。最新出炉的全国纳税信用评价结果显示,我国A级纳税信用企业有275万户,数量和占比均明显上升。

为鼓励和引导纳税人增强依法诚信纳税意识、主动纠正纳税失信行为,税务部门从2020年开始实施纳税信用修复机制。

"纳税人发生未按法定期限办理纳税申报、税款缴纳、资料备案等事项且已补办的,可在规定期限内向主管税务机关申请纳税信用修复。"国家税务总局纳税服务司纳税信用管理处处长耿铁鹏说。

因税收申报问题被扣分,福建福特科光电股份有限公司在2019年年度纳税信用评级为B级。在了解具体情况后,当地税务部门对该公司进行了专项税收辅导,纳税人及时修正了错误,在进行纳税信用修复后,成了A级纳税信用企业。

"A级纳税信用企业'失而复得',让我们倍加珍惜。"福建福特科光电股份有限公司办税员檀慧婷说,如果被评为B级,企业将无法一次性领取3个月增值税发票,也享受不到A级纳税信用企业相关的联合激励举措。

作为失信主体的自我纠错机制,纳税信用修复有效引导市场主体及时纠正自身轻微涉税违规行为,强化了企业信用意识。在2020年纳税信用评价中,700多万户企业实现了纳税信用修复,其中近70万户企业实现纳税信用级别提升,近6万户企业纳税信用级别提升至A级。

国家税务总局纳税服务司有关负责人说,依托金税三期系统,税务部门实现了纳税信用评价结果与业务办理的自动关联。部分税收政策如增值税新增留抵税额退税、资源综合利用增值税即征即退税等适用条件中明确了纳税信用级别要求。

"得益于A级纳税信用企业的身份,公司2个工作日内就完成了增量留抵退税,退税款及时到位,极大缓解了资金流通压力。"福建建新花卉产业园有限公司财务总监谢腾飞说。

中共中央办公厅、国务院办公厅不久前印发的《关于进一步深化税收征管改革的意见》明确提出:健全守信激励和失信惩戒制度,充分发挥纳税信用在社会信用体系中的基础性作用。

项目二

增值税的税务处理

项目描述

王鹏同学在税务代理公司参与代理本市电器生产企业、化妆品生产企业的纳税申报工作，企业中涉及增值税的问题，王鹏同学需要根据各公司 2022 年 3 月份的经济业务内容和财务报表，利用增值税应纳税额的计算公式和纳税申报流程，完成各公司 2022 年 3 月份增值税的税务处理。

学习目标

1. 能判断增值税的征税范围及税率。
2. 能针对经济业务准确完成增值税应纳税额的计算。
3. 能针对经济业务进行增值税的税务处理。
4. 能完成公司增值税业务的申报缴纳。
5. 能树立遵纪守法、依法纳税的意识。
6. 能正确处理国家和企业的利益关系。

知识树

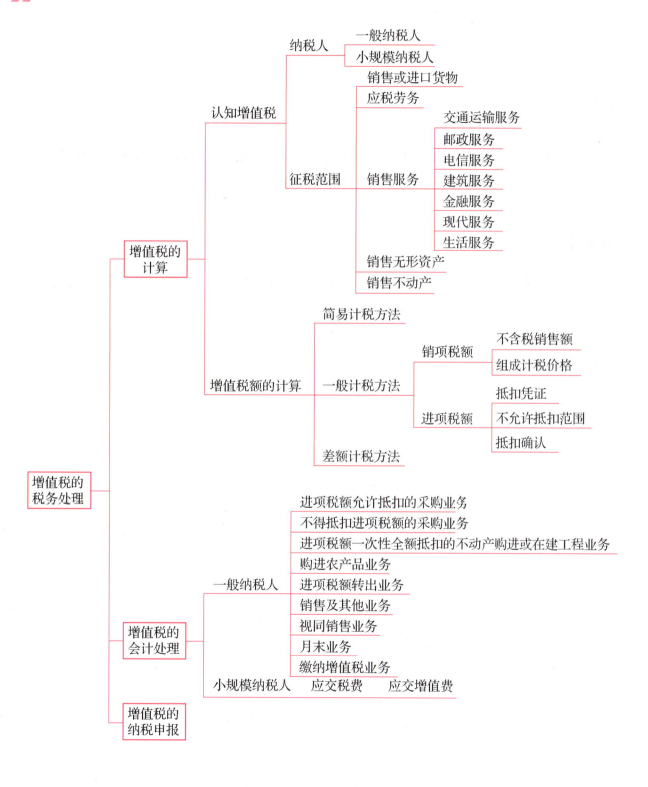

任务一　增值税的计算

任务描述

根据代理公司相关业务内容资料,完成代理公司2022年3月增值税应纳税额的计算,为后续的增值税的会计处理和申报缴纳工作做好准备。

任务分析

为完成增值税的计算,王鹏同学需要先学习增值税的概念、特征,熟悉纳税范围,确定税率、计税依据,最后计算出本月的应纳税额。

知识准备

一、认知增值税

（一）增值税的概念、特征及分类

1. 增值税的概念

增值税是以商品（含应税劳务）在流转过程中产生的增值额作为计税依据而征收的一种流转税。

2. 增值税的特征

（1）不重复征税,只对新增增值额征税,无新增增值额不征税,公平税负;

（2）分环节征税、扣税,税款征收及时;

（3）税基广、税链长,缴税主体覆盖面全、环节多,税款征收具有普遍性、稳定性和连续性;

（4）在税收征管上可以互相制约,交叉审计,避免发生偷税。

3. 增值税分类

根据对外购固定资产所含税金扣除方式的不同,对增值税进行分类,如表2-1所示。

表 2-1　增值税的类型

类　型	税　基
生产型	销售收入总额减去所购中间产品价值后的余额为税基
收入型	销售收入总额减去所购中间产品价值与固定资产折旧额后的余额为税基
消费型	销售收入总额减去所购中间产品价值与固定资产投资额后的余额为税基

我国目前所征收的就是消费型增值税。

（二）纳税人分类与征税范围

1. 一般纳税人和小规模纳税人的划分标准（见表 2-2）

表 2-2　一般纳税人和小规模纳税人的划分标准

项目		具体规定
基本划分标准	年销售额的大小	（1）年应征增值税销售额在 500 万元以下（含 500 万元）的，为小规模纳税人； （2）年应征增值税销售额超过 500 万元的企业和企业性单位，为一般规模纳税人
	会计核算水平	（1）会计核算不健全，不能按规定报送有关税务资料的增值税纳税人为小规模纳税人； （2）会计核算健全，能按规定报送有关税务资料的增值税纳税人为一般纳税人
特殊划分标准		（1）年应税销售额超过小规模纳税人标准的其他个人为小规模纳税人； （2）年应税销售额超过 500 万元且不经常发生应税行为的单位和个体工商户可选择登记为小规模纳税人

2. 增值税的征税范围（见表 2-3）

表 2-3　增值税的征税范围

项　目	具体征税范围
一般范围	（1）销售货物；（2）提供加工；（3）进口货物；（4）销售服务；（5）销售无形资产或不动产
视同销售货物行为	（1）将货物交付其他单位代销； （2）销售代销货物； （3）设有两个或两个以上机构并实行统一核算的纳税人，将货物由一个机构移送至其他机构用于销售，但相关机构设在同一县（市）的除外； （4）将自产或者委托加工的货物用于非增值税应税项目； （5）将资产、委托加工的货物用于集体福利或者个人消费； （6）将自产、委托加工或者购进的货物作为投资，提供给其他单位或者个体工商户； （7）将自产、委托加工或者购进的货物分配给股东或者投资者； （8）将自产、委托加工或者购进的货物无偿赠送给其他单位或者个人

续表

项目	具体征税范围
视同销售无形资产或不动产行为	（1）单位或者个体工户向其他单位或者个人无偿提供服务，但用于公益事业或者以社会公众为对象的除外； （2）单位或者个人向其他单位或者个人无偿转让无形资产或不动产，但用于公益事业或者以社会公众为对象的除外； （3）财政部和国家税务总局规定的他情形
混合销售行为	一项销售行为如果既涉及销售又涉及服务，即为混合销售行为
兼营	是指纳税人的经营中既包括销售货物和加工、修理修配劳务，又包括销售服务、无形资产和不动产行为

（三）增值税的税率、扣除率和征收率（见表2-4）

表2-4 增值税的税率、扣除率和征收率

纳税人	税率		适用范围
一般纳税人	基本税率		销售或进口大部分货物，提供加工修理修配劳务，提供有形动产租赁服务
	低税率	9%	（1）销售或者进口粮食等农产品、食用植物油、食用盐、自来水、暖气、冷气、热水、煤气、石油液化气、天然气、沼气、居民用煤炭制品、图书、报纸、杂志、化肥、农药、农机、农膜、饲料、音像制品、电子出版物、二甲醛等。 （2）提供交通运输、邮政、基础电信、建筑服务、不动产租赁服务、销售不动产、转让土地使用权
		6%	销售无形资产（除土地使用权）、提供增值电信服务、金融服务、现代服务（除有形动产租赁服务和不动产租赁服务外）、生活服务
	扣除率	9%或10%	购进农产品扣除率9%；购进用于生产或委托加工13%税率货物的农产品扣除率10%
小规模纳税人	征收率3%		应税服务的年应征增值税销售额未超过500万元的纳税人

（四）增值税的起征点与减免税

1. 增值税的起征点

纳税人销售额未达到国务院财政、税务主管部门规定的增值税起征点的，免征增值税；达到起征点的，依照规定全额计算缴纳增值税。

增值税起征点的适用范围仅限于个人，不适用于登记为一般纳税人的个体工商户。

增值税起征点的幅度规定如下：

（1）按期纳税的，为月销售额5 000～20 000元（含本数）。

（2）按次纳税的，为每次（日）销售额300~500元（含本数）。

起征点的调整由财政部和国家税务总局规定。省、自治区、直辖市财政厅（局）和国家税务局当在规定的幅度内，根据实际情况确定本地区适用的起征点，并报财政部和国家税务总局备案。

2. 增值税的减免税的主要项目

纳税人发生同时适用免税和零税率规定的应税行为，可以选择适用免税或者零税率。

（1）农业生产者销售的自产农产品，农民专业合作社销售本社成员生产的农业产品；

（2）避孕药品和用具；

（3）古旧图书；

（4）直接用于农业科研、科学研究、科学试验和教学的进口仪器、设备；

（5）外国政府、国际组织无偿援助的进口物资和设备；

（6）符合规定的进口残疾人专用的用品；

（7）个人销售的自己使用过的物品；

（8）根据国家指令无偿提供的铁路、航空运输服务以及用于公益事业的服务；

（9）存款利息，被保险人获得的保险赔付；

（10）资产重组过程中，转让给其他单位和个人的不动产、土地使用权；

（11）房地产主管部门或者其指定机构、公积金管理中心、开发企业及物业管理单位代收的住宅专项维修资金。

二、应纳税额的计算

增值税的计税方法包括一般计税方法和简易计税方法。一般纳税人发生的应税行为适用一般计税方法计税；一般纳税人发生财政部和国家税务总局规定的特定应税行为，可以选择适用简易计税方法计税；小规模纳税人发生的应税行为适用简易计税方法计税。

（一）一般纳税人应纳税额的计算

一般计税方法的应纳税额，是指当期销项税额抵扣当期进项税额后的余额。一般计税方法的应纳税额的计算公式为：

$$应纳税额 = 当期销项税额 - 当期进项税额$$

如果当期销项税额小于当期进项税额，导致销项税额不足以抵扣进项税额时，其不足部分可以结转下期继续抵扣。

1. 销项税额的确定

销项税额是指纳税人发生的应税行为应按照销售额和增值税税率计算并收取的增值税税额。销项税额的计算公式为：

$$销项税额 = 销售额 \times 增值税税率$$

2. 销售额的确定

（1）销售额（一般情况）的确定。

销售额是指纳税人因发生应税行为而取得的全部价款和价外费用，但是不包括收取的销项税额。

一般计税方法的销售额不包括销项税额，纳税人采用销售额和销项税额合并定价方法的，应按照下列公式计算销售额：

$$销售额=含税销售额÷（1+税率）$$

【实训2-1】某商场为增值税一般纳税人，2022年3月销售电视机100台，每台电视机含增值税销售价为2 260元，增值税税率为13%。计算该商场该笔业务的销项税额。

解析：本题售价为含税销售额，首先应折算成不含税销售额，然后计算销项税额。

销项税额 = 2 260÷（1+13%）×13%×100 = 26 000（元）

价外费用就是在增值税专用发票注明价格之外向购买方收取的各种费用的总称。价外费用包括向购买方收取的手续费、补贴、基金、集资费、返还利润、奖励费、违约金、滞纳金、延期付款利息、赔偿金、代收款项、代垫款项、包装费、包装物租金、储备费、优质费、运输装卸费及其他各种性质的价外收费，但不包括代收代缴的消费税、代垫运输费用、代购买方缴纳的行政事业性收费、车辆购置税、车辆牌照费。

【实训2-2】东方公司为增值税一般纳税人，3月销售电视机100台，每台电视机含增值税销售价为1 200元，适用增值税税率为13%，同时还对每台电视机向顾客加收包装费20元。计算该公司的销项税额。

解析：公司向顾客收取的包装费属于价外费用，应当并入销售额来计算销项税额。在计算时，该包装费应按照含增值税收入来处理。

销项税额 = 1 200÷（1+13%）×13%×100+20÷（1+13%）×13%×100 ≈ 14 035.40（元）

（2）销售额（视同销售行为）的确定。

纳税人销售商品、服务、无形资产、不动产价格明显偏低或者偏高且不具有合理商业目的的，或者发生视同销售行为而无销售额的，主管税务机关有权按照下列顺序确定销售额：

①按照纳税人最近时期销售同类商品、服务、无形资产或者不动产的平均价格确定。

②按照其他纳税人最近时期销售同类商品、服务、无形资产或者不动产的平均价格确定。

③销售额（按照组成计税价格）的确定。组成计税价格的计算公式为：

$$组成计税价格=成本×（1+成本利润率）$$

成本利润率由国家税务总局确定。纳税人因销售价格明显偏低或无销售价格等原因，规定需按组成计税价格确定销售额的，其组成计税价格公式中的成本利润率为10%。但属于应从价定率征收消费税的货物，其组成计税价格公式中的成本利润率由国家税务总局单独规定。

【实训2-3】东方公司为增值税一般纳税人，于3月销售了三批同一规格和质量的货物，每批各700件，不含增值税价格分别为第一批每件190元、第二批每件200元和第三批每件60元。经税务机关认定，第三批货物的价格明显偏低且不具有合理商业目的。计算甲公司应纳增值税税额。

解析：由于第三批货物的价格（每件60元）明显偏低且不具有合理商业目的，则该公司在计算该批货物的销售额时不能使用60元的价格，而要使用销售同类货物的平均价格。

应纳增值税税额 = [190+200+（190+200）÷2]×700×13% = 61 880（元）

【实训2-4】东方公司为增值税一般纳税人，3月将其自产的100件新型电器作为福利发放给员工，市场上没有与该电器类似的产品，因此也没有同类产品的销售价格。已知每台电器的生产成本为500元，成本利润率为10%。计算该公司的增值税应纳税额。

解析：该公司将自产的新型电器作为福利发放给员工，属于视同销售行为，需要缴纳增值税。由于该电器没有市场价格，也没有同类产品销售价格，因此需要计算组成计税价格。

组成计税价格 = 500×（1+10%）= 550（元）

应纳增值税税额 = 550×100×13% = 7 150（元）

（3）特殊销售方式下销售额的确定。

①折扣方式下销售额的确定。纳税人发生应税行为，并将价款和折扣额在同一张发票上分别注明的，以折扣后的价款为销售额。未在同一张发票上分别注明的，应以价款为销售额，不得扣减折扣额。

【实训2-5】东方公司为增值税一般纳税人，3月销售了一批毛巾，不含增值税的市场价格为74 000元。公司给予购买方八折优惠，并将折扣额与销售额在同一张发票上分别注明。计算该笔业务的销项税额。

解析：由于公司将折扣部分与销售额在同一张发票上分别注明，因此可以按折扣后的价款作为销售额。

销项税额 = 74 000×80%×13% = 7 696（元）

②以旧换新方式下销售额的确定。纳税人采取以旧换新方式销售货物，应按新货物的同期销售价格确定销售额。

【实训2-6】东方公司为增值税一般纳税人，3月对某品牌冰箱采取以旧换新方式进行促销，共销售了200台，每台以旧换新的旧冰箱不含税作价300元，扣除旧货收购价后实际取得的不含税销售收入为600 000元。计算该笔业务的销项税额。

解析：纳税采取以旧换新方式销售货物，应按新货物的同期销售价格确定销售额。

该笔业务的销售额 = 600 000 +200×300 = 660 000（元）

销项税额 = 660 000×13% = 85 800（元）

（4）关于包装物押金的处理。

① 一般货物的包装物押金在收取时不计征增值税，应在逾期或超过一年以上仍不退还时计征增值税，如果是应税消费品的货物还应计征消费税。

② 对于除啤酒、黄酒之外的酒类，包装物押金在收取时就要计征增值税和消费税，逾期时不再计征增值税和消费税，退还押金时也不再退还已经交过的增值税和消费税。而对于啤酒、黄酒的包装物押金，因为啤酒和黄酒是从量定额征收消费税，所以在收取押金的时候不计征增值税和消费税，逾期不退回时确认收入，计征增值税但不计征消费税。

【实训2-7】东方公司为增值税一般纳税人，3月销售一批服装，取得不含增值税价款220 000元，另收取包装物押金700元。计算该笔的销项税额。

解析：由于公司销售的服装属于一般货物，则在收取包装物押金时不计征增值税。

销项税额 = 220 000 × 13% = 28 600（元）

3. 进项税额的确定（见表2-5）

纳税人购进货物或者接受应税劳务支付或者负担的增值税税额，为进项税额。进项税额是纳税人在购进货物或劳务时支付的，而纳税人在随后产生销售额的时候需要支付增值税，但其中的一部分增值税已经在纳税人购进货物时支付过了，因此需要从销项税额中将这一部分支付过的增值税税额以进项税额的方式扣除掉。

表2-5　进项税额的抵扣、不抵扣项目

准予从销项税额中抵扣的进项税额	（1）从销售方取得的增值税专用发票上注明的增值税税额。 （2）从海关取得的海关进口增值税专用缴款书上注明的增值税税额。 （3）购进农产品，按照农产品收购发票或者销售发票上注明的农产品买价和10%的扣除率计算的进项税额。 （4）从境外单位或者个人购进服务、无形资产或者不动产，自税务机关或者扣缴义务人取得的解缴税款的完税凭证上注明的增值税税额
不得从销项税额中抵扣的进项税额	（1）用于简易计税方法计税项目、免征增值税项目、集体福利或者个人消费（纳税人的交际应酬消费）的购进货物、加工修理修配劳务、服务、无形资产和不动产。 （2）非正常损失的购进货物，以及相关的加工修理修配劳务和交通运输服务。 （3）非正常损失的在产品、产成品所耗用的购进货物（不包括固定资产）加工修理修配劳务和交通运输服务。 （4）非正常损失的不动产，以及该不动产所耗用的购进货物、设计服务和建筑服务。 （5）非正常损失的不动产在建工程所耗用的购进货物、设计服务和建筑服务。纳税人新建、改建、扩建、修缮、装饰不动产，均属于不动产在建工程。 （6）购进的旅客运输服务、贷款服务、餐饮服务、居民日常服务和娱乐服务。纳税人接受贷款服务向贷款方支付的与该笔贷款直接相关的投融资顾问费、手续费、咨询费等费用，其进项税额不得从销项税额中抵扣。 （7）财政部和国家税务总局规定的其他情形

【实训2-8】东方公司3月外购了售价为400 000元（不含增值税）的水泥，取得增值税专用发票。该批水泥被用于生产水泥混凝土。该公司将该批水泥混凝土出售后获得收入

698 340元（含增值税）。计算该公司增值税应纳税额。

解析：公司生产的产品是水泥混凝土，该产品属于可以选择简易方法计税的商品，因此有两种选择：按一般计税方法缴纳增值税，或者选择按简易方法计税。但一经选择，36个月内不得变更。

按一般计税方法计算的值税如下：

应纳税额 = 698 340 ÷（1+13%）×13% - 400 000 ×13% = 28 340（元）

按简易方法计算的增值税如下：

应纳税额 = 698 340 ÷（1+3%）×3% = 20 340（元）

【实训2-9】东方公司为增值税一般纳税人，3月购进一批燃料，取得的增值税专用发票上注明税额为60 000元。该批燃料同时用于增值税应税项目和免征增值税项目，增值税应税项目实现含增值税销售额1 200 000元，免征增值税项目实现销售额800 000元，且公司无法划分不得抵扣的进项税额。计算公司不得抵扣的进项税额

解析：因公司无法划分不得抵扣的进项税额，计算如下：

不得抵扣的进项税额 = 60 000 × 800 000 ÷（1 200 000 + 800 000）= 24 000（元）

（二）小规模纳税人应纳税额的计算

小规模纳税人销售货物或提供应税劳务，其应纳税额的计算不适用扣税法，而是实行按照销售额和征收率计算应纳税额的简易办法，不得抵扣进项税额。其计算公式为：

应纳税额=销售额×征收率

销售额不包括收取的增值税销项税额，即为不含税销售额。

对销售货物或提供应税劳务采取销售额和增值税销项税额合并定价方法的，要分离出不含税销售额，其计算公式为

销售额=含税销售额÷（1+征收率）

小规模纳税人计算增值税的几种特殊情形：

（1）小规模纳税人销售自己使用过的固定资产和旧货，应按下列公式确定销售额和应纳税额：

销售额=含税销售额÷（1+3%）

应纳税额=销售额×2%

【实训2-10】公司是专门经营旧货的增值税小规模纳税人，3月1日购进一批旧家具，收购价格为20 000元。3月19日将其出售，售价20 600元（含税）。计算乙公司当月增值税应纳税额。

解析：公司增值税应纳税额 = 20 600 ÷（1+3%）×2% = 400（元）

（2）小规模纳税人销售自己使用过的除固定资产及旧货以外的货物，按下列公式确定销

售额和应纳税额：

$$销售额 = 含税销售额 \div (1+3\%)$$

$$应纳税额 = 销售额 \times 3\%$$

【实训2-11】远昌公司为小规模纳税人，3月购进一批智能手机，取得增值税普通发票，注明不含增值税价格为400 000元。当月将该批手机出售，取得销售收入515 000元。计算公司当月增值税应纳税额。

解析：因甲公司是小规模纳税人，并且对消费者开具的是普通发票，故取得的销售收入为含税收入，必须先折算为不含税收入，再计算应纳增值税额。计算如下：

$$销售额 = 515\,000 \div (1+3\%) = 500\,000（元）$$

$$增值税应纳税额 = 500\,000 \times 3\% = 15\,000（元）$$

任务实施

任务操作单
一般纳税人增值税销项税额的计算

学生工作页
一般纳税人增值税销项税额的计算

任务操作单
一般纳税人增值税进项税额的计算

学生工作页
一般纳税人增值税进项税额的计算

任务操作单
小规模纳税人增值税的计算

学生工作页
小规模纳税人增值税的计算

任务二　增值税的会计处理

任务描述

根据上一任务计算的各公司增值税的应纳税额，完成各代理公司2021年8月增值税的会计处理。

模块一

面包加工技术

项目一　面包基础知识

【基础知识】

❖❖ 知识目标

1. 熟悉面包加工用原辅料的分类、组成和性质。
2. 掌握各种原辅料在面包中的作用。

❖❖ 素质目标

1. 通过资料查询、分析、分享等活动，使学生养成良好的学习习惯、端正的学习态度。
2. 融入中国传统文化，发挥"以文育人"的作用，培养学生文化自信。

> 情境导入
>
> 中国是世界上最古老的文明古国之一，也是世界上最大的农作物起源中心之一。许多农作物是我国劳动人民从野生植物中培育出来的。起源于中国的农作物有粟、稷、水稻、荞麦。秦汉末期，小麦先在西北和西部少数民族地区种植，之后传入中原，但粟仍是最主要的粮食。唐宋时期稻、麦取代了粟。

一、面包的结构——小麦粉

小麦粉是面包制作的原料之一，是由小麦磨制而成的粉，直接影响面包的成品质量。

面包的结构——小麦粉

小麦主要由表皮、糊粉层、胚乳和胚芽4部分构成。表皮占小麦粒干重(麦粒除去水分后的质量)的8%~10%；糊粉层占小麦粒干重的3%~9%；胚乳是小麦粒的主要部分，占小麦粒干重的78%~84%；胚芽占小麦粒干重的2%~4%。

小麦的表皮主要由纤维素组成，食用价值不高；糊粉层中除含有较多的纤维素外，还含有蛋白质、维生素和矿物质，营养价值较高；胚乳中含有大量的淀粉和蛋白质；胚芽内除含有蛋白质、糖、脂肪和纤维素外，还含有B族维生素、维生素E和酶。

由于小麦各部分的成分不同，因而磨制精度不同的小麦粉，其营养成分的含量也不相同。小麦粉含有蛋白质、碳水化合物、脂肪、水分、矿物质、维生素及酶类等成分，其中含量最多的是碳水化合物类，占70%~80%，其次是蛋白质类，占7%~15%。

1. 小麦粉的分类

小麦粉在不同国家和地区的分类方法有所不同，亚洲国家主要根据面筋含量进行分类，欧洲国家则根据灰分含量进行分类。

我国小麦粉按面筋含量可分为三类：高筋小麦粉、中筋小麦粉、低筋小麦粉。

(1)高筋小麦粉：指蛋白质含量为11%~14%、湿面筋含量大于或等于30%的小麦粉。高筋小麦粉色泽较白，表面粗糙，手抓不易成团，适宜制作面包、面条等。

(2)中筋小麦粉：是介于高筋小麦粉与低筋小麦粉之间的一类小麦粉，蛋白质含量为9%~11%，湿面筋含量为24%~30%。中筋小麦粉色泽乳白，体质半松散，适宜做中式面点、馒头、包子等。

(3)低筋小麦粉：蛋白质含量小于或等于10%，湿面筋含量小于或等于24%。低筋小麦粉色泽较白，粒度较细，触感细润，手抓易成团，适宜制作蛋糕、饼干等。

除此之外，还可以从加工精度、用途等方面进行分类。按加工精度小麦粉可分为特制一等粉、特制二等粉、标准粉、普通粉。按用途小麦粉可分为饺子粉、馒头粉、面条粉等。

2. 面包的骨架——蛋白质

小麦粉在调制面团过程中，蛋白质发生水化作用，从而形成面筋。从胶体化学来看，面筋形成过程可以看作是蛋白质有限溶胀的过程；从分子角度看，是在搅拌的作用下，麦胶蛋白和麦谷蛋白分子间的相互作用，即二硫键的作用结果，形成了面筋的网状结构，从而起到骨架作用，支撑着面包体。

面包的骨架——蛋白质

小麦品种不同，对应小麦粉中的蛋白质含量也不同，一般含有6%~18%的蛋白质。小麦粉中的蛋白质分别是麦胶蛋白、麦谷蛋白、白蛋白、球蛋白，其中麦胶蛋白和麦谷蛋白不溶于水。麦胶蛋白和麦谷蛋白占面筋组成的80%以上，两者数量基本相等，但两者结构、性质不同，作用也不同(图1-1)。麦胶蛋白是球状蛋白质，表面积小，分子间的相互作用不强，缺少弹性，具有流动性，有良好的黏性、延伸性和可塑性。麦谷蛋白是纤维状蛋白质，表面积大，分子间相互结合能力强，有较强的弹性。搅拌好的面团之所以具有较好的弹性及延伸性，主要是这两种蛋白质综合作用的结果，只有两者相互作用、比例适中才能形成较好的面筋。麦胶蛋白吸水量小，膨润度小；麦谷蛋白吸水量大，膨润度大。在膨胀过程中，麦谷蛋白吸收麦胶蛋白、少量的可溶性蛋白，形成了网状组织结构(即面筋)，因此，麦胶蛋白和麦谷蛋白也称为面筋蛋白。面筋蛋白的吸水性很强，一般1份面筋蛋白可吸收2份质量的水，故湿面筋质量的1/3便是小麦粉中蛋白质含量的近似值。

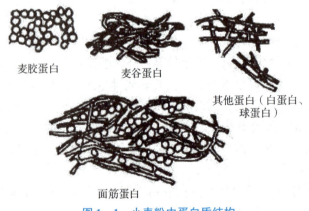

图1-1 小麦粉中蛋白质结构

所以，制作面包需要蛋白质含量较高的小麦粉，同时也要求蛋白质的质量好，即麦胶蛋白和麦谷蛋白的含量要高。这样，做出来的面包才能体积大、品质好。

(1) 影响面筋形成的因素主要包括面团温度、静置时间、加水量、搅拌强度、小麦粉质量等。

①面团温度：面团温度过低，会影响面筋的形成，面筋蛋白在30 ℃左右时，其吸水率可达150%，面筋生成率最高。

②静置时间：静置有利于面筋的形成，因为蛋白质吸水形成面筋需要一段过程，故搅拌后的面团静置一段时间有利于面筋的形成，一般静置时间为20 min左右。

③加水量：水和蛋白质反应可形成面筋。水量不足，反应不充分，面筋生成率较低，品质较差；水量过大，加速酶对蛋白质的作用，也造成面筋生成率降低。

④搅拌强度：适当的搅拌或揉擦有利于面筋蛋白与水的充分接触，加速其吸水胀润，从而形成面筋，提高面筋的生成率。过度搅拌会使面筋性能弱化。

⑤小麦粉质量：只有含较多面筋蛋白的小麦粉才有可能形成好的面筋。一般高筋小麦粉的面筋蛋白含量高于低筋小麦粉。

(2) 面筋蛋白工艺性能包括弹性、延伸性、可塑性、韧性、比延伸性。

①弹性：指湿面筋被压缩或拉伸后恢复原状态的能力。弹性好的面筋，用手指按压后能迅速复原，不粘手，拉伸后抵抗力大；弹性弱的面筋，用手指按压后不能复原，并且粘手，拉伸后抵抗力小。

②延伸性：指湿面筋被拉长至某长度后不断裂的性质，一般以长度(cm)计算。

③可塑性：指湿面筋被压缩或拉伸后不能恢复状态的能力。

④韧性：指面筋被拉伸时所表现的抵抗力。一般来说，弹性强的面筋韧性也好。

⑤比延伸性：以面筋每分钟能自动延伸的长度(cm)来表示。筋力强的面筋每分钟可自动延伸几厘米，而筋力弱的面筋每分钟可自动延伸高达100 cm。

按照弹性和延伸性的强弱，面筋可分为以下三个等级。

①优良面筋：弹性好，延伸性大或适中。

②中等面筋：弹性好，延伸性小，或弹性中等，比延伸性小。

③劣质面筋：弹性小，韧性差，由于本身重力而自然延伸和断裂。完全没有弹性，或冲洗面筋时不黏结而流散。

不同面制食品对面筋的工艺要求亦有所不同。面包制作要求小麦粉弹性和延伸性都好，糕点、饼干制作则对小麦粉的弹性、韧性、延伸性要求不高，但要求其可塑性良好。如果小麦粉的工艺性能不符合制品的要求，则需对小麦粉进行改良，使其符合制品生产要求。

3. 面包的肌肉——淀粉

淀粉是高分子碳水化合物，由葡萄糖分子聚合而成。小麦粉的主要成分是淀粉，含量约70%，其中，支链淀粉较多，占75%以上，直链淀粉较少。淀粉中有5%~8%的破损淀粉。小麦在加工过程中，由于机械力的作用，使小麦粉中的淀粉受到损伤，受损伤的淀粉粒称为破损淀粉。破损淀粉可提高小麦粉的吸水率。淀粉与水结合加热以后会发生性质变化，正是由于这个原因，面包面团能够从黏糊的状态变成蓬松的固体状。

面包的肌肉——淀粉

（1）淀粉糊化。淀粉与水相结合后加热，淀粉颗粒就会吸收水分开始膨胀。如果持续加热，淀粉就会持续性地吸水膨胀，变成黏稠的状态，这个状态叫糊化，淀粉糊化的温度一般为 65 ℃左右。糊化淀粉继续被加热，多余的水分开始陆续蒸发，水分的蒸发也促进了糊化淀粉变成白稠的海绵状，并逐渐固化，这个过程叫糊化淀粉的固化。经过这个过程，面包就已经形成了蓬松柔软的状态。淀粉一经糊化，就不能恢复原来的样子，所以当面团经过烘烤后，便保持了一定的形状。

糊化是淀粉最与众不同的特性。这种反应是生淀粉可以被食用的必需条件，淀粉经糊化后才能被淀粉酶作用，未糊化淀粉不能被淀粉酶作用。这种变化能除掉植物中的不佳味道，留下爽口润滑的口感。

小麦粉中的碳水化合物除了淀粉，还含有 1%~1.5% 的单糖、双糖及少量的可溶性糊精。这些可溶性碳水化合物在面团发酵时被酵母作用生成乙醇、二氧化碳等物质。二氧化碳使面团的气孔膨大，经烘烤而成松软的海绵状成品。

（2）淀粉老化。老化过程的实质是在糊化过程中，已经溶解膨胀的淀粉分子重新排列组合，形成一种类似天然淀粉结构的物质。淀粉老化的过程是不可逆的。老化后的淀粉不仅口感变差，消化吸收率也随之降低。

4. 其他成分

（1）维生素。小麦粉中含有少量维生素 C、维生素 A，富含维生素 E、B 族维生素。

（2）矿物质。小麦粉中的矿物质主要有磷、钾、镁、钙、钠、铁、铜等。矿物质主要分布在糊粉层中。小麦粉中矿物质含量的高低是评价小麦粉品质优劣的指标，加工精度高的小麦粉，矿物质含量少；加工精度低的小麦粉，矿物质含量多。

（3）脂肪。主要存在于胚芽中，麸皮和胚乳中也有少量脂肪。小麦粉中的脂肪多是不饱和脂肪酸，是人体必需脂肪酸，但不饱和脂肪酸易于氧化酸败，对烘烤品质有着直接的影响，所以小麦粉中的脂肪越少越好。

（4）酶类。小麦粉中含有淀粉酶、蛋白酶、脂肪酶、植酸酶等。

①淀粉酶。淀粉酶主要有 α-淀粉酶和 β-淀粉酶。β-淀粉酶含量充足，但热稳定性差，水解作用只能在酵母发酵阶段进行；α-淀粉酶的含量极少，但热稳定性较强，在 70~75 ℃仍能进行水解作用，把可溶性淀粉变为糊精，改变淀粉的流变性。当面包烘烤至淀粉糊化后，α-淀粉酶的水解作用仍在进行，因此对提高面包的质量起很大作用。

为了利用 α-淀粉酶改善面包的质量，可在面团中加入一定数量的 α-淀粉酶制剂，以保证面团发酵时正常产生二氧化碳气体，使面包内部组织松软，黏度适宜，表皮色泽稳定且均匀。

②蛋白酶。小麦粉中含有很少量的蛋白酶，蛋白酶可以水解面筋蛋白，使面团软化，降低小麦粉的加工性能。在面团中加入半胱氨酸、谷胱甘肽等活化剂能激活蛋白酶，加入抗坏血酸、偶氮甲酰胺等氧化剂可抑制蛋白酶的作用。

若使用面筋过强的小麦粉制作面包，可加入适量的蛋白酶制剂，以降低面筋的强度，有助于面筋完全扩展，缩短搅拌时间，但必须严格控制蛋白酶制剂的用量。

③脂肪酶。小麦内的脂肪酶主要存在于糊粉层，脂肪酶是一种对脂肪起水解作用的酶，它可以将小麦粉里的脂肪水解成脂肪酸，从而引起酸败，降低小麦粉的加工品质。因此，加工精度高的小麦粉比加工精度低的小麦粉储存稳定性高。加工精度低的小麦粉制作

的面包，在高温下储存易导致酸败变质。

小麦粉中脂肪酶的最适宜 pH 值为 7.5，最适宜温度为 30～40 ℃。

④植酸酶。小麦粉中植酸主要存在于糊粉层和麸皮里，15% 存在于胚乳中。植酸酶可将植酸水解，从而减少植酸与钙、铁、镁及其他矿物质形成非溶性复合物，提高人体对矿物质的吸收率。

5. 小麦粉在面包制作中的作用

小麦粉是面包的主要原料，在面包制作过程中起着不可替代的作用。

（1）形成面包的组织结构。小麦粉中的蛋白质在吸水、搅拌作用下形成面筋，面筋起支撑产品组织骨架的作用；小麦粉中的淀粉吸水润胀，并在适当的温度下糊化、固定。两种作用共同形成了面包的组织结构。

（2）提供酵母发酵所需营养。小麦粉中含有淀粉酶，可以把小麦粉内的淀粉转化为麦芽糖，麦芽糖又在酵母中麦芽糖酶的作用下分解为葡萄糖供给酵母利用。

（3）增加面包的营养价值。小麦粉中含有人体需要的蛋白质、淀粉、矿物质等物质。

知识拓展

小麦粉熟化

新磨制的小麦粉面筋筋力较弱，缺乏弹性和韧性，用其调制的面团黏性大，烘烤出来的产品表皮颜色暗、体积小，易塌陷收缩，组织不均匀，所以需要熟化的过程。

小麦粉熟化亦称成熟、后熟、陈化。小麦粉熟化的机理是：新磨制小麦粉中的半胱氨酸和胱氨酸含有未被氧化的巯基（—SH）。巯基是蛋白酶的激活剂，搅拌时，被激活的蛋白酶水解小麦粉中的蛋白质，从而使焙烤食品的品质变劣。小麦粉经过一段时间储藏后，巯基被氧化而失去活性，小麦粉中蛋白质不被水解，小麦粉的烘焙性能也得到改善。

小麦粉的熟化时间为 3～4 周或 1～2 个月不等。新磨制的小麦粉在 4～5 天后开始"出汗"，进入小麦粉的呼吸阶段，发生一系列的生化反应，从而使小麦粉熟化，熟化后的小麦粉烘烤品质大大改善，生产出的产品有光泽、体积大，面包不易收缩变形。

二、面包的灵魂——酵母

膨松剂又叫膨胀剂、疏松剂，是指在食品加工过程中加入的，能使产品起发形成致密多孔的组织，从而使制品膨松、柔软或酥脆的物质。按成分不同，膨松剂分为生物膨松剂和化学膨松剂。酵母是常用的生物膨松剂。本项目讲述酵母相关知识，化学膨松剂在本书模块三中介绍。

面包的灵魂——酵母

酵母菌分布于整个自然界，是一种单细胞兼性厌氧的真菌微生物，它能将糖发酵成乙醇和二氧化碳。

酵母菌有着天然丰富的营养体系，细胞中含有大量的有机物、矿物质和水分。有机物占细胞干重的 90%～94%，其中蛋白质含量为 35%～60%，碳水化合物含量为 35%～60%，脂类含量为 1%～5%。此外，还富含多种维生素、矿物质、酶类和活性物质。

酵母是以糖类、淀粉和其他农业副产物为原料，用发酵培养法生产的微生物产品。

1. 酵母的分类

酵母按照用途不同分为面包酵母、啤酒酵母、药用酵母等。面包酵母一般分为鲜酵母、干酵母、高活性即发干酵母。

(1)鲜酵母。鲜酵母是指把培养出来的酵母菌经压榨而制成。鲜酵母含有70%水，具有活细胞多、发酵速度快、发酵风味足、使用成本低等优点。不足之处是只适宜在0～4 ℃冷藏保存，保存期为2～3个月，若温度过高，鲜酵母会自溶腐败，丧失活力。

鲜酵母分为高糖型和低糖型两种。低糖型鲜酵母适用于每50 kg小麦粉中加糖量2.5 kg以下或不加糖的面制品；高糖型鲜酵母适用于每50 kg小麦粉中加糖量2.5 kg以上的面制品，一般鲜酵母用量为2%～3%。

(2)干酵母。干酵母是由鲜酵母经低温干燥制成。干酵母含有8%左右的水，具有保藏期长、不需低温保藏、运输和使用方便等优点。

干酵母在干燥环境下呈休眠状态，因此使用时要经过活化处理，用30～40 ℃、4～5倍于酵母质量的温水溶解并放置15～30 min，使酵母恢复原来鲜酵母状态时的发酵活力。室温环境下，保存期为6～12月。一般干酵母用量为1%左右。

(3)高活性即发干酵母。高活性即发干酵母是在干酵母基础上经特殊的营养配比和严格的增殖培养以及采用流化床干燥设备干燥制成。高活性即发干酵母含5%左右的水，具有颗粒小、发酵力高、使用时不用活化、可直接与小麦粉加水混合、不需冷藏等优点。室温环境下，保存期为12个月。一般高活性即发干酵母用量为0.8%～1%。

2. 酵母的呼吸作用

酵母在无氧环境下，可将碳水化合物转变成二氧化碳和乙醇；在有氧环境下会进行呼吸作用，将碳水化合物转变成二氧化碳和水。有氧环境下酵母增殖速度快，经呼吸作用产生大量的热量，影响面团正常发酵，对面包制作不利。

3. 影响酵母发酵的因素

(1)温度。温度是影响酵母菌繁殖的主要条件。酵母菌生长最适温度为26～28 ℃。面团调制过程中要注意保证面团搅拌后的温度为26～28 ℃，有利于酵母菌的生长。随着温度的升高，酵母的产气能力增强，当面团温度达到38 ℃时，产气量达到最大，因此，面团的醒发温度最好控制在36～40 ℃，温度高于40 ℃，酵母的产气量也大，但面团持气力会变差。

(2)水分。面团的发酵过程需要水分作为媒介，面团水分含量多少直接影响酵母菌的生长，在正常情况下，水分多的面团酵母发酵速度较快，水分少的面团酵母发酵速度较慢。

(3)渗透压。如果面团中含有较多的糖、盐等成分，就会产生渗透压。渗透压过高，会导致酵母无法生长或者死亡。一般来说，含糖量低于6%对酵母发酵有促进作用；高于6%对酵母发酵有抑制作用；当高于10%时，发酵速度会明显变慢。

4. 酵母在面包制作中的作用

酵母在面包制作中起着关键作用，没有酵母便制不出面包。

(1)生物膨松作用。酵母在面团发酵过程中产生大量的二氧化碳气体，这些气体被面团的面筋网络包裹而不能逸出，从而使面团获得疏松多孔的体积。

（2）面筋扩展作用。酵母发酵除产生二氧化碳外，还有增加面筋扩展的作用，提高面团的持气能力，使发酵所产生的二氧化碳气体能保留在面团内。

（3）风味改善作用。面团在发酵时除产生酒精外，还生成许多其他的与面包风味有关的化合物，形成面包所特有的风味。

（4）增加营养价值。酵母菌的主要成分是蛋白质，在酵母干物质中，蛋白质含量几乎为一半，且必需氨基酸含量充足，尤其是含有较多谷物中比较缺乏的赖氨酸。另外，酵母菌含有大量的维生素 B_1、维生素 B_2、烟酸，从而提高了面包的营养价值。

三、面包的血液——水

水是自然界最常见的物质，是生命的源泉。水是面包生产的重要原料，只有正确地认识和使用水，才能制作出品质优良的面包产品。根据小麦粉种类不同，水的添加量也不同，水的添加量一般占小麦粉的 50%～80%。

面包的血液——水

1. 水的硬度

水的硬度是指水里所含钙、镁离子的浓度。我国常以碳酸钙浓度表示水的硬度，可分为 0～75 mg/L 的极软水、76～150 mg/L 的软水、151～300 mg/L 的中硬水、301～450 mg/L 的硬水、451～700 mg/L 的高硬水、701～1 000 mg/L 的超高硬水、大于 1 000 mg/L 的特硬水。

适度硬度的水可以提高面筋工艺性能，利于面包体积的膨胀。我国自来水属于硬水，在面包生产过程中，为了调整水的硬度，常加入钙盐作为改良剂。

不同的面包最佳状态和口感有很大区别，对水的硬度也有一定要求，面包用水的硬度建议在 40～120 mg/L 最为合适。试验发现，法棍用水硬度适合为 20～70 mg/L；吐司用水硬度适合为 70～120 mg/L。硬水可以让面筋变得更强劲，软水可使面团发黏、面筋软化，发酵后劲不足。

2. 水在面包制作中的作用

（1）水作为运载工具，能使各种原辅料得到充分混合。

（2）水作为反应介质，与小麦粉中的蛋白质发生水化反应形成面筋，与小麦粉中淀粉受热后发生糊化反应，为酵母的发酵提供适宜的生长环境。

（3）水可以调节面团软硬度。根据用水量来调节面团的软硬度，有利于整形操作。加水量过多，面团发软，操作困难；加水量过少，面筋不易形成。

（4）水可以调节面团温度。水的温度对于面团的温度有着重要的影响。在面团调制过程中可以通过调节水的温度达到调整面团理想温度的目的。

（5）水可以延长面包保鲜期。水分有助于保持面包的柔软性，保持控制水分含量可以减缓面包老化速度，从而延长其保鲜期。

四、面包的调节剂——盐

盐是面包制作的基本材料之一，在面包制作中用量不多，但作用不小。

面包的调节剂——盐

1. 盐在面包制作中的作用

（1）调节风味。盐的主要成分是氯化钠，是百味之王。盐的调味作用不仅是提供咸味，还能突出面团的香味、鲜味、甜味。盐与糖同时使用，能够使咸味和甜味互补，增强面包的风味。盐用量不宜过多，超过2.5%会有反效果。

（2）调节面筋。盐能改变面筋的物理性质，提高面筋吸收水分的性能，从而增加面筋的筋力，增强弹性，提高面团的持气能力，使面团膨胀而不致断裂。面团中若缺少盐，面筋筋力变弱，醒发后会有下塌现象。若选用了未完全熟化的小麦粉，或选用的水硬度偏低，可加入2%的盐，以降低面团的柔软度及黏度。

（3）调节发酵。盐通过对酵母的双向作用，可以稳定发酵速度。不加盐时，面团发酵速度变快，但发酵不稳定，易发酵过度。加入过量盐时，会影响酵母的活力，减慢发酵速度。盐一般用量为1%~2%。

（4）调节色泽。加入盐后的面筋韧性更大，可以使面包内产生比较细密的组织，面包内部呈现蜂窝状且表皮比较薄，这样光线更容易穿过组织壁膜，使烘烤后的面包内部看起来颜色较白且有光泽，从而刺激人们的食欲。

（5）延长保鲜期。盐在抑制酵母菌活力的同时，对杂菌也有抑制作用。盐在面包中所产生的渗透压，能够抑制细菌的生长，从而延长其保鲜期。

2. 盐的加入方法

盐可以随着干料在搅拌面团时一起加入，也可以在面团搅拌接近完成阶段再加入。第一种加入方法可以防止搅拌过程中面团氧化，保护营养物质不受破坏，使面包内部组织细密，控制酵母发酵速度。第二种加入方法可以更好地控制面筋的形成速度，减少面团的搅拌时间，防止面团过早变硬。

知识拓展

用盐安全

中国人十大健康危险因素之一就是高钠盐。有确凿的证据表明，当前的高盐摄入与高血压有着密切关系。高血压是脑卒中的主要原因，也是心脏病发作的重要原因之一。脑卒中和心脏病是全世界最常见的两大死因。此外，人们还发现，高盐饮食对其他疾病也有不良影响，如骨质疏松、胃癌、哮喘和肥胖。

所以，食用盐安全也成为重要的食品安全问题。据统计，中国已经连续多年人均盐摄入量位列世界第一。

2020年9月14日，国家行动办公室开展中国减盐周宣传活动，向公众宣传"915"（就要5 g）的减盐理念，传播低盐饮食知识，促进全社会共同关注并践行减盐行动。在各种宣传普及下，越来越多的人开始意识到盐不再仅仅是味蕾的享受，也是健康的"隐形杀手"。

五、面包的色泽——糖

糖类化合物主要由碳、氢、氧三种元素组成,是多羟基醛类或酮类化合物。由于它所含的氢氧比例为2∶1,和水中氢氧的比例一样,故称为碳水化合物。糖是焙烤食品中常加入的一种原料,它给焙烤食品带来很多作用。

1. 糖的分类

糖按含水量可分为干性糖与湿性糖;按颜色可分为有色糖与无色糖;按聚合度可分为单糖、低聚糖、多糖。干性糖如砂糖、红糖、黑糖、绵白糖;湿性糖如果糖、蜂蜜、葡萄糖、麦芽糖、转化糖;单糖如葡萄糖、果糖;最常见的低聚糖是双糖,如蔗糖、麦芽糖;多糖如淀粉、果胶等。

2. 糖的性质

焦糖化反应和美拉德反应是糖最重要的两个反应,给食品带来不同的色泽和风味。焦糖化反应是指,糖类尤其是单糖在加热到熔点以上的高温(一般为140~170 ℃)时,发生脱水与降解产生褐变的反应。

美拉德反应是羰基化合物(还原糖类)和氨基化合物(氨基酸和蛋白质)间的反应,又称羰氨反应,生成棕色甚至是黑色的大分子物质类黑素。美拉德反应是食品中色泽和风味的主要来源。

3. 糖在面包制作中的作用

(1)增加面包的色泽和风味。面包诱人的色泽主要是因为糖在加热时发生了焦糖化反应和美拉德反应。面团中的还原糖、葡萄糖、果糖、麦芽糖等在同样温度烘烤时,成品形成的颜色深浅不同,所以从面包的颜色就可以判断出面包中糖的成分和含量。在烘烤时糖所发生的焦糖化反应或美拉德反应的产物也能给制品带来好的风味。面包制作时,添加2%的糖就能满足酵母发酵的需要,但一般的面包中,用糖量大都超过2%,其目的就是要利用糖赋予产品色泽和风味。

(2)给酵母提供营养。酵母可以利用单糖、双糖等促进其生长繁殖。但要注意糖的用量,糖的含量超过8%时,酵母发酵会受到抑制,发酵速度减慢。

(3)改变面团的物理性质。正常用量的糖,对面团吸水量影响不大。由于糖具有吸湿性,随着糖含量增大,糖会争夺面团中的水分,从而影响蛋白质的吸水性,降低面筋形成,当糖的含量在20%~25%时,面筋完全形成的时间大约增加50%,因而这类面团最好高速搅拌。

(4)延长面包保鲜期。糖具有保湿性,可以保持面包的柔软程度,因此能有效延缓面包老化,延长其保鲜期。

六、面包的风味——油脂

面包的风味——油脂

世界上食品专用油脂多达400多种,用于焙烤食品的油脂也有上百种。食用油脂是制作焙烤食品的主要辅料。它可以增加产品的色、香、味,改善产品的外形、口感等特性,在焙烤食品中起着重要的作用。

1. 油脂的分类

油脂是油和脂的总称。室温下状态是液态的称为油，固态的称为脂。

油脂按原料来源可分为动物油和植物油。动物油是指从动物体内取得的油脂，如猪油、黄油等。植物油是指从植物中加工提取的油脂，如大豆油、瓜子油等。由于它们的结构不同，呈现的性质也不同。植物油含有不饱和脂肪酸较多，熔点低，室温下是液态。动物油主要含有饱和脂肪酸，熔点高，常温下呈固态。

（1）花生油：用花生经冷榨或热榨法制得，分毛油、半精炼油及精炼油三种，可作生产用油。

（2）大豆油：用大豆经冷榨、热榨或浸出法制得，也可分为毛油、半精炼油及精炼油三种。大豆油有豆腥味，未经脱色、脱臭等精炼工序的大豆油不能作为生产用油。

（3）棕榈油：有棕榈油和棕榈核油两种，棕榈油经精炼后可作面包生产用油，也是人造奶油的主要原料之一。

（4）黄油：由牛奶中分离制得，有特殊味道，是西点的重要原料。

（5）人造黄油（人造奶油）：主要是由食用油脂加工而成的具有可塑性、流动性的油脂制品，为油包水型（W/O）。

（6）氢化油：液态油经氢原子的加成作用，使原来的不饱和脂肪酸变成饱和脂肪酸，而得到固态油。氢化油有良好的可塑性、乳化性、起酥性，是焙烤食品理想的生产用油，国外一般都用氢化油作原料。

（7）起酥油：指经精炼的动植物油脂、氢化油油脂的混合物，经急冷、捏和而成的固态油或不经急冷、捏和而成的固态或流动态的油脂产品。起酥油具有可塑性、起酥性、乳化性等加工性能，一般不宜直接食用。

面包制作常用油脂性质比较见表1-1。

表1-1 面包制作常用油脂性质比较

种类	形态	风味	性质	成分				
				脂肪/%	蛋白质/%	碳水化合物/%	水/%	矿物质/%
黄油	固态	特有	可塑性、起酥性	81	0.6	0.2	16.3	1.9
麦淇淋	固态	香料		82.1	0.3	0.5	15	2.1
猪油	固态	特有		100	0	0	0	0
起酥油	固态、液态	无		100	0	0	0	0

2. 油脂的性质

（1）可塑性。固体在外力作用下发生形变并保持形变的性质称为可塑性。可塑性好的油脂可以提高面坯的伸展性和加工性，增加炉内膨胀。半固体状态的油脂可塑性最强。

（2）酪化性。对油脂进行高速搅打，可使空气以细小的气泡裹吸于油脂中，而使油脂的体积增大，油脂的这种含气性质就叫酪化性。

（3）起酥性。起酥性是指能使食品具有酥松的性质，油脂覆盖于小麦粉颗粒的周围，阻断了面筋之间的相互黏结，防止面筋与淀粉固着，使制品松脆可口。

3. 油脂在面包制作中的作用

（1）改善口感。油脂可以增加面包的香、酥、脆，让产品入口时不干涩，更加柔软，使面包具有油脂独特的芳香和味道。

（2）提高面坯的伸展性，增强气体保持力，增大面包体积。在面团搅拌时，油脂在面筋与淀粉的界面之间形成单分子的薄膜，与面筋紧密结合，不易分离，从而使面筋更为柔软，面筋能较为紧密地包围发酵所产生的气体，增加面团的气体保留性，从而增大面包体积。

（3）使面包的内部组织柔软、润滑。在面团入炉烘烤时，面团内的油脂能够防止淀粉从面筋中夺取水分，使面包的组织均匀，有光泽，从而使面包内部组织薄而柔软。

（4）防止面包水分蒸发、延迟老化。由于油脂在淀粉和面筋之间形成单分子的薄膜，可防止水分从淀粉向面筋移动，从而防止淀粉失水老化，延长产品保鲜期。

（5）增加面团可塑性。油脂覆盖在面团周围，因其具有疏水性，限制蛋白质吸水，使面筋不能形成大的面筋网络，同时，阻碍淀粉与面筋结合，降低面团的弹性和韧性，增加面团的可塑性。

4. 油脂使用的注意事项

（1）不能将酵母与油脂一起搅拌，会降低酵母的活性。

（2）油脂要软化后使用，太硬不容易与面坯结合。

（3）使用量大时要分几次投入，这样可以加快油脂与面坯的结合，同时注意发酵温度，醒发箱的温度最好比油脂的熔点低。

（4）黄油最好保存在冷冻条件下；麦淇淋最好保存在5 ℃左右；起酥油、猪油可保存在室温。油脂如果温度过低，需要在室温下恢复后使用。

（5）除了特殊情况外，搅拌面包时要将油脂以外的所有材料先搅拌，当面坯结合到一定程度后再加入油脂，这样做可以缩短搅拌时间，有利于面筋的形成。

知识拓展

反式脂肪酸

反式脂肪酸是所有含有反式双键的不饱和脂肪酸的总称，是一类对健康不利的不饱和脂肪酸。油脂氢化是反式脂肪酸的主要来源，油脂进行精炼脱臭、高温处理也会使反式脂肪酸含量增加。反式脂肪酸不容易被新陈代谢，如果人体长期堆积反式脂肪酸，就会破坏血管血脂，从而造成动脉硬化、高血压等疾病，对于青少年人群还会损坏神经系统，影响生长发育。

反式脂肪酸有天然和人工制造两种。人奶和牛奶中都含有天然反式脂肪酸，牛奶中反式脂肪酸占脂肪酸总量的4%~9%，人奶中反式脂肪酸占2%~6%。氢化油是对植物油进行氢化改性而成，氢化产生大量反式脂肪酸。这种油脂可防止食品变质，改变食品风味，延长食品货架期和稳定性，如焙烤食品、油炸食品、快餐食品等都使用人造油脂。

七、面包的营养——蛋、乳制品

1. 蛋

蛋包括鸡蛋、鸭蛋、鹅蛋等。焙烤食品中主要用鸡蛋。在鸡蛋不足时，可使用其他蛋制品。鸡蛋主要包括蛋白、蛋黄两部分，蛋白中含有约88%的水和10%的蛋白质、少量的碳水化合物和矿物质，不含脂肪；蛋黄中含有约50%的水、15%的蛋白质、31%的脂肪、少量的碳水化合物和矿物质。全蛋中的水分含量约为74.7%，蛋白质含量约为12.3%，脂类含量约为11.2%，还含有丰富的维生素和矿物质。鸡蛋所含营养丰富而全面，营养学家称之为"完全蛋白质"，人们也将其视为"理想的营养库"。

面包的营养——蛋

蛋在面包制作中的作用有以下几点。

(1) 增加面包的营养价值。蛋中含有完全蛋白质、卵磷脂、维生素等重要营养物质，是人类最好的营养来源之一。此外，蛋和乳制品在营养上具有互补性。蛋中铁相对较多、钙较少；乳制品中钙含量高，铁相对较少。因此，在焙烤食品中可将蛋和乳制品结合使用。

(2) 增大面包体积，延迟老化。蛋黄中含有卵磷脂，它是一种天然乳化剂，可以使面包内部的水分和油脂乳化，防止水分流失，延迟面包老化，使面坯组织舒缓柔软，改善面坯的伸展性，增大面包体积。

(3) 改善面包的色、香、味。蛋中丰富的蛋白质可以与糖类发生反应，提高产品的色、香、味。蛋的热凝固作用还可以使面包内部与表皮更有光泽。蛋白在特定情况下可以增亮。

2. 乳制品

乳制品种类很多，在面包中常用的有牛奶、乳粉、乳酪等。乳制品含有丰富的营养物质，特别是蛋白质，一般牛乳中含有2.5%~4.0%的蛋白质，属于完全蛋白质，消化吸收率极高，另外还含有87%水分、3.8%脂肪、少量维生素和矿物质等。乳制品具有独特的乳香味，可改善焙烤食品的风味。

面包的营养——乳制品

乳制品在面包制作中的作用有以下几点。

(1) 提高面团筋力和搅拌耐力。乳粉中含有大量的乳蛋白，可增强面团的筋力和强度，特别对低筋小麦粉有利，适合于高速搅拌以改善面包的组织和增大体积。

(2) 提高面团的吸水率。乳粉中含有75%~80%的蛋白质，可提高面团的吸水率，吸水率增加可相应地增加产量和出品率，降低成本。

(3) 提高面团的发酵耐力。乳粉可以提高面团发酵耐力，发酵时间延长也不会发酵过度，其原因如下。

①乳粉中含有大量蛋白质，对面团发酵过程中pH值的变化起缓冲作用，使面团的pH值不会发生太大的波动和变化，保证面团的正常发酵。例如，无乳粉的面团发酵前pH值为5.8，经45 min发酵后pH值下降到5.1；含乳粉的面团发酵前pH值为5.49，经45 min发酵后pH值下降到5.27。前者下降了0.7，而后者仅下降了0.22。

②乳粉可抑制淀粉酶的活性，无乳粉的面团发酵要比有乳粉的面团发酵快。特别是低糖的面团，面团发酵适当放慢，有利于面团均匀膨胀，增大面包体积。

(4)提高制品的色泽。乳制品中含有大量的乳糖,乳糖具有还原性,但不能被酵母所利用,因此,发酵后仍全部留在面团中。在加热期间,乳糖与蛋白质中的氨基酸发生美拉德反应。同时,乳糖的熔点较低,易发生焦糖化反应,形成诱人的色泽。乳品用量越多,制品的表皮颜色越深。

(5)改善制品的组织。面团中添加乳粉可增加面团的发酵耐力和持气性,使产品组织均匀、柔软、疏松、有弹性。

(6)增加面包营养价值。乳制品中含有丰富的蛋白质、维生素和矿物质,可提高制品的营养价值。

【技能训练】

❖❖ 技能目标
1. 掌握面筋测定方法。
2. 能够正确鉴别面筋质量。

❖❖ 素质目标
1. 将理论知识应用于真实情境,加深理解并提升操作技能,培养学生解决问题的能力和创新思维。
2. 通过进行正确的实验数据记录、处理及实验报告单的填写,培养学生实事求是的工作态度。

> **情境导入**
>
> 面筋作为一种传统小吃,因其含有极高的营养价值,有"素食黄金"之称。传说油面筋是由无锡尼姑庵里的一位师太油炸出来的,因此,油面筋已成为中国无锡著名的土特产。面筋除了油炸,还可以蒸熟凉拌,非常爽口。

任务　小麦粉中湿面筋质量的测定

1. 任务准备

(1)仪器和工具:面筋仪、电子秤(0.01 g)、移液管(5 mL)、塑料桶(10 L)、金属镊子。

(2)材料:样品1(高筋小麦粉)、样品2(中筋小麦粉)、样品3(低筋小麦粉)、氯化钠溶液(20 g/L)。

2. 操作步骤

(1)面团制备。称取小麦粉样品10 g(精确至0.01 g),放入面筋仪的洗涤室中,轻轻晃动洗涤室使样品分布均匀。用移液管向样品中加入4.8 mL氯化钠溶液,轻轻晃动洗涤室使溶液均匀分布在样品表面。启动仪器,搅拌20 s使小麦粉和成面团。

(2)面团洗涤。搅拌20 s后,仪器自动进行洗涤5 min。洗涤完成后,用金属镊子把湿面筋取出,确保洗涤室中不留有任何湿面筋。同一份样品应做2次实验。

(3) 离心、称量。取同一样品 2 次实验得到的湿面筋，分别放入面筋仪离心机中的两个筛盒内，离心 60 s，用金属镊子把筛上、筛下湿面筋分别取出，称量其质量。

(4) 计算。

①湿面筋含量(%) = $(m_1 + m_2)/m \times 100\%$ (1-1)

式中　m_1——筛上湿面筋质量，g；

　　　m_2——筛下湿面筋质量，g；

　　　m——样品质量，g。

②面筋指数(%) = $m_1/(m_1 + m_2) \times 100\%$ (1-2)

式中　m_1——筛上湿面筋质量，g；

　　　m_2——筛下湿面筋质量，g。

3. 结果

将小麦粉中湿面筋质量测定结果填入表 1-2。

表 1-2　小麦粉中湿面筋质量测定结果

样品	筛上湿面筋质量 m_1/g	筛下湿面筋质量 m_2/g	样品质量 m/g	湿面筋含量/%	面筋指数/%
1					
2					
3					

知识拓展

变性淀粉

变性淀粉是一种经过改性的淀粉。此种淀粉具有一些特殊的理化性质，添加到食品中后可使食品在加工或食用时具有更好的性能。

淀粉变性，一是为了适应各种工业应用的要求。例如，高温技术(罐头杀菌)要求淀粉高温黏度稳定性好；冷冻食品要求淀粉冻融稳定性好；果冻食品要求淀粉透明度、成膜性好等。二是为了开辟淀粉的新用途，扩大应用范围。例如，羟乙基淀粉、羟丙基淀粉可代替血浆等。

在焙烤食品中主要利用变性淀粉良好的成膜性、高温膨胀性和稳定性。

目标测试

一、名词解释

1. 淀粉糊化　2. 淀粉老化　3. 美拉德反应

二、填空题

1. 小麦粉中含有的成分有_____、_____、_____、_____、_____、_____、_____。

2. 我国小麦粉按面筋含量分为_____、_____、_____，其湿面筋含量分别是_____、_____、_____。
3. 小麦粉中的蛋白质有_____、_____、_____、_____，其中影响面筋质量的蛋白质是_____、_____。
4. 能够改善面包风味的物质有_____、_____、_____、_____、_____等。
5. 面包加工基本原料是_____、_____、_____、_____。

三、选择题
1. 小麦粒中( )部位含有淀粉最多。
   A. 胚乳　　　　　B. 胚芽　　　　　C. 麸皮　　　　　D. 冠毛
2. 高筋小麦粉适合做( )。
   A. 饼干　　　　　B. 面包　　　　　C. 蛋糕　　　　　D. 酥饼
3. 麦谷蛋白影响( )性质。
   A. 弹性　　　　　B. 拉伸性　　　　C. 黏性　　　　　D. 溶解性
4. 小麦粉中淀粉开始糊化的温度是( )。
   A. 30 ℃　　　　 B. 45 ℃　　　　 C. 65 ℃　　　　 D. 80 ℃
5. 乳粉吸水率一般为( )。
   A. 20%　　　　　B. 50%　　　　　C. 80%　　　　　D. 100%
6. 美拉德反应是( )的性质。
   A. 糖　　　　　　B. 盐　　　　　　C. 脂肪　　　　　D. 维生素
7. 鸡蛋中蛋白∶蛋黄质量比为( )。
   A. 3∶1　　　　　B. 2∶1　　　　　C. 4∶1　　　　　D. 5∶1
8. ( )油脂可塑性较好。
   A. 猪油　　　　　B. 酥油　　　　　C. 黄油　　　　　D. 玉米油
9. ( )中的蛋白质属于完全蛋白质。
   A. 鸡蛋　　　　　B. 玉米　　　　　C. 小麦粉　　　　D. 土豆
10. 鲜酵母必须( )储存。
    A. 冷藏　　　　　B. 室温　　　　　C. 冷冻　　　　　D. 28 ℃

四、简答题
1. 简述面筋蛋白在面包制作中的作用。
2. 为什么面包制作离不开小麦粉？
3. 简述影响酵母菌生长的因素。
4. 简述油脂使用的注意事项。
5. 简述盐在面包制作中的作用。

项目二　面包制作方法

【基础知识】

❖❖ **知识目标**
1. 认识面包加工设备。
2. 掌握面包加工的一般工艺流程。
3. 熟悉面包各加工工序的操作目的、操作方法和影响因素。

❖❖ **素质目标**
1. 提倡"厉行节约、反对浪费"的社会风尚，培养学生做一个有"粮"知的人。
2. 提高学生节约粮食意识，培养不浪费一滴水、一粒米的习惯。

> **情境导入**
>
> 馒头和面包都是常见的食物，它们在原料选择、面团调制、熟制方法上有所区别，最终导致两者在口感、风味、营养上有所不同。馒头热量较低，营养成分较为单一。面包种类繁多，有甜面包、丹麦牛角面包、调理面包等，可以满足不同人的口味和营养需求。同时，面包的制作方法也较多，不同的制作方法会带来不同的口感和风味。

面包制作的周期较长，要经过面团调制、发酵、整形、醒发、装饰、烘烤六个工艺过程，还有冷却与包装等成品处理工序。这些工序一环扣一环，环环都重要。

下面按一般面包制作的工艺过程，介绍各工序的作用、特点和操作方法。

一、面团调制

面团调制是面包生产中的第一个关键步骤，它的正确与否在很大程度上影响着后续工序及成品质量。

1. 面团调制的方法

（1）原辅料处理。

①小麦粉。制作面包一般选用高筋小麦粉，小麦粉称量后需要过筛，过筛可以除去其中杂质，打散其中颗粒，同时，小麦粉经过过筛处理可以混入大量空气，使其蓬松，利于面筋网络结构的形成。

②黄油。面包制作常使用固态黄油，使用前可室温下略微软化，切成小块，便于快速与面团结合。

③水。水的温度对面包加工至关重要。为了保证调制好的面团温度为 26~28 ℃，通

常用调节水的温度来控制面团温度，保证后续工艺正常进行。

（2）调制方法。将配方中除了黄油的其他干料放入搅拌机中，注意酵母与糖、盐等分开放，先慢速将物料搅拌均匀，倒入水和蛋液，继续搅拌，搅拌至水分已经全部被小麦粉等干性原料均匀地吸收时换成快速搅拌，搅拌到面筋扩展，即揪下一小块面团，手拉面团可以拉出膜，但膜较厚，易断裂，此时放入黄油，改成慢速搅拌至黄油被面团均匀吸收，再改为快速搅拌到面筋完成阶段。

2. 面团调制的目的

（1）充分混合所有原料，使其均匀分布，成为一个质地完全均匀的混合物。

（2）使小麦粉等干性原料得到完全的水化，加速面筋的形成。当小麦粉与其他原料和水一起放入搅拌缸时，水湿润小麦粉颗粒的表面部分形成一层较韧的膜，而小麦粉颗粒的中心部分很难受到水的湿润，水化不均匀。这是因为面团内水的分布决定小麦粉水化作用的速率，水在小麦粉颗粒的表面分布越均匀，则进入颗粒内部的速度越快，水化作用也越快、越均匀。均匀的水化作用是面筋形成、扩展的先决条件，搅拌的目的之一便是所有小麦粉在短时间内都吸收到足够的水分，水化均匀、完全。

（3）扩展面筋，使面团具有一定弹性、延伸性和流动性。

3. 面团调制的过程

面团调制的过程一般分为六个阶段，如图1-2所示。

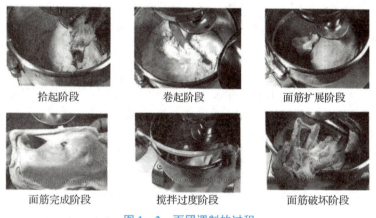

图1-2　面团调制的过程

第一阶段：拾起阶段

在这个阶段，干性原料与湿性原料混合，成为一个粗糙且湿的面块，用手触摸面团时，无弹性，也无延伸性，整个面团显得粗糙、易散落，表面不整齐。

第二阶段：卷起阶段

在这个阶段，面团中的面筋已开始形成，配方中的水分已经全部被小麦粉等干性原料均匀地吸收。由于面筋的形成，使面团产生了强大的筋力而将整个面团连成一体，并附在搅拌钩上，随着搅拌轴的转动而转动。此时，搅拌缸的弓壁和缸底已不再黏附面团而变得干净，用手触摸面团时仍会粘手，表面很湿，用手拉面团时无良好的延伸性，容易断裂，面团仍较硬，且缺少弹性。

第三阶段：面筋扩展阶段

此时面团性质渐渐有所改变，随着搅拌钩的交替推拉，面团不像前两个阶段那么坚硬，而是有少许松弛，面团表面已趋于干燥，较为光滑，具有光泽，用手触摸时面团已具有弹性并较柔软，黏性较少，具有延伸性，但用手拉面团时仍易断裂。

第四阶段：面筋完成阶段(完全扩展阶段)

由于强大的机械作用，面团很快变得非常柔软、干燥不粘手，面团内的面筋已达到充分扩展，且具有良好的延伸性，此时随着搅拌钩的转动面团又会黏附在缸壁，但当搅拌钩离开时，面团又会随搅拌钩离开缸壁，并不时发出"噼啪"的打击声和"嘶嘶"的粘缸声。这时面团的表面干燥有光泽，细腻整洁无粗糙感，用手拉面团时有良好的弹性和延伸性，面团柔软。面团搅拌到这个阶段已达到了最佳程度，应停止搅拌，进入下一道发酵工序。

判断面团是否搅拌到适当的程度，除了用感官来确定外，还没有更好的方法，一般来说，搅拌到适当程度的面团，可用双手将其拉展成一张像玻璃纸那样的薄膜，整个薄膜分布很均匀，光滑不粗糙，无不整齐的裂痕，如图1-3所示。把面团放在发酵缸中，用手触摸其顶部感觉到有黏性，但离开面团不会粘手，且面团表面有手黏附的痕迹，但很快消失。

图1-3 拉膜法

第五阶段：搅拌过度阶段

当面团搅拌到面筋完成阶段后仍继续搅拌，面团外表会再度出现含水的光泽，面团开始黏附在缸壁而不再随搅拌钩的转动离开。这个阶段应停止搅拌，可看到面团向缸四周流动，用手拉取面团时已失去良好的弹性，且变得粘手。这是因为过度的机械作用减弱了面筋的韧性，使面筋开始断裂，面筋分子间的水分漏出。搅拌到这个程度的面团，严重影响面包成品的质量。

第六阶段：面筋破坏阶段

到了这个阶段，面团表面很湿，非常粘手，停机后面团很快流向缸的四周，搅拌钩已无法再将面团卷起，用手拉取面团时，手掌中有一丝丝的线状透明胶质，已无面筋洗出。搅拌到这个程度的面筋，已不能用于制作面包。

4. 面团搅拌的反应

(1) 面团搅拌的物理反应。一是通过搅拌钩的不断运动，使小麦粉、水及所有原料充分混合，促使小麦粉水化完全，形成面筋，并由于搅拌钩对面团不断地重复推揉、折叠、压伸等机械动作，使面筋得到扩展，达到最佳状态，成为既有一定弹性又有一定延伸性的面团。二是由于搅拌所产生的摩擦热，使面团的温度有所升高。随着搅拌的进行，面筋逐渐形成，面团变得较韧，搅拌钩需要对面团做更大的功才能使推揉等机械动作继续进行，此时，摩擦所产生的热比开始搅拌时要大得多。

(2) 面团搅拌的化学反应。面团在搅拌时，由于搅拌作用不断进行，空气也不断地进入面团内，产生各种氧化作用，其中最为重要的便是氧化蛋白质内的硫氢键成为分子间的双硫键，使面筋形成三维空间结构。

在面筋蛋白的氨基酸中，有一种半胱氨酸，它含有一个硫氢键(-SH)，面团在进入空气的作用下，加快硫氢键的氧化，生成双硫键(-S-S-)，使原来杂乱无章的蛋白质分子相互连接成三维空间的网状结构(即面筋)，因而能够保持气体并使面团膨大、疏松。

(3) 面团搅拌的机械反应。面团的搅拌是一个机械作用。通过搅拌器的运转，混合所有原料，形成一块面团，并通过搅拌器施给面团一个机械作用，压揉、翻转面团，直至达到所要求的弹性、延伸性、黏流性。

①弹性。搅拌使面团具有强韧的张力，在发酵和烘烤过程中可以保存适量的二氧化碳气体，并能承受面团膨胀时所产生的张力，使二氧化碳气体不致逸出，保证成品达到最佳体积。

②延伸性。搅拌使面团变得柔软，易于整形。

③黏流性。搅拌使面团在烤盘内、模具内具有良好的流动性，能填充在烤盘或模具的每个部位，产生良好的成品形状。

5. 面团温度的控制

面团打好后的温度对面包发酵很重要，面团温度决定发酵的时间和产品质量。不同产品要求的面团温度不同，一般控制在 26～28 ℃为宜，温度过高过低都不利于后续发酵。面团温度高，酵母产气快，面团发酵快，易发酵过度；面团温度低，酵母产气不足，面团发酵不够，产品体积小，组织粗糙。

面团温度主要由原辅料温度、摩擦热、酵母发酵产生的热、环境温度决定。水温是最易调节的，所以，通常通过水温调节来控制面团温度。夏季环境温度高，水温就低些；冬季环境温度低，水温就高些。

具体调节公式为

$$水温 = 面团理想温度 \times 3 - (室温 + 粉温 + 摩擦温度)$$

摩擦温度一般为 8～12 ℃。

6. 搅拌对面包品质的影响

(1) 搅拌不足。面团若搅拌不足，则面筋不能充分扩展，没有良好的弹性和延伸性，不能保留发酵过程中所产生的二氧化碳气体，也无法使面筋软化，故做出的面包体积小，两侧微向内陷入，内部组织粗糙，颗粒较大，颜色呈褐黄色，结构不均匀且有条纹。在整形时，因面团较湿较硬，故较为困难，表皮往往会被机器撕破，使面包成品外表不整齐。

(2) 搅拌过度。面团搅拌过度，则过分湿润、粘手，整形操作十分困难，面团滚圆后无法挺立，而是向四周流淌。烤出的面包因无法保留膨大的气体而使面包体积小，内部有较多的大孔洞，组织粗糙且颗粒多，品质极差。

知识拓展

和面机

和面机由搅拌缸、搅拌器、电动机等组成（图 1-4），目的就是将面粉、水等材料进行均匀的混合，形成面团，且具有产品加工需要的弹性、延伸性。

使用时先打开开关，选择自动挡或手动挡，自动挡可以根据用料多少设置搅拌速度、搅拌时间，如慢速 3 min、快速 2 min；手动挡是通过观察面团状态人为控制搅拌速度和时间。

图 1-4　和面机

二、发酵

发酵,是继面团调制后面包制作过程中的第二个关键环节,面团发酵好坏,对面包产品的质量影响极大。面团在发酵时,酵母作用于面团中的糖,释放出二氧化碳气体,使面团膨胀至原来体积的 2~3 倍。

1. 发酵方法

将调制好的面团拿出放在烤盘上,测量面团温度,判断需要发酵的时间,然后盖上保鲜膜,放入醒发箱中,发酵条件一般是温度 26~28 ℃、相对湿度 75%,发酵时间因酵母活力、酵母用量、面团温度等因素而有所不同,最终发酵到成熟面团。

2. 发酵目的

(1)使酵母菌大量繁殖,产生二氧化碳气体,促进面团体积膨胀。

(2)改善面团加工性能,使面团具有良好的延伸性,降低弹性。

(3)使面团组织结构均匀细密,得到疏松多孔、柔软似海绵的组织和结构。

(4)发酵过程产生大量的小分子挥发性物质,给产品带来芳香风味。

3. 发酵状态

(1)面团发酵状态可分为成熟、未成熟和过熟三个阶段。

①成熟面团:成品皮质薄,表皮颜色鲜亮,有适当的弹性和柔软的伸展性,有无数细微的气泡,表面比较干燥,内部组织均匀、洁白、柔软,具有浓郁香味,体积胀大。

②未成熟面团:成品内部颜色深而暗,膜厚,内部组织不均匀,严重者内部灰暗,面团结实,网状结构紧密,向上提时韧性大,香味平淡。

③过熟面团:成品内部颜色比较淡,表面褶皱较多,胀发不良。虽然膜比较薄,但内部组织不均匀,分布着一些大的气泡,呈现没有光泽的白色或灰色,有令人不快的酸臭或异臭等气味。

(2)鉴别面团发酵成熟的方法如下。

①回落法:面团发酵一定时间后,在面团中央部位开始向下回落,即为发酵成熟。但要掌握面团刚刚开始回落时,如回落幅度太大则表示发酵过度。

②手触法:当面团膨胀至原来体积的 2 倍大时,即表示发酵作用完成。发酵完成时以食指轻压面团并留下指形凹口(图 1-5),如凹口很快恢复,则表示发酵作用尚未完成。若凹口周围呈现明显下陷,则表示已发酵过度。在正常的发酵情况下,发酵好的面团,用手指轻压,面团会留下凹口,其凹口面积与手指的大小相同,且复原速度缓慢。

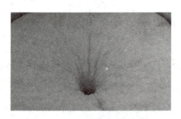

图 1-5 面团发酵成熟

4. 发酵过程

（1）酵母菌增殖。酵母菌的增殖速率与面团所含的酵母菌用量有关。酵母菌用量越少，其增殖速率越高。当鲜酵母用量为 0.5% 时，6 小时后酵母菌增加 88%，而鲜酵母用量为 2% 时只增加 29%。

发酵初期酵母菌先利用葡萄糖和蔗糖，然后再利用麦芽糖。在正常条件下，1 g 鲜酵母每小时约分解 0.32 g 葡萄糖。

（2）发酵产物。面团在发酵过程中，除了产生大量的二氧化碳气体，使得面团膨松之外，还能产生一些具有独特风味的芳香物质，如乙醇、乳酸、酯类、羰基化合物等。羰基化合物是使面包具有特殊芳香的重要物质，由于这类芳香物质的生成，需要较长的发酵时间，因此，使用二次发酵法，比使用快速发酵法所做出的面包成品风味要好许多。目前已鉴定出酵母在面团里发酵产生的芳香物质有 211 种之多。此外，某些细菌对形成良好的面包风味也起到了十分重要的作用，如乳酸菌、醋酸菌等。

5. 发酵操作技术

（1）发酵温度。一般发酵温度为 26~28 ℃。温度太低，因酵母菌活性较弱而减慢发酵速度，延长发酵所需时间；温度过高，则加快发酵速度，容易引起包括乳酸菌、醋酸菌及野生酵母的增长，使面团变酸。面团在发酵后，温度会升高 4~6 ℃。

（2）相对湿度。一般相对湿度为 75%。相对湿度低于 70%，面团表面由于水分蒸发过多而结皮，不但影响发酵，而且影响成品质量。适于面团发酵的相对湿度应等于或大于面团的实际含水量，即小麦粉本身的含水量加上搅拌时加入的水量。

（3）发酵时间。面团的发酵时间不能一概而论，要根据所用的原料、酵母菌用量、搅拌情况、发酵温度、相对湿度、产品种类、制作工艺（手工或机械）等许多因素综合确定。特别是小麦粉的质量对发酵时间长短影响最明显，面筋筋力低的小麦粉其发酵时间应短一些，面筋筋力高的小麦粉其发酵时间应长一些。

（4）翻面。翻面是指面团发酵到一定时间后，用手拍压发酵中的面团，或将四周面团提向中间，使一部分二氧化碳气体放出，缩减面团体积。翻面时，不要过于剧烈。否则会使已成熟的面筋断裂，影响发酵。

翻面的目的在于：充入新鲜空气，促进酵母发酵；促进面筋扩展，增加气体保留性，加速面团膨胀；使面团温度一致，发酵均匀。

观察面团是否到达翻面时间，可将手指稍微蘸水，插入面团后迅速抽出，面团无法恢复原状，同时手指插入部位有些收缩，即可做第一次翻面。

第一次翻面时间约为总发酵时间的 60%，第二次翻面时间则从第一次翻面后算起，时长约为开始发酵至第一次翻面所需时间的一半。例如，从开始发酵至第一次翻面时间为 120 min，该时长等于总发酵时间的 60%，故计算得总发酵时间为 200 min，可知第二次翻面应在第一次翻面后的 60 min 进行，即在总发酵时间的第 180 min 进行。

上述计算是一般方法，实际生产中则应视与发酵有关的各个因素及环境条件判断出具体的翻面时间，例如，使用的是已经熟化了的小麦粉，只做一次翻面，其时间在总发酵时间的 2/3~3/4，大多都在 3/4 时进行，这样，既减少一次翻面，又缩短了发酵时间，这种面团称为"嫩面团"。如使用的是蛋白质含量高、筋力强的小麦粉，则要酌量增加翻面次数，这种面团称为"老面团"。

6. 发酵损耗

发酵有损耗，是因为发酵过程中面团水分的蒸发及酵母分解糖而失去某些物质，使发酵后的面团质量有所减少。

总的发酵损耗为 0.5%~4%，依照配方及制作方法的不同而有所差异，一般在 2%。由水分蒸发而引起的损耗在 0.5% 以上。其他失去的物质主要是由于糖类（包括淀粉转化成糖类）被分解，除生成二氧化碳和酒精外，还有一些挥发性物质产生，这些物质在发酵时有部分被挥发。

发酵损耗可按下式计算：

发酵损耗(%) = (搅拌后面团质量 − 发酵后面团质量)/搅拌后面团质量 × 100%

影响发酵损耗的因素有配方组分、发酵时间、面团温度、环境条件等。

知识拓展

醒发箱

醒发箱又名发酵箱，大多由不锈钢制成（图 1-6），由外框、门、不锈钢托架、水槽及温度、湿度调节器等部分组成。醒发箱的工作原理是靠电热管将水槽内的水加热蒸发，使面团在一定温度和相对湿度下充分地发酵、膨胀。发酵面包面团时，先将醒发箱调节到设定的温度和相对湿度，条件达到后把面团放进去。醒发箱使用后需要把里边的水分擦干。

图 1-6 醒发箱

三、整形

整形包括分割、搓圆、松弛、整形、装盘。

1. 分割

面团完成发酵后，即进行分割。分割是把大面团分切成所需质量的面团。分割质量是成品质量加上烘烤损耗（一般为 10%）。如产品质量要求是 100 g 时，要求分割面团质量为 110 g 左右。

（1）分割方法。用手工或机械把大面团分割成需要的小面团。

①手工分割。先把大面团切成适当宽度的条块，再按质量分切成小面团。其效率低，且劳动强度较大。

②机械分割。面团放入分割机上方的盛料槽内，然后流到切割室，由切刀将其切断，切下的面团被活塞推到滚筒，进入预先已调节好体积的容器口内，然后在连杆推动下转动向下，倾出切好的面团（该面团落到输送带上被送到滚圆机）。

不论是手工分割还是机械分割，面团的全部分割时间，应控制在 20 min 内，不可过长。若同一面团分割时间拖得太长，使最后分割时面团的性质有所差异，影响下面各道工序，尤其是发酵时间。所以要求机械操作时，面团的质量要与分割机的分割能力相适应，使面团在 15~20 min 分割完毕，保持面团的一致性。面团在分割机内温度不易控制，上升较快，利于乳酸菌、醋酸菌的繁殖，会使面团变得多酸、发黏，从而使成品的内部组织不良，有大孔洞，表皮颜色也不好。

(2)分割损耗。一般为1%，有的为2%。

2. 搓圆

搓圆，即把分割到一定质量的面团，通过手工或滚圆机搓成圆形。

(1)手工搓圆方法。将分割好的面团放在操作台上，手掌呈半圆形松弛状盖住面团，掌底贴住面团，手沿顺时针方向推动面团，使之在2~3圈内搓成圆球状。

(2)搓圆目的。分割后的面团不能立即进行整形，而要先进行搓圆，使面团外表形成一层光滑的表皮，以保留产生的二氧化碳气体，使面团膨胀。同时，光滑的表皮有利于在以后工序操作中不会被黏附，烤出的面包表皮光滑好看，且内部组织颗粒均匀。

手工搓圆操作中主要注意撒粉不要太多，用机器操作时，还要尽量均匀，以免面包内部有大孔洞或出现条状硬纹。

3. 松弛

松弛也称为中间醒发，是指从搓圆后到整形前的这段时间，通常需要15 min左右的静置过程。具体时间根据面团性质是否达到整形所要求的特性来确定。

(1)松弛方法。把搓圆的面团放在操作台或者烤盘上，盖上保鲜膜，室温或醒发箱(26~28 ℃)放置一段时间。

(2)松弛目的。保持面团产生的新气体，恢复其柔软性，便于整形的顺利进行。若不经松弛，在整形时面团因受机械压力的作用，面团表皮极易撕破，内部露出的面易黏附在手上、操作台上，同时损伤面筋组织，所以必须有松弛这个工序。

4. 整形

整形是把松弛好的面团做成产品所要求的形状。整形实际上包括压薄及成型两部分。压薄是把面团中的旧气体排掉，使面团内新产生的气体均匀分布，保证面包成品内部组织均匀。成型是把压薄后的面团薄块做成产品所需的形状，使面包式样整齐。面团的整形制作，可根据生产需求分为整形机整形与手工整形两种。

(1)整形机整形。整形机分压薄、卷折、压紧三部分。压薄部分有2~3对滚轴。从醒发箱出来的面团经滚轴压薄成扁平的圆形或椭圆形。此时面团内的气体大部分被压出，内部组织已比较均匀。然后，经过卷折部分，由于铁网的阻力使面团薄块从边缘处开始卷起，成为圆柱体。最后，圆柱体面团经过压紧部分的压板，较松的面团被压紧，同时面团的接缝也被黏合好。

影响面团整形的原因有面团本身性质及整形机调整情况。

面团本身性质包括配方原料、搅拌程度、发酵情况等，如果搅拌不足，面团较硬且脆，整形困难；如果搅拌过度，则延展性过大，无法卷折和压紧。

整形机调整情况对面团整形结果影响较大。首先是压薄部分滚轴间距的调整。其原则是：在面团不被撕破的前提下，尽量调近滚轴间距，以使面团内的气体分布均匀，保证面包成品内部组织整齐，但如果滚轴调得太紧，面团会被撕破，内部暴露而黏附在机器上，影响操作。如果滚轴调得太松(即两轴间的距离太大)，面团虽经压薄，但面团内的气体无法压出或压出不多，气体在面团内部分布不均，会导致面包成品内部不均匀，有大孔洞或颗粒粗。

滚轴调整是否适当，可观察整形后的面团表面是否光滑和面团卷折的松紧程度。表面粗糙，说明滚轴太紧；卷折后的面团松散，说明滚轴太松。卷折时，一般要求面团薄块卷到2圈半即可。圈数可以通过调整输送带速度进行调节。

整形时撒粉不要太多。一般控制在分割重的1%以内。若面团干爽，可减少撒粉，以防成品内部有空洞。

(2) 手工整形。手工整形方法很多，主要介绍以下几种整形方法。

①分割法：用切刀将较厚的面皮分割出自己所需的大小；用合适的压模在面皮上切割出相应的形状，用以制作特定的面包；拉开齿轮刀，可以一次性在较薄的面皮上分割出同样大小的小面片。

②擀压法：双手拿住擀面杖的两端，将中心处放在面团上，均匀使力将面团擀薄，适用于小面积的擀压；将面团放在起酥机的操作面上，调整起酥机的刻度盘将面团压成所需的薄度，适用于大面积的均匀擀压。

③拉伸法：一手固定在面皮一端，另一手均匀使力将面皮拉长。

④捏法：用拇指和食指捏住封口，使内部馅料密封入面皮内。

⑤卷法：将面团压薄，然后从一端往另一端卷折，直至将面团从小到大地卷成圆筒状。

⑥挤法：卷起面团时，双手的四指并拢压在面皮相接处，双手向后方使力，使卷起的部位面皮粘连得更加紧密。根据所需的形状，选择相接处是否为均匀受力，如果想做橄榄形面团的话，则两端力度需稍大点。

⑦拍打法：手掌张开，拍面团表面，主要是为了拍出面团内部气体。

⑧折叠法：将擀平或者擀薄的面团放在操作台上，采用相折的方式使面团层层叠加，最终使面包内部呈现若干层次的一种方法。

⑨划刀法：用整形刀在面团表面划出浅浅的切口，使面团经过烘烤后形成特定的纹路。

5. 装盘

把整形后的面团放到烤盘或烤模内。装盘时注意以下几点。

(1) 接合处向下，防止面团在醒发或烘烤时开裂，表皮粗糙，影响面包外表。

(2) 烤盘温度要适宜，正常室温就可以，最高温度不能高于醒发温度。

(3) 面团的放置情况，装盘的面团必须大小一致、形状匀称、间隔合理。

(4) 面包盒容积与面团大小的关系，若面包盒太大，则会使面包内部组织不均匀、颗粒粗糙；若面包盒太小，则会影响面包体积，且顶部胀裂厉害、形状不佳。

知识拓展

整形机

1. 全自动面团分块机

全自动面团分块机(图1-7)，主要作用是能自动地将发酵面团按照它的体积分割成一样大小的面团，分割均匀，使用方便，所分的面团质量准确，操作时间短，可节约大量的劳动力。

机械分割是按照体积来分切而使面团变成一定质量的小面团，并不是直接称量分割得到的，所以操作时必须经常称量分割出的面团质量，及时调整活塞缸的体积，以免出现分割得到的面团过轻或过重。面团虽然完成了发酵阶段进入分割机的盛料槽，但发酵作用并未结束，仍在继续进行，从分割开始到结束，面团的相对密度均在变化，后面的面团相对密度小于前面的面团，而由于分割机是按体积切割面团，所以要注意调整容器出口的大小，以控制不同相对密度的面团保持同样的质量。

2. 起酥机

起酥机又叫开酥机，主要用于各式面包、西饼、饼干整形及各类酥皮的制作（图1-8），如蛋挞、丹麦酥、千层酥等，也可用于碾压面团，面皮最薄可压至1 mm。该设备噪声低、不易磨损，操作简单方便，折叠式结构节省空间、易于搬运，有辗压和拉伸双重作用。

图1-7　全自动面团分块机　　　　图1-8　起酥机

四、醒发

醒发也是影响面包品质的一个关键环节，醒发可使面团重新产气、蓬松，以得到成品所需的形状，并使面包成品有较好的食用品质。面团经过整形操作后尤其是经压薄、卷折、压紧后，面团内的气体大部分已被排出，面筋也失去原有的柔软性而变硬，若此时立即进炉烘烤，面包成品必然是体积小，内部组织粗糙，颗粒紧密，且顶部会形成一层硬皮，所以要做出体积大、组织好的面包，整形后的面团必须进行醒发，使其重新再产生气体，使面筋柔软，得到大小适当的体积。

在醒发阶段，可对前几道工序所出现的差错进行一些补救，但若醒发时发生差错，则再无法挽回，只能得到品质差的面包成品。因此，醒发操作要多加小心，避免出错。

1. 醒发方法

醒发与发酵操作类似，将整形好装盘的面团送入醒发箱即可，与发酵不同的是，醒发时面团不用盖保鲜膜。

2. 醒发目的

（1）酵母菌经醒发产生大量二氧化碳气体，促进面团体积膨胀到要求体积。

（2）改善面团加工性能，使面团具有良好的延伸性，利于体积膨胀。

(3)使面团组织结构均匀细密,得到疏松多孔、柔软的组织结构。
(4)醒发过程产生大量的小分子挥发性物质,增加面包的香气和风味。

3. 醒发条件

醒发的影响因素主要有温度、相对湿度和时间等。

(1)温度。醒发温度一般控制在35~38 ℃。温度太高,面团内外的温差较大,面团醒发不均匀,导致面包成品内部组织不一致,有的地方颗粒较好,有的地方却很粗糙。同时,过高的温度会使面团表皮的水分蒸发过快而造成表面结皮,影响面包表皮的质量。

(2)相对湿度。相对湿度对于面包的体积、组织、颗粒影响不大,但对面包形状、外观及表皮等影响较大。一般相对湿度为80%~90%。

相对湿度太小,面团表面水分蒸发过快,容易结皮,使表皮失去弹性,影响面包进炉烘烤时的膨胀,使面包成品体积小,且顶部形成一层硬皮。同时,表皮太干,会抑制淀粉酶的作用,减少糖及糊精的生成,导致面包表皮颜色浅,欠缺光泽,且有许多斑点。另外,低湿度的醒发时间比高湿度的长,醒发损耗及烘烤损耗也大。

相对湿度太大,对面包品质也有影响,尽管高湿度醒发的面包经烘烤后表皮颜色深、均匀,且醒发时间少、醒发损耗也少,但会使面包表皮出现气泡。同时表皮的韧性过大,影响外观及食用口感。

(3)时间。醒发时间是醒发阶段需要控制的第三个重要因素,其长短依照醒发室的温度、相对湿度及其他有关因素(如产品类型、烘炉温度、发酵程度、搅拌情况等)来确定,通常为55~65 min。

醒发过度,面包内部组织不好、颗粒粗、表皮发白、味道不正常(太酸)、存放时间缩短。如果所用的是新磨的小麦粉或筋力弱的小麦粉,也会出现醒发过度的现象,烘烤时,面包体积收缩。

醒发不足,面包体积小,顶部形成一层硬皮,表皮呈红褐色,边皮有如烤焦的现象。

醒发时间的调校,还要考虑到小麦粉的筋力和烤炉温度等,小麦粉筋力高或烤炉温度低,醒发时间要稍短些;小麦粉筋力低或烤炉温度高,则醒发时间可稍延长一些。

4. 醒发程度判断

醒发到什么程度可以入炉烘烤,这是关系到面包质量的一个关键点,通常采用以下三种方法来判断。

(1)以达到成品体积为标准。一般醒发结束时,面团的体积应是成品体积的80%,其余20%留在炉内胀发。在实际中对于烤炉内胀发大的面团,醒发终止时体积可以小一些(60%~75%);对于烤炉内胀发小的面团,醒发终止时体积要大一些(85%~90%)。对于方包,由于烤模带盖,所以好掌握,一般醒发到80%就行,但对于山形面包和非听形面包就要凭经验判断。一般听形面包的醒发都以面团顶部离听子上缘的距离来判断。

(2)以达到整形体积的倍数为标准。要求生坯膨胀到装盘时体积的2~3倍。

(3)以观察外形、透明度和触感为标准。发酵开始时,面团不透明、发硬。随着体积膨胀,面团变柔软,由于气泡的胀大令膜变薄,使人观察到表面有半透明的感觉。用手指轻摸面团表面,感到面团有一种轻柔感,用手指轻轻一按,被压扁的表面保持压痕,指印不回弹、不下落,即可结束醒发。如果手指按压后,面坯破裂、塌陷,即为醒发过度,若指印很快回弹,即为醒发不足。

醒发结束后,从醒发箱取出时应略微在室内停放一会儿使其定型,在运送过程中应避免震动,防止坯体漏气塌架。

知识拓展

冷藏醒发箱

冷藏醒发箱(图1-9)也用于面团醒发,与普通醒发箱相比,冷藏醒发箱使用更灵活、更方便、更节省时间和劳动力。冷藏醒发箱可根据产品操作时间,控制冷藏时间、醒发温度、相对湿度及醒发时间,使面团在规定时间内醒发好。

图1-9 冷藏醒发箱

五、装饰

装饰是指入炉前在面包坯表面刷蛋液、挤酱料、筛粉、划口等操作。软质类面包常用刷蛋液、挤酱料等装饰方法。欧式面包常用筛粉、划口等装饰方法。

刷蛋液是面包装饰最常用的方法,主要目的就是让烘烤后的面包有更好的色泽,其次还有黏合的作用,如在表面撒杏仁片、芝麻的时候不容易掉落。

蛋液可以用全蛋液,也可以用全蛋液加水、牛奶、蜂蜜、淡奶油调制,或者是蛋黄液加牛奶、蜂蜜等调制。蛋液调制好后,用网筛过滤一次,这样可以去除其中细密的小气泡,刷在面包上也更加光滑美观。

刷蛋液应遵循3字原则:轻、薄、快,即用手腕的力来刷蛋液,每一层都要薄薄的,不要刷得太厚重,要一气呵成,不要停留太久。

知识拓展

常用装饰材料

装饰面包的材料要可食用,可以改善面包色、香、味等,常用的有坚果、果干、乳酪、火腿、沙拉酱、卡士达酱、蛋黄酱等。

六、烘烤

烘烤是面包由生面团变为成品的最后一道工序,也是较为关键的一个阶段。在烤箱热能的作用下,生的面包坯从不能食用变成了松软、多孔、易于消化和味道芳香的可食用的诱人食品。

整个烘烤过程,包括很多复杂的反应。在这个过程中,从调制面团直至醒发时间仍在不断进行的生物活动被制止,微生物及酶被破坏,不稳定的胶体变成凝固物,淀粉、蛋白质也由于高温而发生凝固变性。与此同时，焦糖、焦糊精、类黑素及其他使面包产生特有香味的化合物，如羰基化合物等物质生成。所以，面包的烘烤是综合了物理化学、生物化学、微生物学等反应的结果。

1. 烘烤反应

(1)烘烤急胀。面包坯进炉后，由于内部空气受热而立即膨胀，几分钟内，所增加的体积便为原来面包坯的1/3，这个作用称为烘烤急胀，产生烘烤急胀的原因如下。

从物理方面来说，第一，气体受热后压力增大，当这些气体被密闭在由弹性材料构成的一定范围内时，则会使体积膨胀。面团内许许多多细小的气孔，因受热而增加气压，气体膨胀从而促使既有弹性又有延伸性的面筋组织扩充，使面团胀大。第二，面包坯进炉后，温度逐渐升高，气体溶解度减少，使原来溶解在面团内的气体（醒发过程所产生的部分气体）被释放出来，当面团温度达到49 ℃时，所溶解的气体全部被释放出来，这部分气体也按第一种作用那样，受热而增加气压，使面团逐渐膨胀。第三，热使面团内某些低沸点物质变成蒸汽，这些蒸汽的产生也使气孔内的气压增大，促使气室膨胀而导致面团胀大，这些低沸点物质以乙醇的量为多，也是最主要的被蒸发物质。乙醇的沸点约为79 ℃，所以在烘烤的前期即已被蒸发。第四，气室内的压力与气室半径是一个反比关系，体积小的气室其膨胀需要的压力比大气室的高，当面团内的较小气室太多时，聚集在小气室内的压力会超过气室的收缩力（即弹性）而产生突然的膨胀，压力增大，而这时面包表皮尚在形成阶段，还没有足够的力量阻止这些压力很大的气体往外冲，于是在使面包体积增大的同时也使得面包边皮出现碎屑较多，不够平滑。

从生化方面来说，温度的升高促进了酵母菌的活性，使面团发酵加速，也是形成烘烤急胀的原因之一。随着温度的升高，发酵作用越来越快，所产生的二氧化碳气体和乙醇也越来越多，直到酵母菌作用的临界温度为止，但此时所产生的二氧化碳气体已足够使面团膨胀，体积增大。同时，面团温度升高，面团内的 α-淀粉酶和 β-淀粉酶活性也增强，促进了酵母菌的发酵作用，也促进了烘烤急胀。

(2)淀粉糊化。当面团温度达到54 ℃时，淀粉开始糊化，烘烤急胀现象消失。淀粉糊化时，吸收了面筋原来持有的水分，使淀粉颗粒本身膨胀，体积增加。

温度对于淀粉的糊化也很重要，在烤炉内，面包坯外层的温度比内部的温度要高，外层面团的糊化程度也比中心部位的要大。

除水分和温度外，淀粉酶的含量也影响淀粉的糊化程度。如果含量太多，影响淀粉胶体性质，无法承受由于烘烤急胀而产生的气体压力，气孔破裂，形成了大气孔，使面包产品内部组织出现大孔洞。如果含量太少，则淀粉糊化作用不够，淀粉胶体组织过分干硬，无法适应面团的膨胀，使面包体积减小，内部组织不良。

(3)面筋凝固。随着淀粉糊化的继续进行，面筋内所含的水分不断被蒸发，当面筋失去了一定的水分，并且面团内温度达到74 ℃时，面筋便开始凝固，这个作用一直延续到面包出炉为止。在这个过程中，面筋所包围住的孔壁，变成了半硬性的薄网组织，随着气孔的膨胀，淀粉颗粒也趋于柔软，颗粒组织变得更有延伸性，面筋薄膜变得更薄，促进了面团的胀大。

面筋凝固后，韧性增强，面团内部压力增加，如果小麦粉的筋力太弱，面筋组织结构承受不了一定的压力而使小气孔胀破变成大气孔，会使面包内部组织不均匀，出现大孔洞。

(4)酶的作用。淀粉酶的作用在烘烤阶段即开始,在一定的温度范围内,每上升10 ℃,酶的活性增加1倍,超过一定温度,热抑制了酶的活性,淀粉酶作用停止,淀粉的糊化也终止。

(5)面包色泽和香味的形成。面包在烘烤过程中发生美拉德反应和焦糖化反应,使面包表面产生金黄色或棕黄色,形成特有的香味。

另外,面包由于烘烤生成大量的糊精,糊精在高温下凝固,不仅使面包色泽光润,而且也是面包香味的成分之一。

(6)气孔组织。面包内部组织的气孔特性及形状,可通过切开的面包片来观察。

影响气孔组织的因素很多,如发酵程度、发酵速度、搅拌程度、整形制作、模具大小、醒发时间等。在烘烤期间,烘烤的速度为主要影响因素,烘烤速度太快,面包表层形成过早,且强韧,限制了面包内部的继续膨胀,严重影响面包的内部组织质量,使小孔破裂,粘连在一起,结果导致气孔壁厚、颗粒粗糙、组织不均匀。

2. 烘烤过程

整个烘烤可分为五个阶段。

(1)烘烤急胀阶段,为进炉后的5~6 min。在这个阶段,面团的体积由于烘烤急胀作用而急速变大。

(2)酵母菌继续作用阶段。在这个阶段,面包坯的温度在60 ℃以下,酵母菌的发酵作用仍可进行,超过此温度,酵母菌活动即停止。

(3)体积形成阶段。此时面包坯温度为60~82 ℃,淀粉吸水膨胀,固定填充在已凝固的面筋网状组织内,基本形成了最终成品的体积。

(4)表皮颜色形成阶段。由于焦糖化反应和褐变作用,面包的表皮颜色逐渐加深,最后成棕黄色。

(5)烘烤完成阶段。此时面包坯内的水分已蒸发到一定程度,面包中心部位也完成烘烤,成为可食用的制品。

3. 烘烤条件及影响因素

烘烤条件的选择,最主要的因素仍然是温度、相对湿度、时间。

(1)温度。一般面包的烘烤温度为180-230 ℃。

若炉温过高,面包表皮过早形成,限制面包的膨胀,使面包成品体积小,内部组织有大的孔洞,颗粒小。尤其是油、糖成分高的面包,内部及四边尚未完全烤熟,但表皮颜色已太深。当以表皮颜色为出炉标准时,则内部发黏,未全熟,也无味道;当面包心完全成熟时,则表皮已成焦黑色。同时,炉温过高,容易使表皮产生气泡。

若炉温过低,酶的作用时间增加,面筋凝固时间也随之延长,而烘烤急胀作用太大,使面包成品体积过大,内部组织粗糙,颗粒大。炉温低必然要延长烘烤时间,使得表皮干燥,面包皮太厚,且因温度不足,表皮无法充分焦化而颜色较浅。同时,水分蒸发过多,挥发性物质挥发也多,导致面包质量减轻,增加烘烤损耗。

(2)相对湿度。炉内湿度的选择,与产品的类型、品种有关。一般软面包、甜面包不通入蒸汽,其炉内湿度已适宜。硬式面包的烘烤则必须通入蒸汽3~6 s,以保持较高的炉内湿度,才能烤出真正的硬式面包。

相对湿度过大,炉内蒸汽过多,面团表皮容易结露,致使产品表皮熟韧,起气泡,影响食用品质。

相对湿度过小，表皮结皮太快，容易使面包表皮与内层分离，形成一层空壳。

（3）时间。烘烤时间取决于炉温、面团质量和体积、配方成分、面包种类、模具、形状等因素，一般为 10～35 min。

炉温高，则烘烤时间短，反之烘烤时间长。

质量重、体积大的面包，用较低的炉温，烘烤时间也需较长。

质量轻、体积小的面包，用较高的炉温，烘烤时间相对较短。

4. 烘烤损耗

烘烤损耗，是指由于水分的蒸发和一些挥发性物质的失去而使面包质量减少，通常为 7%～13%，一般为 10% 或以下，如主食面包为 8%～10%。

广义的烘烤损耗包括分割损耗、整形损耗、醒发损耗、烘烤损耗、冷却损耗、切片损耗等。狭义的烘烤损耗则指面团在烘炉内的纯烘烤损耗。

计算按下式：

烘烤损耗(%) = (面团分割质量 - 面包成品质量)/面团分割质量 × 100%

影响烘烤损耗的因素有以下几个方面。

（1）配方成分。如水分含量、糖用量等，水分含量越大，损耗越大。

（2）烘烤温度。温度越高，损耗越大。

（3）烘烤时间。时间越长，损耗越大。

（4）烘烤湿度。湿度越小，损耗越大。

（5）面团质量和产品形状。质量相同时，暴露于空气中的表面积越大，损耗越大；盒式面包的损耗小于非盒式面包；面包皮越厚，损耗越大。

知识拓展

烤箱

烤箱是焙烤食品常用的设备（图1-10）。烤箱种类很多，按外观可分为卧式和立式旋转两种，按用途可分为平炉、风炉、石板炉。

卧式烤箱有单层、双层、多层之分，特点是占地小，可分层控温，节约能源，适合教学、门店使用。

立式旋转烤箱占地面积大，不能分层控温，消耗能源大，适合食品企业使用。自动化程度高的企业为了保证产品质量多数选择隧道式烤箱。

图1-10 烤箱
(a)卧式烤箱；(b)立式旋转烤箱

七、冷却

1. 面包的冷却

冷却工序是面包制作中必不可少的。面包刚出炉时，温度较高，表皮干脆，面包心柔软，缺乏弹性。此时如果立即进行切片，由于面包太软，没有一定的机械承受力，切片后面包两边会凹陷。若立即进行包装，则会因为面包温度过高，容易结露，出现水珠，导致面包容易发霉。

(1) 冷却过程的变化。

①温度。面包出炉时，除了表皮温度高于 100 ℃ (最高不超过 150 ℃) 外，其余部分的温度为 98~99 ℃。出炉后，面包置于室温下，由于存在一个较大的温差，聚集在面包表皮的热便在辐射、对流作用下迅速散去，而内部散热则较慢。故测定面包切片时的温度应以面包心温度为准，一般面包冷却至中心温度 32 ℃ 时最为理想。

②水分。面包出炉时，水分分布很不平均。表皮在烘烤时接触的温度高且时间长，水分蒸发很多，显得干燥、硬脆，面包内部的温度则较低，在烘烤阶段的最后几分钟才达到 99 ℃，故水分蒸发少，显得较为柔软。出炉后，面包的水分进行重新分布，从高水分的面包内部散发到面包外表，再由外表蒸发出去，最后，达到水分的动态平衡。表皮也由脆变得柔软，适宜切片或包装。

水分转移、蒸发的速度，取决于环境的蒸汽压，蒸汽压又与气温有关，温度越高，蒸汽压越大，则水分蒸发越慢。冬季环境的蒸汽压低，面包表皮水分蒸发速度快，失水快且多，温度骤然下降，表皮收缩速度变快，可造成面包表皮破裂、发硬、内部发黏。夏季环境的蒸汽压高，面包表皮水分蒸发慢，需要延长冷却时间，否则对切片、包装都不利，尤其是湿度大的梅雨季节，更要注意面包的冷却时间。

(2) 冷却要求。

冷却后的面包，其中心温度要降到 32 ℃，整体水分含量为 38%~44%。总的要求是：既要迅速、有效地降低面包温度，又不能过多地蒸发水分，以保证面包有一定的柔软度，提高食用品质和延长货架期。

面包在冷却阶段损失多少水分才算理想，这很难确定，必须视烘烤情况而定。烘烤时面包水分损失较多，冷却时要尽量减少损失。一般在冷却阶段损失水分为 2%~3% 为宜。

白面包出炉后应立即倒出冷却，不能让面包停留在面包盒内，以免影响冷却速度和面包盒流转。圆形面包 (包括汉堡包等) 出炉后可暂缓倒出，待冷却到表皮变软并恢复弹性后，再倒出冷却。

(3) 冷却方法。

①自然冷却。该方法比较简单，无须添置冷却设备，但不能有效控制冷却损耗，冷却时间长，受季节影响较大。

②通风冷却。冷却室是一个密闭室，空气从底部吸入，由顶部排出。面包出炉后倒在输送带上，随着输送带的慢慢运转，由上而下直到出口，由于空气的对流，热量被带走，水分被蒸发，面包得到冷却，这种方法的冷却时间比自然冷却少很多，但仍不能有效控制水分损耗。

③空调冷却。该方法通过调节冷却空气的温度和湿度，减少冷却时间，同时可控制面

包水分的损耗。

④真空冷却。其优点是在适当温度湿度和一段时间的真空条件下,面包能在极短时间内冷却(只需0.5 h),而且不受季节影响。

2. 面包的包装

为了保证食用品质符合卫生要求,冷却后或切片后的面包应立即包装。

面包经包装后可保持清洁卫生,避免在运输、存储、销售过程中受到污染,保障顾客健康。有包装的面包,可以避免水分的过多损失,较长时间地保持面包的新鲜度,有效防止面包的老化变硬,延长货架期。美观漂亮的包装,能提高产品对消费者的吸引力,扩大销售的竞争能力,提高工厂的经济效益。

包装的方法分为手工包装、半机械化包装和自动化包装。

包装材料首先要符合食品生产要求,无毒、无臭、无味,不会直接或间接污染面包;其次要密闭性能好,不透水、不透气,以免香味散失。

【技能训练】

❖❖ 技能目标

1. 能够按要求调制面团。
2. 能够判断黄油加入时间和面团打好状态。
3. 能够在2~3圈搓圆面团。
4. 能够进行基本整形操作。

❖❖ 素质目标

1. 引导学生养成规范操作的习惯,结合实际工作,培养学生一丝不苟的职业精神。
2. 激发学生兴趣,努力学好专业知识,为食品安全保驾护航,肩负起社会责任。

> **情境导入**
>
> 民以食为天,食以安为先。焙烤食品安全主要从以下三个方面进行监督管理:一是原辅料,必须严格遵循食品安全卫生要求;二是加工车间,做好车间分区隔离,避免交叉污染,采用科学有效的消毒技术;三是生产人员,做好个人卫生。

任务一 面团调制

一、卫生消毒

1. 任务准备

(1)仪器和工具:电子秤、消毒桶、搅拌器。

(2)材料:二溴海因消毒片、洗涤剂、毛巾。

2. 操作步骤

(1)配置消毒水。根据消毒片要求配制消毒水。取1片二溴海因消毒片放入2 kg温水中，轻轻搅拌，待消毒片完全溶解后即可使用。

(2)手消毒。手先用洗涤剂清洗干净，然后在消毒水中浸泡30 s，最后用干净毛巾擦干。

(3)毛巾消毒。将清洗干净的毛巾放进消毒水中浸泡20 min，取出拧干，叠好。

手消毒

(4)桌面消毒。用干净毛巾先将桌面擦干净，然后喷上消毒水，静置20 min，再用干净毛巾将消毒水擦净。

3. 注意事项

(1)消毒水使用一段时间后，浓度降低，消毒效果减弱，要根据具体情况及时更换消毒水。

(2)毛巾不要混用，擦拭桌面、水池等要分开使用，以免污染产品。

二、面团调制

1. 任务准备

(1)仪器和工具：和面机、电子秤、刮板。

(2)材料：高筋小麦粉、黄油、食盐、水、糖、酵母。

2. 操作步骤

(1)按配方要求准确称量原辅料：高筋小麦粉500 g、黄油20 g、酵母5 g、水330 g、糖40 g、食盐5 g。

(2)水温计算。按照计算公式计算。

水温 = 面团理想温度 × 3 − (室温 + 粉温 + 摩擦温度)

(3)处理原辅料。高筋小麦粉过筛，黄油切小块软化，处理水温。

(4)调制面团。将高筋小麦粉、食盐、糖、酵母放入和面机，慢速搅匀，从进料口慢慢加入水，搅拌至不粘搅拌缸、成面团，改快速搅拌到面筋扩展，加入黄油，慢速搅拌至黄油与面团均匀，改快速搅拌到面筋完成。

3. 判断标准

(1)加黄油判断标准。黄油一般选择后加法，在面筋扩展阶段加入。此时面团表面已趋于干燥，较为光滑，具有光泽，用手触摸时面团已具有弹性并较柔软，但用手拉膜时仍易断裂。

判断标准

(2)面团调制好判断标准。有噼啪的打击声和嘶嘶的起缸声；用双手的食指、拇指和中指小心的拉伸面团，形成薄而不破的薄膜，尽管薄膜裂开，边缘也是光滑的，无锯齿状；面团向两端拉伸有很好的拉伸性和适当的弹性。

知识拓展

实训室操作要求

(1)学生必须严格遵守卫生第一、质量至上的观念。

(2)学生应充分掌握实训工艺流程及操作要求，做到心中有数，思路清晰。

（3）进入实训室必须穿戴好工作衣帽，手上、腕上、耳朵上不能戴饰物，保持良好的个人卫生。

（4）实训室禁止吸烟，严禁食用任何食品。

（5）如厕必须脱掉工作服，回来后必须洗手消毒。

（6）不得迟到早退，因故缺课必须请假。

（7）必须严格遵守操作规程，树立安全第一的观念，注意安全用电、用火。

（8）遇设备出现故障及事故，应立即切断电源，报告实训指导教师。

（9）实训完毕后做好仪器工具的清洗、整理、校验工作，关闭水、电、气，经实训指导教师检查后方可离开实训室。

任务二　整形练习

整形方法

一、搓圆

1. 任务准备

（1）仪器和工具：电子秤、切刀。

（2）材料：面团。

2. 操作步骤

（1）分割。将调制好的面团放在操作台上，先沿长度方向切5 cm宽条状，然后在条状基础上分割所需质量面团，一般要求2~3刀切出所需面团。

（2）搓圆。分割好的面团尽量在2~3圈内搓圆。

二、长条形

1. 任务准备

（1）工具：擀面杖。

（2）材料：搓圆的面团。

2. 操作步骤

（1）长方形。取圆形面团，光滑面朝上放在操作台上，用手在表面轻拍一下，然后用擀面杖沿上下方向擀长，90°旋转，再上下擀长成长方形，上边擀薄。

（2）长条形。把擀好的长方形面团从上边纵向拿起翻过来，底边轻轻按薄，用两手除大拇指外的其余8指从顶部卷起，注意松紧要适当，全部卷起后，用两手手掌将长条形面团轻轻向两边搓，使形状更有规则。

三、橄榄形

1. 任务准备

(1) 工具：擀面杖。

(2) 材料：搓圆的面团。

2. 操作步骤

(1) 锥形。取圆形面团，光滑面朝上放在操作台上，用手在表面轻拍一下，然后用擀面杖沿上下方向擀，上边不要擀宽，底边擀宽、擀薄，类似锥形。

(2) 橄榄形。把擀好的锥形面团横向翻过来，底边轻轻按薄，用两手除大拇指外的其余 8 指从顶部卷起，注意松紧要适当，中间粗，两端细，全部卷起后，用两手手掌将橄榄形面团轻轻向两边搓，使形状更有规则。

目标测试

一、名词解释

1. 翻面　2. 整形　3. 烘烤损耗

二、填空题

1. 烘烤可以分为_____、_____、_____、_____、_____五个阶段。
2. 面团整形包括_____、_____、_____、_____等工序。
3. 面团调制分为_____、_____、_____、_____、_____、_____六个阶段。
4. 能够改善面包风味的过程是_____、_____、_____等。
5. 面包加工的一般工艺流程是_____、_____、_____、_____、_____、_____、_____、_____。

三、选择题

1. (　　)是面包面团形成的原理。
   A. 还原作用　　　　　　　　B. 水化作用
   C. 脱氢作用　　　　　　　　D. 加成作用

2. 面筋完成阶段会发出(　　)声音。
   A. 啪啪　　　B. 吱吱　　　C. 轰轰　　　D. 噼啪

3. 一般来讲，除小麦粉外，面包的基本原料有(　　)。
   A. 鸡蛋、水　B. 糖、盐　　C. 水、酵母　D. 油、盐

4. 判断面包面团是否搅拌成熟的办法是(　　)。
   A. 拉膜法　　B. 回落法　　C. pH 值　　　D. 温度法

5. 翻面的目的是(　　)。
   A. 充入新鲜空气　　　　　　B. 不粘
   C. 充入二氧化碳　　　　　　D. 降低面筋

6. 主食面包的配方特点是(　　)。
   A. 油糖比例高　　　　　　　B. 其他辅料比例高

C. 油糖比例较低　　　　　　　　　D. 油糖比例适中

7. 面包面团发酵的适宜温度是(　　)。
A. 20~25 ℃　　　　　　　　　　B. 26~28 ℃
C. 28~32 ℃　　　　　　　　　　D. 30~36 ℃

8. 能将葡萄糖转变成乙醇及二氧化碳的是(　　)。
A. 酵母　　　　B. 氧气　　　　C. 鸡蛋　　　　D. 霉菌

9. 影响面包保存的因素为(　　)。
A. 水　　　　　　　　　　　　　B. 氧气
C. 温度　　　　　　　　　　　　D. 以上全选

10. 属于柔性材料的是(　　)。
A. 蛋黄　　　　B. 泡打粉　　　C. 小麦粉　　　D. 蛋白

四、简答题

1. 在面团调制过程中,如何控制面团温度?
2. 分析发酵、松弛、醒发的异同点。
3. 影响小麦粉吸水量的因素有哪些?
4. 醒发的目的是什么?
5. 广义的烘烤损耗包括哪些方面?

项目三　面包制作

【基础知识】

❖❖ 知识目标
1. 了解鲁邦种和天然酵母。
2. 熟悉液种的制作方法。
3. 掌握直接发酵法、汤种法、中种法。

❖❖ 素质目标
1. 培养学生主动思考、分析问题的习惯。
2. 培养学生科学的思维方法，树立辩证唯物主义世界观。

> **情境导入**
> 　　发酵是一种古老的食品加工工艺，经过几个世纪的发展，如今已形成成熟的技术。通过发酵技术不仅能改善食品的风味、色泽和组织结构，还能提高食品的营养价值。因此，发酵技术在食品生产中的应用十分广泛。我们日常接触到的啤酒、酱油、腐乳、面包、酸奶和泡菜等都是利用发酵技术生产出来的。

一、直接发酵法

直接发酵法又称一次发酵法，主要指面团只经过一次搅拌、一次发酵，即将配方中的原料按一定的先后顺序放入搅拌机内，搅拌至面筋完全扩展后进行发酵，然后继续整形、醒发、烘烤的方法。直接发酵法适合做甜面包、餐包、菠萝包等。

优点：制作简单，耗时短，节省人力，发酵损耗低。

缺点：发酵时间短，面包的麦香味略有不足；面包含水量较少，口感不是很松软，面包易老化，保鲜期也较短。

1. 工艺流程

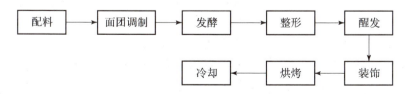

（1）配料。按照配方要求称量并处理原料。
（2）面团调制。把除黄油外的原料放入搅拌缸中打至面筋扩展时加入黄油，继续打至

面筋完成。

（3）发酵。面团调制好后放在烤盘上，盖上薄膜，放入醒发箱发酵，发酵温度为 28 ℃，相对湿度为 75%，发酵至 2 倍体积。

（4）整形。发酵好的面团，在 2~3 刀内分割出需要的面团质量（如 60 g），搓圆，松弛 15 min 左右，然后把分割好的面团整形成最终需要的形状。

（5）醒发。将整形好的面团放入烤盘，间隔摆好，放入醒发箱醒发。醒发温度为 36 ℃，相对湿度为 85%，醒发至 2 倍体积。

（6）装饰。取出醒发好的面团，表面刷上蛋液。

（7）烘烤。将装饰好的面团放入烤箱烘烤。

（8）冷却。面包冷却适宜温度是 22~26 ℃，相对湿度是 75% 左右，通常选择自然冷却，冷却至包心温度为 30~32 ℃ 时即可包装。

2. 方案设计

表 1-3 为直接发酵法制作产品方案设计。

表 1-3　直接发酵法制作产品方案设计

材料	烘焙百分比/%	用量/g	工艺参数	工艺条件
高筋小麦粉	100	500	面团温度	28 ℃
酵母	1	5	发酵条件	温度 28 ℃，相对湿度 75%
水	50	250	松弛条件	室温，15 min
盐	1	5	醒发条件	温度 36 ℃，相对湿度 85%
糖	8	40	烘烤温度	上下火温度 200 ℃/190 ℃
油脂	6	30	烘烤时间	11 min
蛋	16	80	—	

知识拓展

烘焙百分比

烘焙百分比是以配方中小麦粉的质量为 100%，配方中其他各原料的百分比是相对于面粉的多少而定，故烘焙百分比总量超过 100%，如表 1-4 所示。

烘焙百分比 =（原料质量/小麦粉总质量）×100%

优点：

（1）从配方中可以一目了然地看出各原料的相对比例，简单明了，容易记忆。

（2）可以快速计算出配方中各原料的实际用量，计算快捷、精确。

（3）方便调整、修改配方，以适应生产需要。

（4）可以预测产品的性质和品质。

表1-4 烘焙百分比

材料	用量/g	烘焙百分比/%
小麦粉	200	100
盐	2	1
水	120	60
糖	4	2
酵母	2	1
总量	328	164

二、汤种法

汤种是用65 ℃热水调面而得的面糊,是利用淀粉糊化的原理制作而成。

优点:增加面团的含水量,改善面包松软度。

缺点:汤种加热的温度不好控制,操作有一定难度。

1. 工艺流程

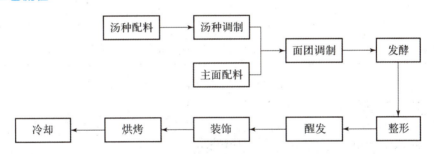

(1)汤种配料。按照汤种配料、主面配料配方要求称量,并处理原料。

(2)汤种调制。把汤种所用材料放入锅内小火加热至65 ℃,用温度计测量。温度太高会使汤种颜色发灰,做出的面包不洁白;温度太低则会使淀粉糊化的程度不高,吸水性不强。调制时要不停搅拌,当用筷子搅面糊时出现纹路,面糊呈白色糨糊状、略带透明的感觉,说明汤种制作成功。汤种做好之后放凉使用,密封冷藏可保存1~2天,出现面糊变灰现象就不可再用。

(3)面团调制。把汤种、主面除黄油外的原料放入搅拌缸中打至面筋扩展,加入黄油继续打至面筋完成。

(4)发酵。面团调制好后放在烤盘上,盖上薄膜,放入醒发箱发酵至2~3倍体积。

(5)整形。发酵好的面团在2~3刀内分割出需要的面团质量,搓圆,松弛,然后把分割好的面团整形成最终需要的形状。

(6)醒发。将整形好的面团放入烤盘,间隔摆好,放入醒发箱醒发。醒发温度为36 ℃,相对湿度为85%,醒发至2~3倍体积。

（7）装饰。取出醒发好的面团，表面刷上蛋液即可直接烘烤。还可以在刷完蛋液后装饰其他材料再烘烤。

（8）烘烤。将装饰好的面团放入烤箱烘烤。

（9）冷却。面包冷却适宜温度是 22~26 ℃，相对湿度是 75% 左右，通常选择自然冷却，冷却至包心温度为 30~32 ℃ 时即可包装。

2. 方案设计

表 1-5 为汤种法制作产品方案设计。

表 1-5　汤种法制作产品方案设计

汤种			主面		
材料	用量/g	烘焙百分比/%	材料	用量/g	烘焙百分比/%
高筋小麦粉	150	15	高筋小麦粉	850	85
水（65 ℃）	150	15	酵母	10	1
—			盐	10	1
—			糖	150	15
—			油脂	80	8
—			蛋	100	10
—			水	400	40
—			乳粉	40	4
—			改良剂	2	0.2

知识拓展

烫种法

烫种是在小麦粉中加入沸水搅拌均匀制得的熟面糊，也是汤种的一种，其利用淀粉糊化的性质，提高小麦粉的吸水性和持水力。烫种法就是在面团调制中加入烫种，使做出的面包更加柔软，面包撕开后有拉丝的效果，可延长产品保鲜期。

三、中种法

中种法，又称二次发酵法，是指生产工艺流程中经过二次搅拌、二次发酵的方法。面团经过二次发酵，能形成较好的网络组织，产生特有的面包发酵香味。第一次发酵的面团为中种面团，第二次发酵的面团称为主面团。

优点：面团经两次发酵，水分含量大，发酵充分，组织细腻，产品松软，产生特有的发酵香味，做出的面包口味更好，不易老化。酵母经中种发酵，发酵能力增强，面团体积进一步膨胀，面筋延展性增加，面包体积增加。

缺点：操作略复杂，制作比较耗时，由于中种发酵时间较长，面团发酵味增强，小麦粉本身的风味减弱。

1. 工艺流程

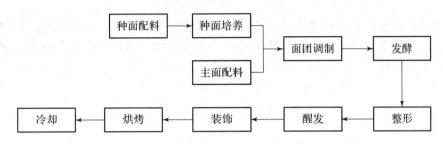

（1）配料。按照种面配料、主面配料配方要求称量，并处理原料。

（2）种面培养。把种面原料（部分小麦粉、比例水、全部酵母或部分酵母）放入搅拌缸中搅拌成团，在28℃条件下发酵2~4 h，发酵至2~3倍体积，撕开表面有蜂窝状组织。

（3）面团调制。把种面、主面除黄油外的原料放入搅拌缸中打至面筋扩展，加入黄油继续打至面筋完成。

（4）发酵。面团调制好后放在烤盘上，盖上薄膜，放入醒发箱发酵至2倍体积。

（5）整形。发酵好的面团在2~3刀内分割出需要的面团质量，搓圆，松弛，然后把分割好的面团整形成最终需要的形状。

（6）醒发。将整形好的面团放入烤盘，间隔摆好，放入醒发箱醒发。醒发温度为36℃，相对湿度为85%，醒发至2~3倍体积。

（7）装饰。取出醒发好的面团，表面刷上蛋液可直接烘烤。还可以在刷完蛋液后装饰其他材料再烘烤。

（8）烘烤。将装饰好的面团放入烤箱烘烤。

（9）冷却。面包冷却适宜温度是22~26℃，相对湿度是75%左右，通常选择自然冷却，冷却至包心温度为30~32℃时即可包装。

2. 方案设计

表1-6为中种法制作产品方案设计。

表1-6　中种法制作产品方案设计

种面			主面		
材料	用量/g	烘焙百分比/%	材料	用量/g	烘焙百分比/%
高筋小麦粉	100	50	高筋小麦粉	100	50
酵母	2	1	水	40	20
水	60	30	盐	2	1
—			糖	20	10
—			油脂	12	6
—			蛋	30	15
—			改良剂	1	0.5

知识拓展

快速发酵法

快速发酵法是直接发酵法的一种，指发酵时间很短（20~30 min）的一种面包制作方法，整个生产周期只需2~3 h。这种方法因发酵时间短，导致产品质量相对较差，保鲜期较短。

四、液种法

液种法是将酵母、少量糖及小麦粉进行混合，再加入部分或者全部水调制成液体状，将这种液体混合物室温发酵2~3 h，然后在10 ℃条件下放置过夜待用的方法。

优点：液种可以大量制作并在冷库中保存，能增加面包的风味，提升面包的熟成度，改善面包的口感，延缓面包老化。

缺点：制作时间长。

1. 制作流程

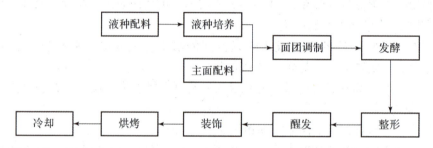

（1）配料。按照液种配料、主面配料配方要求称量，并处理原料。

（2）液种培养。把所需原料放入搅拌缸中，低速搅拌均匀即可，室温发酵2 h，冷藏12 h，发酵到有很多气泡的状态。液种培养时可以选择加入麦芽糖，麦芽糖为酵母生长提供所需营养。

（3）面团调制。把液种、主面原料放入搅拌缸中打至面筋完成。

（4）发酵。面团调制好后放在烤盘上，盖上薄膜，放入醒发箱发酵至2~3倍体积。

（5）整形。发酵好的面团在2~3刀内分割出需要的面团质量，搓圆，松弛，然后把分割好的面团整形成最终需要的形状。

（6）醒发。将整形好的面团放入烤盘，间隔摆好，放入醒发箱醒发。醒发温度为28 ℃，相对湿度为75%，醒发至1.5~2倍体积。

（7）装饰。取出醒发好的面团，进行表面装饰。

（8）烘烤。将装饰好的面团放入烤箱烘烤。

（9）冷却。面包冷却适宜温度是22~26 ℃，相对湿度是75%左右，通常选择自然冷却，冷却至包心温度为30~32 ℃时即可包装。

2. 方案设计

表1-7为液种法制作产品方案设计。

表1-7 液种法制作产品方案设计

液种			主面		
材料	用量/g	烘焙百分比/%	材料	用量/g	烘焙百分比/%
高筋小麦粉	300	30	高筋小麦粉	400	40
鲜酵母	3	0.3	全麦粉	300	30
水	300	30	水	400	40
麦芽糖	5	0.5	盐	10	1

五、鲁邦种法

"鲁邦"在法语中意为"发酵",鲁邦种即为发酵种的意思。鲁邦种是指不使用工业培养的酵母,即将小麦粉和水搅拌后密封于灭菌的容器里,在一定的时间温度下,利用小麦粉表面和空气中含有的菌种,进行发酵而得的发酵种。鲁邦种主要由乳酸菌、酵母菌组成,适宜做欧包、硬系面包。

优点:鲁邦种形成的酸味及发酵味可增加面包味道,凸显谷物本身的风味。鲁邦种的pH值为3.7,细菌不能生存,有抑菌作用,是天然防腐剂;可以软化面筋,使面包老化速度减慢,延长保鲜期。

缺点:因为菌种培养时间长,导致制作时间延长。

1. 工艺流程

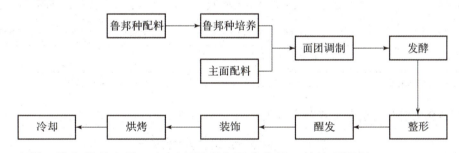

(1)配料。按鲁邦种配料、主面配料配方要求称量,并处理原料。

(2)鲁邦种培养。培养鲁邦种一般需要7天左右,每一天都有不一样的变化。将处理好的原料搅拌均匀至无颗粒,没有发酵前,面团调制好的pH值为5~7,进入发酵阶段,产酸产气,当发酵酸度达到pH值为3.6~3.8时,即完成初种,可进行冷藏保存,隔天使用并续种。续种比例为小麦粉或黑麦粉:水:种=1:1:1。续种时,加入其他材料需搅拌均匀,密封培养,若种液表面出现积水,需把水倒掉,再进行续种,否则会对发酵种品质产生影响。

鲁邦种培养判断方法:表面覆盖大量大小不一的气泡,微微震动时会有气泡上浮,具有柔和的发酵酸味;舀一匙液种放进碗中的水里,如果酵头直接往下沉则表明发酵不足,若发现鲁邦种有膨胀后下沉的迹象,说明已经熟成过度;浮起则表明发酵充分。

(3)面团调制。把鲁邦种、主面原料放入搅拌缸中打至面筋完成。鲁邦种添加量一般为20%~25%。

(4)发酵。面团调制好后放在烤盘上,盖上薄膜,室温发酵1~2 h,中间翻面一次。

(5)整形。发酵好的面团在2~3刀内分割出需要的面团质量,搓圆、松弛。然后把分割好的面团整形成最终需要的形状。

(6)醒发。将整形好的面团放入烤盘,间隔摆好,放入醒发箱醒发。醒发温度为26 ℃,相对湿度为85%,醒发至1.5倍体积。

(7)装饰。取出醒发好的面团,进行表面装饰。

(8)烘烤。将装饰好的面团放入烤箱烘烤。

(9)冷却。面包冷却适宜温度是22~26 ℃,相对湿度是75%左右,通常选择自然冷却,冷却至包心温度为30~32 ℃时即可包装。

2. 方案设计

表1-8为鲁邦种培养方案设计。

表1-8 鲁邦种培养方案设计

时间	材料	条件
第一天（起种）	黑麦粉100 g、水110 g、麦芽精1 g	温度26 ℃,相对湿度80%,时间24 h
第二天	黑麦粉200 g、水200 g、起种200 g	温度26 ℃,相对湿度80%,时间24 h
第三天	小麦粉200 g、水200 g、第二天种200 g	温度26 ℃,相对湿度80%,时间24 h
第四天	小麦粉200 g、水200 g、第三天种200 g	温度26 ℃,相对湿度80%,时间24 h
第五天	小麦粉200 g、水200 g、第四天种200 g	温度26 ℃,相对湿度80%,时间24 h
第六天	小麦粉200 g、水200 g、第五天种200 g	温度26 ℃,相对湿度80%,时间24 h
第七天	使用或者续种	—

注：制作过程所有器具需要消毒,防止杂菌产生；水烧开晾凉到28 ℃使用,防止菌种失活。

表1-9为鲁邦种法制作产品方案设计。

表1-9 鲁邦种法制作产品方案设计

材料	用量/g	烘焙百分比/%
高筋小麦粉	500	100
鲜酵母	10	2
水	335	67
盐	7.5	1.5
糖	40	8
油脂	30	6
鲁邦种	50	10

知识拓展

老面

从法式面团(法棍)中取出一部分,放入冰箱冷藏一夜即是老面。法国老面的成分只有面粉、水、食盐和酵母,几乎每种面包都能够使用老面。

六、天然酵母法

天然酵母是由覆着于谷物、果实上和自然界中的多种细菌培养而成。天然酵母比一般酵母风味更佳,因为天然酵母熟成时间长,能使小麦粉充分吸收水分。天然酵母由多种菌组成,每一种菌在烘烤时都会散发不同的香味,让面包的风味更丰富。

小麦粉、水果、蔬菜、酸奶、花卉等都可以培养出天然酵母。所以,鲁邦种也属于天然酵母,此处介绍用其他材料起种,然后再用小麦粉喂养制作天然酵母。

优点:天然酵母可以增加面包风味,优化面筋组织,使面包有张力、有嚼头,延缓面包的老化。

缺点:耗时长,不易单独使用,常作为酵种使用,也可与工业酵母配合使用。

1. 工艺流程

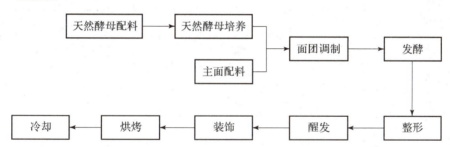

(1)配料。按照天然酵母配料、主面配料配方要求称量,并处理原料。

(2)天然酵母培养。培养天然酵母需要时间很长,一般分为两步,第一步是培养酵母液,一般需要7天左右,每24 h开盖摇晃一次,避免霉菌产生,7天之后过滤,留滤液备用,可冷藏1周左右。第二步是等酵母液培养好后制作天然酵母种,用小麦粉喂养天然酵母,一般需要喂养3~4次,喂养好后可以制作面包,也可以放入冰箱冷藏,但需要每隔2~3天喂养一次,每次喂养比例为小麦粉:酵母滤液=1:1。每次喂养时需将材料搅拌均匀、无颗粒、平滑后密封培养。

(3)面团调制。把天然酵母、主面原料放入搅拌缸中打至面筋完成。

(4)发酵。面团调制好后放在烤盘上,盖上薄膜,室温发酵2~3 h,中间翻面一次。

(5)整形。发酵好的面团在2~3刀内分割出需要的面团质量,搓圆,松弛。然后把分割好的面团整形成最终需要的形状。

(6)醒发。将整形好的面团放入烤盘,间隔摆好,放入醒发箱醒发。醒发温度为26 ℃,相对湿度为75%,醒发至2倍体积。

(7)装饰。取出醒发好的面团,进行表面装饰。

(8)烘烤。将装饰好的面团放入烤箱烘烤。

(9)冷却。面包冷却适宜温度是 22~26 ℃，相对湿度是 75% 左右，通常选择自然冷却，冷却至包心温度为 30~32 ℃ 时即可包装。

2. 方案设计

表 1-10 为酸奶酵母液培养方案设计。

表 1-10 酸奶酵母液培养方案设计

时间	材料	条件
起种(1~7 天)	酸奶 200 g、水 200 g、糖 1 g，制备好后过滤使用	室温或 28 ℃，观察气泡
第一次喂养	酵母滤液 50 g、高筋小麦粉 50 g	室温或 28 ℃ 发酵至 2 倍体积
第二次喂养	酵母滤液 50 g、高筋小麦粉 50 g	室温或 28 ℃ 发酵至 2 倍体积
第三次喂养	酵母滤液 50 g、高筋小麦粉 50 g	室温或 28 ℃ 发酵至 2 倍体积

注：制作过程所有器具需要消毒，防止杂菌产生；水烧开晾凉到 28 ℃ 使用，防止菌种失活。

表 1-11 为天然酵母法制作产品方案设计。

表 1-11 天然酵母法制作产品方案设计

材料	用量/g	烘焙百分比/%
高筋小麦粉	500	100
鲜酵母	10	2
水	335	67
盐	10	2
糖	40	8
油脂	30	6
天然酵母种	50	10

知识拓展

酵素

酵素是以新鲜的蔬菜、水果、糙米等植物为原料，经过榨汁或萃取等一系列工艺后，再添加酵母菌、乳酸菌等发酵菌株进行发酵所产生的含有丰富的糖类、有机酸、矿物质、维生素、酚类、萜类等营养成分，以及一些重要的酶类等生物活性物质的混合发酵液。酵素应用在农业、食品、药品、化妆品等各个领域。

【技能训练】

❖❖ 技能目标

1. 能够用直接发酵法、汤种法、中种法、液种法、鲁邦种法和天然酵母法制作面包。

2. 能够根据面包感官指标分析产品质量并设计解决方案。

❖❖ 素质目标

1. 通过任务练习，磨砺学生的耐心，培养持之以恒的职业道德。

2. 提升学生专业技术水平，培养学生认真负责的态度，一丝不苟、精益求精的工匠精神。

> **情境导入**
>
> 两耳不闻窗外事，一心扑进烘焙界。"全国轻工大国工匠"干文华老师，从搅打面团、分割造型、开起酥面、卷羊角包……每一个步骤她都认真钻研。干文华认为，技能只有在实践中才能得到提升。每当学生问："怎样才能成为一个好的烘焙师？"干文华就会先问："你奶油用了几吨了，面粉用了几吨了，盐用了多少公斤了？没有量的积累，就没有质的飞跃，就成不了好的烘焙师。"工匠是怎么产生的？干文华的理解就是：简单的事情重复做，做到别出心裁，做到精致无比。我国还有很多这样的匠人，如糕点匠人汪国钧、西点匠人黎国雄、唐王周毅……

任务一　菠萝包制作（直接发酵法）

菠萝包实际上并没有菠萝的成分，面包中亦没有馅料。菠萝包据传是因为早年有人认为原有面包味道不足，因此在面包上抹上砂糖等材料，便创造出金黄色的菠萝包。

菠萝包的特点：色泽金黄、酥皮香脆、包体酥软、香甜可口。

一、工艺流程

根据直接发酵法，准确写出菠萝包制作工艺流程。

二、菠萝包制作

1. 任务准备

（1）仪器和工具：和面机、醒发箱、烤箱、电子秤、烤盘、温度计、擀面杖、切刀。

（2）材料：高筋小麦粉、酵母、砂糖、盐、水、黄油、鸡蛋、乳粉、糖粉。

2. 方案设计

（1）10％含糖量圆面包方案设计如表 1–12 所示。

表 1-12 10%含糖量圆面包方案设计

材料	用量/g	烘焙百分比/%	工艺参数	工艺条件
高筋小麦粉	500	100	面团温度	28 ℃
酵母	5	1	发酵条件	温度28 ℃，相对湿度75%
水	265	53	松弛条件	室温、15 min
盐	5	1	醒发条件	温度36 ℃、相对湿度85%
砂糖	50	10	烘烤温度	上下火温度200 ℃/190 ℃
黄油	50	10	烘烤时间	12 min
鸡蛋	50	10		—

（2）菠萝皮方案设计如表 1-13 所示。

表 1-13 菠萝皮方案设计

材料	烘焙百分比/%
高筋小麦粉	100
黄油	80
乳粉	10
糖粉	60
鸡蛋	25
盐	0.5

3. 操作步骤

（1）配料。按照方案中的配方要求称量并处理原料。

（2）面团调制。把除黄油外的原料放入搅拌缸中打至面筋扩展，加入黄油继续打至面筋完成。

（3）发酵。面团调制好后放在烤盘上，盖上薄膜，放入醒发箱发酵，发酵温度为28 ℃，相对湿度为75%，发酵至2倍体积。

（4）制作菠萝皮。黄油室温软化后加砂糖搅拌均匀(不打发)，分次加入鸡蛋拌匀，加入乳粉拌匀，再加入小麦粉拌匀成团，然后整形成一定直径的长条形，用保鲜膜包好放入冰箱备用。菠萝皮制作若使用高筋小麦粉，则皮比较酥；若使用低筋小麦粉，则皮比较软。

（5）分割、搓圆。发酵好的面团在2~3刀内分割出需要的面团质量(约60 g/个)，搓圆，松弛15 min。

（6）整形。把分割好的面团整形成圆形，从冰箱中拿出菠萝皮，切成厚薄一致的圆片，擀开并包在圆形面团外部。

菠萝包整形

(7)醒发。将整形好的面团放入烤盘,间隔摆好,放入醒发箱醒发。醒发温度为36 ℃,相对湿度为85%,醒发至2倍体积。

(8)烘烤。取出醒发好的面团,均匀刷上蛋液,放入烤箱烘烤。

(9)冷却。室温冷却。

4. 结果与分析

(1)根据表1-14面包感官指标进行质量检测。

表1-14 面包感官指标

项目	指标
色泽	表面呈金黄色或棕黄色,均匀一致,无斑点,有光泽,不能有烤焦和发白的现象
表面状态	光滑、清洁、无明显撒粉粒,没有气泡、裂纹、变形等情况
形状	各种面包应符合所要求的形状,用面包听所制作的面包不粘听,用烤盘制作的面包粘边不得大于面包周长的1/4
内部组织	断面观察,气孔细密均匀,呈海绵状,不得有大孔洞,富有弹性
口感	松软适合,不酸、不粘、不牙碜、无异味,无溶化的糖、盐等粗粒

(2)将结果与分析填入表1-15中。

表1-15 结果与分析

项目	评价结果	原因分析	解决方案
色泽			
表面状态			
形状			
内部组织			
口感			

面包出炉冷却后,可以按照检测要求进行感官检测。

取样品一份,置于清洁、干燥的白瓷盘中,在自然光线下,用目测检查形态、色泽;然后用切刀按四分法切开,观察内部组织及杂质,嗅其气味;品尝滋味与口感,做出评价。如异味、污染、霉变、外来杂质指标有一项不合格,则判定该批产品不合格,并不得复检。

任务二 花式面包制作(汤种法)

花式面包因造型美观,表面可进行各种装饰,受到消费者的喜欢。花式面包品种繁多,多以甜面包为主。

一、工艺流程

根据汤种法,设计并写出花式面包的制作工艺流程。

```
                                          
                                          
                                          
                                          
```

二、辫子面包制作

1. 任务准备

(1)仪器和工具:和面机、醒发箱、烤箱、电子秤、烤盘、温度计、擀面杖、切刀。
(2)材料:高筋小麦粉、酵母、砂糖、盐、水、黄油、鸡蛋。

2. 方案设计

15%含糖量辫子面包方案设计如表1-16所示。

表1-16 15%含糖量辫子面包方案设计

材料	用量/g	烘焙百分比/%	工艺参数	工艺条件
高筋小麦粉	850	85	面团温度	26 ℃
酵母	10	1	发酵条件	温度28 ℃,相对湿度75%
水	400	40	松弛条件	室温,15 min
盐	10	1	醒发条件	温度36 ℃,相对湿度85%
砂糖	150	15	烘烤温度	上下火温度200 ℃/185 ℃
黄油	80	8	烘烤时间	11 min
鸡蛋	100	10	—	
汤种				—
高筋小麦粉	150	15		—
水	150	15		—

3. 操作步骤

(1)配料。按照方案中的配方要求称量并处理原料。
(2)面团调制。把汤种、主面除黄油外的原料放入搅拌缸中打至面筋扩展,加入黄油继续打至面筋完成。
(3)发酵。面团调制好后放在烤盘上,盖上薄膜,放入醒发箱发酵,发酵温度为28 ℃,

相对湿度为75%，发酵至2倍体积。

(4) 分割、搓圆。发酵好的面团在2~3刀内分割出需要的面团质量(30 g/个)，搓圆，松弛10 min。

(5) 整形。取一个面团，先做长条形，松弛后再搓至需要长度，把三个长度相等的长条形尖部放在一起按实，然后按照编辫子的方法编成辫子形状。编好的辫子是两头细中间粗的形状。

(6) 醒发。将整形好的面团放入烤盘，间隔摆好，放入醒发箱醒发。醒发温度为36 ℃，相对湿度为85%，醒发至2倍体积。

辫子整形

(7) 装饰。取出醒发好的面团，表面刷上蛋液可直接烘烤。还可以在刷完蛋液后摆上葡萄干、玉米粒、核桃碎等其他材料，最后用酱料在表面打上网格线。

(8) 烘烤。将装饰好的面团送入烤箱烘烤，上下火温度为200 ℃/185 ℃，烘烤11 min左右。

(9) 冷却。室温冷却。

4. 结果与分析

(1) 根据表1-17软式面包感官指标进行面包质量检测。

表 1-17 软式面包感官指标

项目	指标
色泽	金黄色、淡棕色、棕灰色，色泽均匀，正常
形态	完整、丰满，无黑泡或明显焦斑，形状应与品种造型相同
组织	细腻，有弹性，气孔均匀，纹理清晰，呈海绵状，切片后不断裂
滋味与口感	具有发酵和烘烤后的面包香味，松软适口，无异味
杂质	无可见的外来异物

(2) 将结果与分析填入表1-18中。

表 1-18 结果与分析

项目	评价结果	原因分析	解决方案
色泽			
形态			
组织			
滋味与口感			
杂质			

任务三　吐司面包制作（中种法）

吐司面包是西式面包的一种，早餐中常见，就是用长方形的烤听制作的听型面包。用带盖烤听烤出的面包呈长方形，用不带盖烤听烤出的面包呈山形。

一、工艺流程

根据汤种法、中种法混合法设计吐司面包的制作工艺流程。

二、吐司面包制作

1. 任务准备

（1）仪器和工具：和面机、醒发箱、烤箱、电子秤、吐司模具、烤盘、温度计、擀面杖、切刀。

（2）材料：高筋小麦粉、鲜酵母、牛奶、砂糖、盐、水、黄油、鸡蛋、乳粉、改良剂。

2. 方案设计

30%中种法吐司方案设计如表1-19所示。

表1-19　30%中种法吐司方案设计

中种			主面		
材料	用量/g	烘焙百分比/%	材料	用量/g	烘焙百分比/%
高筋小麦粉	300	30	高筋小麦粉	700	70
鲜酵母	20	2	鲜酵母	10	1
水	190	19	牛奶	370	37
—			盐	10	1
汤种			砂糖	180	8
高筋小麦粉	70		黄油	80	8
水	70		鸡蛋	100	10
砂糖	5		乳粉	40	4
盐	5		改良剂	2	0.2

3. 操作步骤

(1)配料。按三种面团的配料分别称量并处理原料。

(2)种面调制。把种面原料放入搅拌缸中搅拌成团,在发酵温度为28 ℃、相对湿度为75%的条件下,发酵2~4 h。

(3)汤种调制。把汤种材料放入搅拌缸中,中速搅拌至均匀无颗粒,放冷备用。

(4)面团调制。把种面、汤种、主面除黄油外的原料放入搅拌缸中打至面筋扩展,加入黄油继续打至面筋完成。

(5)发酵。面团调制好后放在烤盘上,盖上薄膜,放入醒发箱发酵至2倍体积。

吐司整形

(6)分割。醒发好的面团在2~3刀内分割出200 g/个的面团,搓圆,松弛30 min左右。

(7)整形。先将面团整形成长条形,松弛30 min左右;再将面团用擀面杖擀成长条形,将擀好后的面团翻过来,使原来在下面的那一面朝上,从上往下卷起。

(8)醒发。把5个面团放入吐司模具,放入醒发箱醒发至模具八成高。

(9)烘烤。将醒发到位的面团放入烤箱,上下火温度为210 ℃/195 ℃,烘烤40~50 min。

(10)冷却。烤熟后趁热取出脱模,放凉。

4. 结果与分析

(1)根据表1-20吐司面包感官指标进行感官检测。

表1-20 吐司面包感官指标

项目		指标
外形	体积	通过体积的大小、炉内有无膨胀性、容量感、比容积来判断
	表皮颜色	表皮有光泽呈金黄色,无线状裂纹或斑点出现,上下周边整体颜色均一
	外形	均一,无倾斜、凹陷
	表皮质量	表皮整体较薄、光滑柔软,以指尖点压的凹陷能恢复、弹性好,褶皱不明显
内部	组织	气泡呈细密均一的椭圆形,具有方向性,无特别突出的粗大空洞,有光泽的透明网膜延伸开去
	色泽	内部亮度、光泽鲜明均一,最佳色泽是呈明亮的乳白色
	手感	用指尖压在切面上能感觉到柔滑、湿润感,切面以指尖点压后出现凹痕但马上消失,弹性突出、不易脆、不易断
	香气	无异味、怪味的正常芳香,带有小麦粉本身具有的甘甜香气、优质原材料与小麦粉发酵后产生的愉人芳香、烘烤产生的香气
	风味	无异味、怪味,适中的甜味和咸味,具有优质原料和小麦粉本身的风味,具有小麦粉在发酵和烘烤过程中产生的自然、清爽、醇厚风味,回喉感尤为突出
	口感	有嚼劲、入口溶化性好,顺滑、无团状物,清爽的过喉感、回喉感突出

(2)将结果与分析填入表1-21中。

表1-21 结果与分析

	项目	评价结果	原因分析	解决方案
外形	体积			
	表皮颜色			
	外形			
	表皮质量			
内部	组织			
	色泽			
	手感			
	香气			
	风味			
	口感			

任务四 法棍面包制作(液种法)

法棍面包是一种最传统的法式面包,法棍面包的英文baguette原意是"长条形的宝石",它是法国特产的硬式面包。从外观可分为标准法棍和花式法棍。法棍面包的配方很简单,只有小麦粉、水、盐和酵母4种基本原料,其成品表面干,有脆皮,有龟裂,刀口完美,内部组织柔软湿润呈蜂巢状。法棍面包的制作难度大,非常考验一个制作者的技术和基本功。

一、制作流程

根据液种法,准确写出法棍面包的制作工艺流程。

二、法棍面包制作

1. 任务准备

(1)仪器和工具:和面机、醒发箱、烤箱、电子秤、帆布、温度计、切刀、木板、烘焙布。

(2)材料：高筋小麦粉、低筋小麦粉、鲜酵母、麦芽糖、盐、水、冰水。

2. 方案设计

25%液种法法棍面包制作方案设计如表1-22所示。

表1-22　25%液种法法棍面包制作方案设计

主面			工艺要点	
材料	用量/g	烘焙百分比/%	工艺参数	工艺条件
高筋小麦粉	450	45	面团温度	24 ℃
低筋小麦粉	300	30	发酵条件	室温，2倍体积
鲜酵母	10	1	松弛条件	室温，30 min
冰水	500	50	醒发条件	室温，1.5倍体积
盐	15	1.5	烘烤温度	上下火温度240 ℃/220 ℃
液种			烘烤时间	23～25 min
高筋小麦粉	250	25	—	
鲜酵母	2	0.2	—	
水	250	25	—	
麦芽糖	2	0.2	—	

3. 操作步骤

(1)配料。按照配方要求称量并处理原料。法棍面包一般含糖量极低，选择低糖酵母更适合。

(2)液种制作。把所需原料放入搅拌缸中，低速搅拌均匀即可，室温发酵2 h，冷藏12 h，发酵到有很多泡泡的状态，表面有蜂窝状组织。

(3)面团调制。把液种、主面中冰水先放入搅拌缸中搅拌，然后倒入主面其他材料打至面筋完成。当配方中水量较高(高于70%)时，可以分次加入冰水，先加入70%左右的冰水，待打到面筋扩展时，再加入剩余的冰水，否则含水量太大，不易成形，面团发黏，延长搅拌时间。

搅拌好的法式面团的温度应在22～24 ℃，超过25 ℃，面团就调制失败，只能当老面团使用。所以搅拌面团时水温要控制好。

(4)发酵。面团调制好后放在烤盘上，略微在表面撒些小麦粉，盖上保鲜膜，室温发酵1 h左右，翻面一次，再发酵30 min。发酵好的面团有1.2～1.5倍体积。

(5)分割。面团发酵好后，撒粉反扣过来，面团不要折叠，分割出340 g/个的面团，用手略微搓圆，放在帆布上，松弛20 min左右。

(6)整形。标准法棍面包整形是先将面团用手掌从左到右排气，然后从上边折至中间位置后用掌底依次压一下，调转180°，按照上边方法折叠和压实，最后用手掌向两边搓长，整理形状，用手掌搓至60 cm，收口朝上放在帆布上，每两个面团用帆布隔开。

法棍整形

(7)醒发。将整形好的面团放入室温或醒发箱(醒发温度为26 ℃,相对湿度为75%),醒发约60 min。醒发温度不宜过高,防止面团发黏。若在室温醒发,需盖上帆布。

(8)划刀。划法式刀口很讲究,要求破皮不破肉,如果掌握不好,就会导致刀口不美观。60 cm的法棍面包划5刀(法棍面包选择单数划刀),醒发好的面团用木板翻个面,放在烘焙布上,用右手拿刀片,约呈30°角划刀,每刀的长度是15 cm,刀口呈平行线状态,彼此不相交,每刀起刀处是上一刀下1/3处。割线间平行距离是6 cm,标准法棍面包划刀后直接送入烤箱烘烤,不需要刷蛋液及其他装饰。

(9)烘烤。烘烤法棍面包也是很关键的,通常选择石板蒸汽烤箱,烘烤时先喷蒸汽3~4 s,使面包表皮变脆,面团膨胀有光泽。一般烘烤法棍面包温度较高,上下火温度为240 ℃/220 ℃,烘烤23~25 min法棍面包一般颜色较重,若烤熟后表面颜色不够,可以多烤1~2 min。

(10)冷却。法棍面包烤好后室温冷却。

4. 结果与分析

(1)根据表1-23法棍面包感官指标进行感官检测。

表1-23 法棍面包感官指标

项目	指标
外观	整体饱满,两端可以往上翘,但是中间部位除特殊造型外,都应该是平直的
色泽	均匀的棕色
外皮	脆皮
蜂窝	有中型大小的气泡,孔洞一定要适中
口感	外表脆、内里柔软且具有韧性;细细品味法棒,应该能感受到层次感,具备小麦香味、咸味、焦香味、甜味等基础味道;咀嚼时,能明显感觉到有阻力,且咀嚼时间较长
气味	小麦香气是非常浓郁的,且整体气味富有层次

(2)将结果与分析填入表1-24中。

表1-24 结果与分析

项目	评价结果	原因分析	解决方案
外观			
色泽			
外皮			
蜂窝			
口感			
气味			

任务五 夏巴塔制作(鲁邦种法)

夏巴塔(ciabatta),意大利语发音近似"恰巴塔",因其外形长长扁扁,呈椭圆形,貌似拖鞋,因此又叫拖鞋面包。传说1982年,在意大利威尼托地区的维罗纳,也就是莎翁名作《罗密欧与朱丽叶》作为背景城镇的维罗纳小城里,一位面包师创作了夏巴塔,由于面包形状让他想起了他妻子的拖鞋,因此他直接用"拖鞋"这个词为这款又白又扁的面包命名。

传统的夏巴塔是一款无糖无油的白面包。用料简单,含水量高,一般使用小麦粉、水、盐、酵母制作而成,因含水量偏高,面团潮湿而粘手,面团比较难成形,面包筋力不足,但面包的湿润度很高,制作时需要经过有技巧的拉伸和折叠的方法来增强口感。夏巴塔在制作上讲究气洞,面包体里面充满不规则的气洞,表皮香脆,口感湿润柔韧,令人越嚼越上瘾。

一、工艺流程

用鲁邦种法设计夏巴塔的制作工艺流程。

二、夏巴塔制作

1. 任务准备

(1)仪器和工具:和面机、醒发箱、烤箱、电子秤、帆布、温度计、切刀、密封罐、烘焙布。

(2)材料:高筋小麦粉、黑麦粉、鲜酵母、盐、水。

2. 方案设计

夏巴塔制作方案设计如表1-25所示。

表1-25 夏巴塔制作方案设计

材料	用量/g	烘焙百分比/%
高筋小麦粉	500	100
鲜酵母	5	1
水	350	70
盐	5	1
鲁邦种	50	10

3. 操作步骤

(1)配料。按照配方要求称量并处理原料。

(2)鲁邦种培养。将鲁邦种原料搅拌至均匀无颗粒，放入密封罐中，培养至 pH 值为 3.6~3.8。

(3)主面调制。把鲁邦种、主面材料放入搅拌缸中搅拌均匀，静置 30 min，打至面筋完成，此时面团温度应为 22~24 ℃。

(4)发酵。在温度为 26~28 ℃、相对湿度为 75% 的条件下，发酵 1 h，翻面后再发酵 1 h，发酵至 1.5 倍体积。

(5)整形。发酵好的面团和帆布上先撒上小麦粉，再把面团倒在帆布上，出纹路后，切割成方形(150 g/个)，松弛 15 min。尽量避免用手再去整面团，这样能更好地保护面筋包裹气体。再轻轻地把松弛好的面团放置在撒有小麦粉的烘焙布上。为了形成大量不规则气孔，夏巴塔在整形时尽量不要过度揉压，以免破坏内部气孔组织结构，这样烘烤出来的产品才会松软、轻盈。

(6)醒发。在温度为 26~28 ℃、相对湿度为 75% 的条件下，醒发约 40 min，至面团弹性变弱、体积醒发至原体积的 1.5 倍左右。

(7)烘烤。选择石板蒸汽烤箱，上下火温度为 250 ℃/230 ℃，喷蒸汽 3 s，先烤 10 min，然后上下火温度调整为 230 ℃/210 ℃再烤 20~25 min，烤至表皮酥脆，敲打能听到清脆的声音，即可出炉。

(8)冷却。室温冷却。

4. 结果与分析

(1)根据表 1-26 硬式面包感官指标进行感官检测。

表 1-26　硬式面包感官指标

项目	指标
色泽	金黄色、淡棕色、棕灰色、色泽均匀、正常
形态	表皮有裂口、完整、丰满、无黑泡或明显焦斑，形状应与品种造型相同
组织	紧密，有弹性，有大小不一的孔洞
滋味与口感	耐咀嚼，无异味
杂质	无可见的外来异物

(2)将结果与分析填入表 1-27 中。

表 1-27　结果与分析

项目	评价结果	原因分析	解决方案
色泽			
形态			
组织			
滋味与口感			
杂质			

任务六　软欧包制作(天然酵母法)

软欧包是指欧式软面包。软欧包与硬欧包相对应,硬欧包脆硬不适合国人饮食习惯,软欧包吸收了传统欧式面包的健康元素,加入高纤、杂粮、坚果等健康材料,产品低糖、低脂又饱腹,比硬欧包松软,是健康面包的流行新趋势,更适合国人的饮食习惯。

一般来说,欧式面包都比较大,质量较重,注重谷物的天然原香。

一、工艺流程

根据天然酵母法设计软欧包的制作工艺流程。

二、软欧包制作

1. 任务准备

(1)仪器和工具:和面机、醒发箱、烤箱、电子秤、烤盘、温度计、擀面杖、切刀、密封罐。

(2)材料:高筋小麦粉、全麦粉、鲜酵母、砂糖、盐、水、黄油、葡萄干。

2. 方案设计

(1)葡萄干酵母液培养方案设计如表1-28所示。

表1-28　葡萄干酵母液培养方案设计

时间	材料	条件
起种(1~7天)	葡萄干50 g、水200 g、糖2 g	室温或25~28 ℃
第一次喂养	葡萄干滤液50 g、高筋小麦粉50 g	室温或25~28 ℃发酵至2倍体积
第二次喂养	葡萄干滤液50 g、高筋小麦粉50 g	室温或25~28 ℃发酵至2倍体积
第三次喂养	葡萄干滤液50 g、高筋小麦粉50 g	室温或25~28 ℃发酵至2倍体积

注:制作过程所有器具要进行消毒,葡萄干使用无油的,培养菌种用水需将水烧开晾凉到28 ℃使用。

(2)软欧包制作方案设计如表1-29所示。

表1-29 软欧包制作方案设计

材料	用量/g	烘焙百分比/%
高筋小麦粉	400	80
全麦粉	100	20
鲜酵母	5	1
水	335	67
盐	10	2
砂糖	40	8
黄油	30	6
葡萄干酵种	50	10

3. 操作步骤

(1)配料。按照配方要求称量并处理原料。

(2)葡萄干酵母培养。将称量好的葡萄干放入杀菌后的密封罐中,再加入等量烧开后冷却至室温的水培养。葡萄干酵母培养判断方法:一般葡萄干上浮,表面产生大量的泡沫,打开瓶盖有"扑哧扑哧"炸裂的响声,表示葡萄干种液已经制好。

(3)喂养。葡萄干酵母培养好后,取滤液与等量高筋小麦粉搅拌均匀,在室温或25~28 ℃发酵到2倍体积,喂养3次。

(4)葡萄干馅料。葡萄干洗净,用朗姆酒浸泡备用。

(5)主面调制。把天然酵母种、主面原料放入搅拌缸中打至面筋完成,加入泡好的葡萄干,搅拌均匀。

(6)发酵。面团调制好后放在烤盘上,盖上薄膜,28 ℃发酵2 h左右,中间翻面一次。

(7)分割。面团发酵好后分割出200 g/个的面团,搓圆,松弛20 min。

(8)整形。把松弛好的面团整形成橄榄形、圆形等形状。

(9)醒发。将整形好的面团放入烤盘,间隔摆好,放入醒发箱醒发。醒发温度为36 ℃,相对湿度为85%,醒发至2倍体积。

(10)装饰。在面团表面均匀筛薄薄的一层面粉,划出喜欢的刀口。

(11)烘烤。选择石板蒸汽烤箱,烘烤时先喷蒸汽3 s,上下火温度为240 ℃/230 ℃,烘烤30 min。

(12)冷却。室温冷却。

4. 结果与分析

将结果与分析填入表1-30中。

表1-30 结果与分析

项目	评价结果	原因分析	解决方案
色泽			
形态			
组织			
滋味与口感			
杂质			

任务七 丹麦牛角面包制作

丹麦牛角面包口感酥软、奶香味浓、富有层次美感。其制作方法与一般面包不同，加工工艺复杂，搅拌好的面团经过冷冻、冷藏、回温等一系列操作之后，再包裹片状黄油，然后经过压面工艺等操作过程后才能制成。丹麦牛角面包一般油脂含量高于30%，饱和脂肪和热量较多，属于营养成分较高、成本较贵的面包。

传说丹麦牛角面包起源于1683年，当时土耳其军队入侵奥地利维也纳，久攻不下，土耳其将军心生一计，决定趁深夜挖掘一条到维也纳城内的地道，来个突然袭击。于是他们在夜深人静时开始了挖地道行动，铲子铲土的声音被正在连夜磨小麦粉的师傅听见，他马上报告给国王。结果，土耳其军队无功而返。后来，为了纪念这位面包师，维也纳的面包师集体制作了一个与维也纳军旗标志相似的弯月面包，在面包内加入了许多油脂，即现在的丹麦牛角面包。

一、制作流程

1. 工艺流程

根据直接发酵法，准确写出丹麦牛角面包的制作工艺流程。

二、丹麦牛角面包制作

1. 任务准备

（1）仪器和工具：和面机、醒发箱、起酥机、烤箱、电子秤、烤盘、温度计、切刀、直尺。

(2)材料：高筋小麦粉、鲜酵母、砂糖、盐、冰水、淡奶油、黄油、片状黄油、鸡蛋。

2. 方案设计

设计丹麦牛角面包方案如表1-31所示。

表1-31 丹麦牛角面包方案设计

材料	用量/g	烘焙百分比/%	工艺参数	工艺条件
高筋小麦粉	1 000	100	面团温度	24 ℃
鸡蛋	100	10	基础发酵	室温，30 min
鲜酵母	30	3	擀压折叠	三折二次
冰水	450	45	醒发条件	温度24 ℃，相对湿度70%，60~120 min
淡奶油	100	10	烘烤条件	上下火温度180 ℃/180 ℃
盐	20	2	烘烤时间	15 min
砂糖	150	15	—	
黄油	80	8	—	
片状黄油	300	30	—	

3. 操作步骤

(1)配料。按照配方要求称量并处理原料。

(2)面团调制。主料中把除盐、黄油外的原料放入搅拌缸中打至面筋扩展，分别放入盐和黄油打至面筋完成。调制好的面团温度应控制在24 ℃，所以要用冰水搅拌，天热可用碎冰块。

(3)分割。搅拌好的面团直接分割为1 000 g/个，松弛30 min，用手按至长方形，包好放入冰箱冷冻，用时提前1天放冰箱冷藏。

(4)包油。面团冷冻到适中软硬度取出，面：油按3∶1比例包入片状黄油。片状黄油与面团的软硬度要一致，这样油和面才能压延均匀。油太硬，面太软，油不能压延开，会产生过多死皮；油太软，面太硬，则会出现跑油现象，表皮破裂。

包油

包油前将片状黄油长度擀压至与面团宽度一致，黄油宽度为面团长度1/2大，油脂放在面团中间位置，采用对折的方式，用面团把油脂包入。

(5)擀压。将包好油脂的面团用起酥机进行擀压，三折二次(也可三折一次或四折一次)，压好后冷藏松弛30 min，再三折一次，压延到厚薄适中。最后一次压延厚度可以根据产品要求确定。

用起酥机压延面团，每次下压的厚度不要超过原来厚度的1/3，一般每次擀压0.5~0.6 cm厚。下压太多，会使面团破皮，严重时会导致面团卷入滚轮，损伤面团。面团每折一次之后，要改变方向压延，这样会使油脂在面团中分布更加均匀。

(6)整形。最后一次将面团擀至0.3 cm厚，切成10 cm×15 cm×15 cm

牛角包整形

的等腰三角形，然后在底边中间开个 1 cm 长的口，从底边向顶角卷起成弯牛角形。如果做直牛角就不需要在底边切开口子。

(7)醒发。在温度 28 ℃、相对湿度 80% 的条件下，醒发 1~2 h 至 2 倍体积。已经叠入油脂的面团不宜超过 28 ℃ 醒发，因温度过高，油脂会熔化流出，烤出的面包较干、层次不明显，体积也较小。

(8)装饰。在面团表面均匀刷一层蛋液。

(9)烘烤。上下火温度为 180 ℃，热风炉烘烤 15 min 左右。

(10)冷却。室温冷却。

4. 结果与分析

(1)根据表 1-32 起酥面包感官指标进行面包感官检测。

表 1-32 起酥面包感官指标

项目	指标
色泽	金黄色、淡棕色、棕灰色，色泽均匀、正常
形态	丰满、多层、无黑泡或明显焦斑、光洁、形状应与品种造型相同
组织	有弹性、多孔、纹理清晰、层次分明
滋味与口感	表皮酥脆、内质松软、口感酥香、无异味
杂质	无可见的外来异物

(2)将结果与分析填入表 1-33 中。

表 1-33 结果与分析

项目	评价结果	原因分析	解决方案
色泽			
形态			
组织			
滋味与口感			
杂质			

目标测试

一、名词解释

1. 汤种 2. 烘焙百分比 3. 鲁邦种 4. 二次发酵法

二、填空题

1. 液种制作一般使用的材料是_____、_____、_____、_____。
2. 鲁邦种制作一般使用的材料是_____、_____、_____。
3. 天然酵母可以用_____、_____、_____、_____等材料培养。

4. 能够改善面包风味的发酵法有_____、_____、_____、_____、_____等。
5. 面包发酵方法有_____、_____、_____、_____。

三、选择题

1. 汤种制作的最佳温度是(　　)。
   A. 60 ℃　　　　　B. 65 ℃　　　　　C. 70 ℃　　　　　D. 75 ℃
2. 烫种制作的温度要求是(　　)。
   A. 温水　　　　　B. 冷水　　　　　C. 热水　　　　　D. 沸水
3. 法棍面包一般使用(　　)烤箱。
   A. 卧式　　　　　B. 立式　　　　　C. 平炉　　　　　D. 石板炉
4. 面包制作中，发酵的一般温度是(　　)。
   A. 22 ℃　　　　　B. 28 ℃　　　　　C. 32 ℃　　　　　D. 36 ℃
5. 法式面包醒发温度一般为(　　)。
   A. 20 ℃　　　　　B. 26 ℃　　　　　C. 32 ℃　　　　　D. 36 ℃
6. 汤种法的制作原理是利用(　　)。
   A. 淀粉老化　　　　　　　　　　　B. 淀粉糊化
   C. 面筋弱化　　　　　　　　　　　D. 面筋强化
7. 干酵母与鲜酵母的使用比例为(　　)。
   A. 3∶1　　　　　B. 1∶2　　　　　C. 4∶1　　　　　D. 1∶1
8. 丹麦牛角面包起源于(　　)。
   A. 中国　　　　　B. 日本　　　　　C. 意大利　　　　　D. 维也纳
9. 法式面包的特点是(　　)。
   A. 高糖　　　　　B. 高盐　　　　　C. 低糖　　　　　D. 高脂
10. (　　)导致面包表皮颜色过深。
    A. 烘烤过度　　　B. 炉温过低　　　C. 酵母过多　　　D. 搅拌过度

四、简答题

1. 面团调制过程中如何进行面团温度控制？
2. 简述天然酵母制作失败的原因。
3. 延缓食品老化的方法有哪些？
4. 比较中种、液种、鲁邦种的异同。
5. 根据表1-34计算烘焙百分比及用量。

表1-34　烘焙百分比练习

材料	烘焙百分比/%	用量/g	用量/g	用量/g
小麦粉	100	1 000		5 000
食盐	1		20	
酵母				50
水	60		1 200	
糖		20		
总量				

附：面包质量分析

1. 面包体积过小
面包体积过小主要是由发酵或醒发未完全造成的，具体原因及解决方法如下。

(1) 酵母添加量不足或者酵母活性受到抑制。针对前者可以适当地添加酵母用量。酵母活力受到抑制可能是由于以下几个原因：食盐或者糖的用量过多导致使渗透压过高；面团的温度过低，不适合酵母的生长。故应根据配方适当降低糖、盐的用量，控制发酵所需温度。

(2) 小麦粉的品质不适合做面包。一般是由于小麦粉筋力不足，可以改用高筋小麦粉或者添加 0.3%~0.5% 的改良剂来增加筋力改善面团的持气性。

(3) 搅拌不足或者搅拌过度。当搅拌不足时，面团无法充分包裹气体，面团发酵不完全；搅拌过度则会破坏面团的网络结构，使持气性降低。因此应该严格控制面团的搅拌时间。

(4) 醒发不足。这是面包体积过小的主要原因之一。很多制作者往往一看到面包胀到一定程度，就赶紧去烘烤了，而没有测试面团到底有没有达到醒发完全的状态。

2. 面包内部组织粗糙
面包内部组织粗糙的原因有以下几方面。

(1) 原料小麦粉的品质不佳。应该选用面包专用粉。

(2) 水的添加量不足或者水质不好。适当添加用水量并控制用水的硬度为 2.9~4.3 mmol/L (8~12°dH)。

(3) 油脂的添加量不足。应适当添加油脂，使之不少于 6%。

(4) 发酵时间过长。面包内的气孔无法保持均匀细密，影响口感，控制发酵时间不要超过 4h。

(5) 搅拌不足。应增加搅拌时间。

(6) 搓圆不够。必须使造型紧密，不能太松。

(7) 撒粉过多。应减少撒粉用量。

3. 面包表皮颜色过深
面包表皮的颜色是糖在高温下通过美拉德反应和焦糖化反应生成的。颜色过深的原因有以下几方面。

(1) 糖的用量过多。应减少糖用量。

(3) 炉温太高。应根据具体情况(如面包的体积、形状、大小等)确定最终的炉温。

(3) 炉内的相对湿度太低。可以在中途喷洒少量水，最好用可以调节相对湿度的烤炉。

(4) 烘烤过度。没有控制好烘烤时间，致使表面烤焦，颜色过深。

(5) 发酵不充分。酵母没有充分利用糖，使其剩余的量偏高。

4. 面包表皮过厚
其原因可能有以下几方面。

(1) 烘烤过度。应适当减少烘烤时间。

(2) 炉温过低。应适当提高炉温。

(3) 炉内湿度过低。应中途适量洒水，最好用可调节湿度的烤炉。

(4) 油脂、糖、乳制品用量不足。应适当增加其用量。

(5)面团发酵过度。应减少发酵时间。
(6)最后醒发不当。一般最后的醒发温度为 32～38 ℃，相对湿度为 80%～85%。

5. 面包在入炉时下陷

面包在入炉时下陷主要是面包醒发过程中的气体泄漏，原因有以下几方面。
(1)小麦粉筋力不足。应添加一些改良剂或者增加高筋小麦粉用量。
(2)油脂、糖和水的用量过多。应减少其用量。
(3)搅拌不足。应增加搅拌时间。
(4)最后醒发过度。应减少最后醒发时间，最后醒发体积达 80%～90% 时即可入炉。
(5)盐的用量不够。应适当增加用盐量。

6. 面包易老化

面包易老化的原因可能有以下几方面。
(1)小麦粉筋力太差。应选用面筋质量好的高筋小麦粉。
(2)糖用量不足。应添加适量糖。
(3)水分不足。搅拌面团时应适当增加水量。
(4)油脂品质不良或者用量不足。应适当增加油脂用量。
(5)搅拌不足。应增加搅拌时间。
(6)面团发酵时间不够。应延长发酵时间。
(7)最后醒发湿度过低。应增加醒发箱的湿度。
(8)烘烤温度过低。应根据产品大小、配方、品质要求确定适当的温度。

7. 面包口感不佳

面包口感不好，有多方面的原因。
(1)原材料不佳。应选用品质好的新鲜原材料。
(2)发酵所需的时间不足或过长。根据不同制品的要求正确掌握发酵所需的时间。
(3)最后醒发过度。应严格控制最后醒发时间及面坯胀发程度，一般面坯醒发后的体积为原体积的 2～3 倍为宜。
(4)生产用具不清洁。应经常清洗生产用具，做好消毒工作。
(5)面包变质。应注意面包的储藏温度及存放时间。

模块二

蛋糕加工技术

项目一　蛋糕基础知识

【基础知识】

❖❖ 知识目标
1. 掌握鸡蛋的加工性能。
2. 掌握蛋白搅打原理及其在蛋糕结构形成中的作用。

❖❖ 素质目标
1. 通过资料整理、分工合作建立互信、互利的团队关系。
2. 培养学生利益合理分配、义务合理承担的精神。

> **情境导入**
> 　　蛋糕作为一种受欢迎的食品，鸡蛋是其不可或缺的重要成分。鸡蛋可以乳化色拉油，蛋白可以制作蛋白霜，蛋黄可以打出虎皮纹，小小的面糊可以烤出大大的蛋糕，这些都离不开鸡蛋的作用。选择合适的配方和黄金比例，发挥鸡蛋在蛋糕制作中的神奇作用，才能制作出口感绝佳的蛋糕。

蛋糕的灵魂——鸡蛋

鸡蛋是蛋糕的灵魂：一是鸡蛋的起泡性是形成蛋糕海绵状结构的基础；二是鸡蛋在烘烤过程中形成的独特风味是蛋糕特色风味的主要来源。

1. 鸡蛋的加工性能

鸡蛋的加工性能包括：起泡性、可溶解性、热凝固性和乳化性。

（1）起泡性。起泡性又称打发性、发泡性，是鸡蛋最重要的加工性能，鸡蛋中真正具有起泡性的是蛋白，因此起泡性实际是指蛋白快速搅拌时卷入并包裹气体的能力。这种于空气中的强烈搅拌称之为搅打，通常依赖于专用的机械才可以实现。当搅打蛋液时，因为蛋白的起泡性，空气会被卷入蛋液中，随着搅打的作用，空气在蛋液中分散形成泡沫，最终蛋液的体积可变为原来的6～8倍。在搅打过程中，随着体积的增大，蛋液由最初半流动的胶状转变为无流动性的固体状，泡沫由较为粗糙而又湿润的状态转变为光滑细腻而又干燥的状态。烘焙师把这种转变称为由湿性发泡转为干性发泡。当这种转化完成时，搅打的过程也就结束了。

鸡蛋的起泡性可以用打发度和相对密度来表示。打发度是指蛋液在搅打后的体积与搅打前蛋液体积的比值，通常用于测定蛋白或全蛋液的起泡性。

$$打发度 = 搅打后蛋液的体积 / 搅打前蛋液的体积$$

相对密度是指测定一定体积发泡蛋液质量与同体积水的质量的比值，当此比值达到一个较小的数值时，为打发的最适点。

(2) 可溶解性。可溶解性是指鸡蛋可以同其他原料均匀混合，并且可以在水中溶解分散。蛋液也可以作为溶剂，溶解糖等水溶性原料。

(3) 热凝固性。热凝固性是鸡蛋重要的特性之一，是指蛋白加热到一定温度后，凝固变性形成凝胶的特性。蛋白形成的凝胶具有热不可逆性，也就是说，即使温度再降低到室温时，受热所形成的凝胶也不能恢复到原始的液体状。鸡蛋凝胶稳定、不透明、有一定的强度，同时不再具有蛋白的流变性。鸡蛋液搅打形成的泡沫在烘烤过程中受热时，包裹在小气室中的空气膨胀，包围这些小气室的蛋白受热到一定程度会变性凝固，从而使这些膨胀了的小气室固定下来，形成蛋糕的多孔组织，这就是蛋糕结构形成的原理。

(4) 乳化性。蛋黄中含有大量磷脂，磷脂具有亲油和亲水的双重性质，是一种天然乳化剂。它能使油、水和其他材料均匀地混合在一起，促进组织细腻，质地均匀，松软可口，色泽良好，并使制品保持水分。

2. 影响鸡蛋起泡性的主要因素

(1) 温度。温度过高，蛋液黏度低，容易打发，所需打发时间短，但保持气泡的能力也比较低；反之，温度过低，蛋液过于黏稠，空气不易充入，会延长打发时间。鸡蛋搅打前在室温条件下放置 30 min 左右可以使其打发体积达到最大。

(2) 糖的辅助作用。打发时，蛋液需要和糖一起搅打。糖在蛋糕制作中不仅可以增加甜味，而且还具有化学稳定性。不加糖的蛋液虽然也能打发，但泡沫干燥脆弱，易失去弹性而破裂，且难以膨胀。糖和蛋液混合后，蛋液的黏度增加，黏度大的物质有利于泡沫的形成与稳定。添加糖一起搅打的蛋液温度需控制在 30~40 ℃ 为宜，温度过低，黏度太大，不利于发泡；温度达到 53 ℃ 时，蛋白中的蛋白质发生变性，将降低其发泡能力，57 ℃ 时黏度增大，63 ℃ 时则呈胶凝状，失去流动性。

(3) 酸。适量添加酸性物质可以调节蛋液的 pH 值，有利于蛋液泡沫的稳定。目前，在蛋糕制作中用得比较多的是塔塔粉，其主要有效成分为酸性物质酒石酸氢钾，也可使用柠檬汁或食醋。

(4) 油脂。油脂对鸡蛋的起泡性有很大的影响。油脂是消泡剂，可使打发的泡沫破裂、消失，因此搅打蛋液时不可以与油脂接触。蛋黄和全蛋都可以形成泡沫，但打发性比蛋白差很多，因为蛋黄中含有脂肪，对蛋白的起泡性有削弱的作用。因此，如果能将蛋白和蛋黄分开搅打或仅使用蛋白制作蛋糕，效果会比使用全蛋好。

另外，新鲜鸡蛋的打发时间比陈鸡蛋的长，但形成的泡沫稳定；盐的添加也会降低泡沫的稳定性；水分的添加也会影响蛋白的起泡性。

知识拓展

蛋糕革命——蛋糕用食品添加剂

蛋糕中使用的添加剂种类较多，其中使用最为广泛的是膨松剂、酸度调节剂、蛋糕乳化剂。膨松剂、酸度调节剂、蛋糕乳化剂的出现，改变了蛋糕的生产方式，提高了蛋糕的质量和标准化水平，使得机械化、标准化规模生产蛋糕成为可能，因此业界人士将其称为蛋糕革命。膨松剂在饼干模块讲述，这里介绍酸度调节剂和蛋糕乳化剂。

1. 酸度调节剂

酸度调节剂也称塔塔粉，通常为白色粉末状，其主要成分是酒石酸氢钾、乳糖、淀粉等，是制作戚风蛋糕的重要配料。塔塔粉的作用原理与蛋白的打发稳定性有关。新鲜蛋白偏碱性，pH值为7.6，但蛋白在偏酸性环境下，也就是pH值为4.6~4.8时才能形成膨松稳定的泡沫。因此加入偏酸性的塔塔粉可以在打发过程中调节蛋白至酸性，从而起到提高蛋白打发稳定性的作用，使得蛋糕具有更好的保水性、弹性和质感。塔塔粉的添加量一般是蛋白量的1%~2.5%。

2. 蛋糕乳化剂

蛋糕乳化剂也称蛋糕起泡剂、蛋糕油、SP。蛋糕油是由多种乳化剂、丙二醇、山梨醇、水等制成的一种复合型乳化剂。在蛋糕制作中，蛋糕油可吸附在空气－液体界面上，使界面张力降低，液体和气体的接触面积增大，液膜的机械强度增加，有利于浆料的发泡和泡沫的稳定，使面糊的相对密度降低，烤出的成品体积增加；同时还能够使面糊中的气泡分布均匀，大气泡减少，使成品的组织结构变得更加细腻、均匀。蛋糕油的添加量一般是鸡蛋的3%~5%。

目标测试

一、名词解释

1. 打发度 2. 蛋糕油 3. 鸡蛋可溶解性

二、填空题

1. 鸡蛋的_____是形成蛋糕结构的基础。
2. 鸡蛋中具有起泡性的成分是_____。
3. 鸡蛋的起泡性可以用_____和_____表示。

三、选择题

1. 臭粉的学名是(　　)。
   A. 氯化钠　　　　　　　　　　B. 碳酸钠
   C. 碳酸氢钠　　　　　　　　　D. 碳酸氢铵
2. 小苏打受热分解后残留(　　)，用量过多，易使成品呈碱性而影响口味。
   A. 碳酸氢钠　　　　　　　　　B. 碳酸钠
   C. 碳酸氢铵　　　　　　　　　D. 碳酸铵
3. 低筋小麦粉蛋白质含量要求不超过(　　)。
   A. 15%　　　B. 13%　　　C. 11%　　　D. 9%
4. 鉴别蛋的新鲜程度一般有四种方法，即感官法、振荡法、比重法和(　　)。
   A. 触摸法　　B. 搅拌法　　C. 光照法　　D. 水浮法
5. 蛋糕是以(　　)为主要原料，配以辅料，经一系列加工而制成的松软的食品。
   A. 蛋、糖、巧克力、小麦粉　　B. 蛋、糖、小麦粉、乳制品
   C. 蛋、油脂、小麦粉、乳制品　D. 蛋、油脂、糖、小麦粉

6. 适量添加酸性物质有利于（　　）的稳定。
   A. 糖　　　　　　　　　　　　B. 油脂
   C. 鸡蛋泡沫　　　　　　　　　D. 乳

四、简答题

1. 鸡蛋的结构分为哪几个部分？各部分所含营养成分是什么？
2. 鸡蛋的加工性能有哪些？
3. 影响蛋白打发性能的因素有哪些？

项目二　蛋糕制作方法

【基础知识】

❖❖ 知识目标
1. 熟悉蛋糕的基本加工方法和流程。
2. 掌握蛋糕面糊调制的工艺关键点。
3. 掌握蛋糕烘烤的工艺关键点。

❖❖ 素质目标
1. 引导学生与团队成员良性互动，培养学生尊重他人，公平正义。
2. 调动一切积极元素，增强学生创造活力，营造良好人际环境。

> **情境导入**
>
> 蛋糕，作为一种美味可口的甜点，无论是在生日派对、结婚宴会，还是日常生活中都扮演着重要的角色，一直以来都受到人们的喜爱。通过巧妙地运用不同的材料、工具和技巧，烘焙师可以创造出各种形状、口感和味道的蛋糕。让我们怀着喜爱之情，探索蛋糕制作的乐趣吧。

一、面糊调制

面糊调制又称打糊，是蛋糕加工工艺中最重要的也是最讲究技巧的一个环节，是指将蛋和糖混合在一起进行强烈搅打的过程。打糊形成的是蛋、糖和空气的混合物或油脂、糖和空气的混合物，其中蛋、糖和空气的混合物又称蛋浆。面糊调制的质量直接决定了蛋糕的口感和膨松度。如果搅打不充分，则烘烤后的蛋糕不能充分膨胀，蛋糕的体积不足，不易烤熟，即使能烤熟，但口感密实，失去蛋糕膨松、柔软、入口即化的特点。若是搅拌过度，轻则烘烤出的蛋糕组织粗糙、口感空虚；重则会在蛋糕出炉后出现塌陷、体积急剧收缩的现象。蛋糕面糊调制的方法很多，按照起泡的原料和搅拌次序大致有以下五种。

1. 蛋糖搅拌法

蛋糖搅拌法是最为经典也是使用最为广泛的蛋糕面糊调制方法，主要用于乳沫蛋糕和戚风蛋糕的制作，中式蛋糕(清蛋糕)的面糊调制也多采用这种方法。蛋浆起泡是靠蛋白搅打起泡来完成的，戚风蛋糕面糊在搅拌前还需要事先分离蛋白和蛋黄。其搅拌步骤如下。

（1）蛋糖搅拌。先将配方中全部的糖、全蛋液或者蛋白液放于洁净的搅拌缸内，以慢速至中低速搅拌均匀，至糖完全溶解为终点。

（2）打发。将搅拌机调成高速将蛋浆搅拌至呈乳黄色(使用全蛋液)，用手勾起蛋浆时，蛋液尖峰向下弯，呈鸡公尾状或白色（使用蛋白液）干性发泡状态时，换用中速搅拌 1~2 min，加入过筛的小麦粉，慢速拌匀。

（3）蛋糕糊调制。最后把水（或者牛奶）、液态油或熔化的黄油依次加入，以中低速搅拌均匀即可。

2. 乳化搅拌法

乳化搅拌法即使用蛋糕乳化剂（蛋糕油）的搅拌方法，主要用于乳沫蛋糕的制作，使用蛋糕乳化剂可以在使用全蛋液的条件下也能获得与戚风蛋糕相近的搅打效果。使用蛋糕乳化剂的搅拌方法可分为：一步搅拌法和两步搅拌法。

（1）一步搅拌法。一步搅拌法就是只搅打一次，最大的特点就是乳化剂、鸡蛋、糖、小麦粉同时参与搅打过程。采用一步搅拌法时应使用低筋小麦粉、细砂糖，且蛋糕油的用量必须大于 4%（相对于小麦粉用量）。

一步搅拌法的具体做法是：把除油脂之外的所有原料一起投入搅拌缸，先慢速搅拌 1~2 min，待小麦粉全部拌均匀后，再用高速搅拌 5 min。之后慢速搅拌 1~2 min，同时慢慢加入油脂，拌匀即可，此法常用于高成分海绵蛋糕的制作。

一步搅拌法的优点，一是工艺简洁，二是小麦粉参与搅打。一步搅拌法制得的蛋糕组织细密，表面光滑平整，口感柔软密实，口感上较两步搅拌法要偏干一些，蛋香味偏淡一些，膨松度和入口即化感要差一些。因此，一步搅拌法广泛为工业规模化生产所采用。

（2）两步搅拌法。两步搅拌法是将原料（油脂除外）分两次加入，进行两次搅拌。通常做法是首先将乳化剂、鸡蛋、糖进行第一次搅拌，第一次搅拌完成后再加入小麦粉进行第二次搅拌。其对小麦粉和糖的要求较一步法更为宽松一些，由于小麦粉的搅拌时间短而糖搅拌的时间较长，因此可以使用中筋小麦粉，也可以使用较粗的砂糖。

两步搅拌法的工艺要领是：先把鸡蛋、糖、乳化剂加入搅拌缸内，慢速搅拌 1~2 min，再换成高速搅拌 5~6 min，完成第一次搅拌；调成慢速搅拌，分次均匀加入小麦粉，充分拌匀后，调成中高速搅拌 0.5~1 min，完成第二次搅拌；最后加入液态油，慢速拌匀即完成。

两步搅拌法的优点是打发度高，制得的蛋糕膨松度好，入口即化，蛋香味浓郁，因此多为饼店、蛋糕作坊及家庭制作所采用。两步搅拌法的缺点是工艺过程较一步法烦琐，工业生产需要更多工序和设备。

3. 糖油搅拌法

利用固体油脂（黄油、人造奶油）在搅拌过程中能充入大量空气的特性，使蛋糕面糊膨胀，通过烘烤最终获得松软的蛋糕。此方法主要用于面糊蛋糕（如重油蛋糕）的制作。其工艺步骤如下。

（1）油脂打发。使用浆状搅拌器（或者 K 型搅拌器），将配方中所有的糖、盐和油脂倒入搅拌缸内，用中速搅拌 8~10 min，直到所搅拌的糖和油脂熔为一体，呈蓬松的绒毛状膏状固体，黄油或者人造奶油已经呈现发白的颜色，表明油脂打发完成。

（2）加鸡蛋搅拌。鸡蛋分两次或多次慢慢加入第一步已打发的糖油中，并把搅拌缸底部未拌匀的原料拌匀，待最后一次加入时应拌至均匀细腻，不可再有颗粒存在。

（3）蛋糕糊调制。乳粉溶于水，小麦粉与泡打粉事先拌匀，并用筛子过筛，分次与乳粉溶液交替加入以上混合物料内，每次应呈线状慢慢地加入搅拌物的中间。低速搅拌，直到全部原料搅拌至光滑均匀即可。注意加料速度不宜太快，但也要避免搅拌太久。

4. 小麦粉油脂搅拌法

小麦粉油脂搅拌法是利用固态油脂在搅拌过程中的充气作用使得蛋糕面糊膨胀，其效果与糖油搅拌法大致相同，通常用于面糊蛋糕（例如麦芬蛋糕）的制作。小麦粉油脂搅拌法所做出的蛋糕较糖油搅拌法所做出的更为松软，组织更为细密，因此，如需要制作组织细密而松软的蛋糕时，应采用小麦粉油脂搅拌法。使用小麦粉油脂搅拌法时应使用低筋小麦粉、细砂糖，油脂用量不能少于60%（相对小麦粉用量），否则得不到应有的效果。其工艺步骤如下。

（1）小麦粉油脂搅拌。将低筋小麦粉与泡打粉拌匀后过筛，同所有的油脂一起放入搅拌缸内，使用桨状搅拌器慢速搅拌约1 min，待小麦粉全部被油黏附后，中速搅拌1 min，将小麦粉和油搅拌均匀，然后高速搅拌至面糊膨胀，约8~10 min。

（2）加糖搅拌。加入细砂糖和盐，继续用中速搅拌约3 min。

（3）调水。用慢速将配方内2/3的牛奶或者水慢慢加入，待全部面糊搅拌均匀后再改用中速，将鸡蛋分两次加入，搅拌均匀。

（4）蛋糕糊调制。最后加入剩余1/3的牛奶或者水，继续用中速搅拌，直到所有细砂糖全部溶解、蛋糕面糊呈光滑细腻的状态为止。

5. 液态油脂分散搅拌法

液态油脂分散搅拌法比较接近蛋糖搅拌法，区别一是配方中采用大量的液态油脂（玉米油、大豆油、色拉油），二是不采用蛋糕乳化剂打发，而主要借助于化学膨松剂（泡打粉）的膨松作用。因此其工艺操作简便，非常适合于工业化生产面糊蛋糕。其工艺步骤如下。

（1）蛋糖搅拌。将鸡蛋和细砂糖投入搅拌缸内，先用低速搅拌至细砂糖溶解，再用中速打发至蛋浆呈现膨松状态。

（2）加小麦粉搅拌。小麦粉、泡打粉、乳粉事先拌匀过筛后，投入搅拌缸与蛋浆高速打发10 min，至物料呈现发泡奶油状。

（3）蛋糕糊调制。加入液态油，中低速搅拌至油脂被面糊均匀吸收即可。

二、注模

由于蛋糕面糊具有流动性，所以蛋糕的成型需要借助模具来完成，面糊制成后先注入模具中，然后再进行烘烤。面糊注入模具中的过程称为注模。模具的大小、形状固定了蛋糕的最终形状。常用的模具材料有马口铁、金属铝、不锈钢、复合纸等，模具的造型有方形、圆形、环形、心形、梅花形等，有高身的杯形，也有低身的浅盘形。工业化生产多采用一次性复合纸杯或者在模具内垫纸托。

模具的预处理方法如下。

（1）扫油。模具内壁涂上一层薄薄的油层，但戚风蛋糕不能涂油。

（2）垫纸或撒粉。在涂过油的烤盘上垫上油纸，或撒上小麦粉（也可用生粉），便于脱模。

面糊注模前，需要根据产品的性质来决定是否要在模具内涂油。面糊蛋糕和海绵蛋糕在注模前需在模具内壁涂油或垫入油纸，这样烘烤后蛋糕容易脱模；戚风蛋糕和天使蛋糕在注模前不能涂油或垫油纸，否则烘烤后蛋糕边缘容易收缩，严重者会塌陷。传统方法是涂液态油（玉米油、调和油等），现在普遍使用专门为脱模而设计的专用脱模油，其在植物油基础上加入食用蜡的成分，采用喷雾的方式，降低了油脂的使用，提升了脱模效果，烤盘和模具也容易清洗。因此，专用脱模油已成为蛋糕工厂的必备选择。

为了防止面糊分层或产生沉淀，面糊调制完成后，注模工序应该在 30 min 内完成。注模时，注意控制好灌注量，不能过少或过满，一般以充满模具的七八成为合适。面糊灌注太少，蛋糕体积不足，烘烤时会挥发掉较多的水分，使蛋糕的松软度下降。灌注得太满，则会使面糊在烘烤时由于遇热膨胀而溢出模具之外，造成浪费，同时也影响蛋糕的外形美观度。

三、烘烤

蛋糕面糊注模后，要立即进行烘烤以完成熟化过程。蛋糕糊在烘烤过程中发生一系列变化，如水分蒸发、气体膨胀、蛋白质凝固、淀粉糊化、糖的焦糖化与美拉德反应等，产生蛋糕特有的香气、颜色和味道。烘烤对产品的质量和风味有着极为重要的影响，广为流行的一句话是"三分做，七分烤"，也就是说蛋糕最终的质量很大程度上取决于烘烤的完成质量。现代烤箱和隧道式烤炉，广泛采用了机械和电子计时器、温控器技术，控制更为精准，但我们在烘烤过程中依然要依靠烘焙技术和经验，全程监控烘烤过程。严格控制烘烤过程的原因有两个，一是烘烤的过程比较短，且一旦发生烘烤过度等质量问题往往无法补救；二是影响蛋糕烘烤质量的因素非常多，即使是同一个产品，每天面临的生产环境的变化也需要采取适当的调整措施，才能得到符合标准的产品。

1. 烘烤前的准备

（1）了解将要烘烤蛋糕的属性和性质，以及它所需要的烘烤温度和时间。

（2）熟悉烤箱性能，正确掌握烤箱的使用方法。

（3）混合配料前应将烤箱预热，这样在蛋糕放入烤箱时，已达到相应的烘烤温度。

（4）准备好蛋糕的出炉和存放器具的空间，确保后面的工作有条不紊。

2. 烤盘在烤炉中的排列

盛装蛋糕面糊的烤盘应尽可能地放在烤炉中心部位，烤盘各边不应与烤炉壁接触。若烤炉中同时放进两个或两个以上的烤盘，两烤盘彼此既不应互相接触，也不应接触烤炉壁，更不能把一个烤盘直接放于另一烤盘上，每一个烤盘四周都应该留出空间让空气可以自由流动。同理，蛋糕于烤盘上的排列也不能过于密集，每一个蛋糕周边要预留出蛋糕体积膨胀所占的空间。

3. 蛋糕成熟的检验

根据烘烤该品种所需基本时间，检验蛋糕是否成熟。测试是否成熟的方法有两种。

（1）用牙签插入蛋糕中央，拔出时，若测试的牙签上不沾附湿黏的面糊，则表明已经烤熟，反之则未烤熟。

（2）可用手指在蛋糕中央顶部轻轻触试，如果感觉硬实、呈固体状，且用手指压下去的部分马上弹回，则表示蛋糕已经熟透。使用此方法多为有经验的烘焙师，在测试时需要注意蛋糕本身的温度和烤箱的温度，以防烫伤。

4. 烘烤过程的控制要素

（1）炉温。烘烤蛋糕应根据蛋糕品种和尺寸选择不同的炉温，大多数情况下，蛋糕采用中温烘烤，中温是指 170～200 ℃ 的炉温，产品外表色泽呈金黄色。部分蛋糕品种会采用高温烘烤,高温是指200~240 ℃的炉温,产品表面颜色很重,如枣红色或棕褐色。较大较厚的蛋糕如烘烤温度太高,表皮形成太快,阻止了热的渗透,易造成烘烤不足,故应适当降低温度。

烤炉温度对蛋糕品质影响很大。温度太低,烤出的蛋糕顶部会下陷,低温烤出的蛋糕比正常温度烤出的蛋糕松散、内部粗糙。温度太高,则蛋糕顶部隆起,并在中央部分裂开,四边向内收缩,用高温烤出的蛋糕质地较为坚硬。

(2)上火和下火(底火和面火)。现代烤箱多采用上下两个加热面,因此有上火和下火之分。上火是指烘烤时烤盘上部空间的炉温,所以也称面火;下火是指烤盘下部空间的炉温,也称底火。炉中上下火温度要根据糕点品种的要求而定,同时还要考虑到炉体结构。烤炉上火与下火温度高低的控制是否得当,对蛋糕品质的影响也较大,如薄片蛋糕应上火温度高、下火温度低,海绵蛋糕应上火低、下火高。

(3)烘烤时间。烘烤时间与炉温、坯体大小、形状、薄厚、馅芯种类、模具的材料等因素有关,但受炉温影响最大。一般而言,炉温越高,所需烘烤时间越短;炉温越低,所需烘烤时间越长。因为烘烤时热传递的主要方向是垂直的,而不是水平的,因此产品的厚度对烘烤时间影响较大。总之,糕点越大或越厚,烘烤时间越长;糕点越小或越薄,烘烤时间越短。烘烤容器色深或无光泽对辐射热的吸收和发散性能较好,可以缩短烘烤时间,烤出的成品体积大、气孔小。相反,光亮的烘烤容器能反射辐射热,使烘烤时间增长(表2-1)。

表2-1 蛋糕大小与炉温、烘烤时间的关系

蛋糕质量/g	炉温/℃	烘烤时间/min	上下火控制
<100	200	12~18	上下火温度相同
100~450	180	18~40	下火温度高、上火温度低
450~1 000	170	40~60	下火温度高、上火温度低

如果烘烤时间不够,则在蛋糕顶部及周围呈现深色条纹,内部组织发黏。烘烤时间过长,则组织干燥,蛋糕四周表层硬脆,如制作卷筒蛋糕,则难以卷成圆筒形,并出现断裂现象。

(4)炉内湿度。烘烤时,炉内湿度也直接影响产品的品质。炉内湿度适当,产品上色好,皮薄,不粗糙,有光泽。炉内湿度太低,产品上色差,表面粗糙,皮厚无光泽。炉内湿度太高,易使产品表面出现斑点。炉内湿度受炉温高低、炉门封闭情况和炉内产品多少等因素影响,烤炉中产品越多,产生的蒸汽越多,湿度也越大。目前,大多数烤炉内都有自动控制炉内湿度的装置。

(5)装盘方式。蛋糕多用蛋糕模具注模烘烤。蛋糕模具的体积与所装面糊的质量应有一定比例,过多、过少都会影响蛋糕的品质,同样的面糊,使用体积不同的蛋糕模具所做出的蛋糕体积、组织、颗粒也不相同,模具如果使用不当会增加6%~7%的烘烤损失。

蛋糕面糊因种类、配方、调制的方法不同,面糊装入蛋糕模具的质量也不同。标准的注模质量要经过多次的烘烤试验才能确定。使用同样体积的数个蛋糕模具,各分装不同质

量的同种面糊,烘烤后比较各蛋糕的体积、组织和颗粒,选出品质最好的蛋糕,以此面糊的质量作为该种蛋糕注模质量的标准。

(6)烤炉种类。烤炉种类也直接影响着产品的烘烤效果,最关键的是炉内温度是否均匀。

四、冷 却

蛋糕刚出炉时表面温度一般为180 ℃,中心层温度较低(100 ℃左右),趁热立即包装会导致热蒸汽在包装内产生冷凝水,冷凝水积聚在蛋糕表面,极易发霉;同时在温度较高的状态下,蛋糕的结构也不稳定,容易变形与破损,因此需冷却到35~40 ℃进行包装。饼房和蛋糕作坊在小批量制作条件下都是采用自然冷却的方法,而工厂规模化生产则采用在传送带上通入无菌冷空气的方法进行主动降温。

1. 冷却过程中水分的变化

蛋糕刚出炉时,其内部含水量高于外表,水分在冷却过程中逐步挥发,产品最终达到一定含水量。

蛋糕冷却过程中水分的变化与空气的温度、相对湿度关系密切。空气的相对湿度能影响产品的含水量,空气的相对湿度大于产品含水量时,产品吸湿;反之,产品中的水分向空气中散失而逐渐变得干硬。成品蛋糕含水量一般在20%~35%,为了防止水分蒸发(散失),冷却后需要立即包装。

2. 冷却与产品形态的关系

蛋糕刚出炉时,温度和水分含量都较高,需要在冷却过程中挥发水分和降温,才能保持正常的形态。蛋糕在烘烤过程中内部结构呈疏松状态,出炉后往往会发生变形。导致变形有两方面的原因,一种是外力因素变形,刚出炉时温度高,蛋糕皮硬瓤软,因碰撞和堆积作用而变形;另一种是内力因素变形,产品刚出炉时,表面温度为180~200 ℃,立即使之暴露在室温20~30 ℃的低温空气中,将会使热量交换过快,水分急速挥发,蛋糕遇冷会产生较大的收缩变形。

目标测试

一、名词解释

1. 面糊调制 2. 糖油搅拌法 3. 一次搅拌法

二、填空题

1. 面糊蛋糕的整体形状是由模具决定的,模具_____和_____与制品的质量关系密切。

2. 蛋糕的_____、_____、_____等,都影响其在烘烤中的温度和时间。

3. 小麦粉油脂搅拌法是利用_____油脂在_____过程中_____作用使得蛋糕面糊膨胀。

三、选择题

1. 蛋糕出炉后需冷却到( )进行包装。
A. 0~10 ℃   B. 35~40 ℃   C. 25~50 ℃   D. 50~60 ℃

2. 鸡蛋中的蛋白质具有起泡性，但过分搅打会破坏(　　)，使其保持气体的能力下降。
  A. 蛋白胶体物质的弹性　　　　　　B. 蛋白胶体物质的韧性
  C. 已形成的气泡　　　　　　　　　D. 面糊的结构
3. (　　)不属于化学膨松剂。
  A. 碳酸氢钠　　　B. 碳酸氢钠　　　C. 干酵母　　　D. 泡打粉
4. 烤炉和烤盘要随时清扫，必要时可用(　　)擦烤盘，以防生锈。
  A. 水　　　　　B. 油脂　　　　　C. 布　　　　　D. 纸
5. 目前用于海绵蛋糕等制作的蛋糕油是一种(　　)。
  A. 油脂替代品　　B. 膨松剂　　　C. 增稠剂　　　D. 乳化剂
6. 面糊蛋糕一般主要原料有油脂、(　　)、糖、小麦粉等。
  A. 牛奶　　　　　B. 膨松剂　　　C. 香精　　　　D. 鸡蛋
7. 烘焙百分比的百分比总量(　　)。
  A. 不超过100%　B. 等于100%　　C. 超过100%　　D. 不能确定
8. 烘烤海绵蛋糕时，蛋糕形状越小、体积越薄，所需的(　　)。
  A. 烘烤温度越低、时间越短　　　　B. 烘烤温度越低、时间越长
  C. 烘烤温度越高、时间越短　　　　D. 烘烤温度越高、时间越长

四、简答题

1. 蛋糕面糊调制的方法有哪些？
2. 影响蛋糕烘烤温度的因素有哪些？
3. 影响蛋糕烘烤时间的因素有哪些？
4. 蛋糕出炉后需要冷却的目的是什么？

项目三 蛋糕制作

【基础知识】

❖❖ 知识目标

1. 熟悉蛋糕的基本分类。
2. 掌握戚风蛋糕、乳沫蛋糕、面糊蛋糕的代表品种的制作工艺。
3. 掌握慕斯蛋糕的制作工艺。

❖❖ 素质目标

1. 通过了解和掌握食品加工理论知识进而深入理解食品加工过程,培养学生爱岗敬业精神。
2. 培养学生创新意识,发掘传统中国元素,拓展焙烤食品品类。

> **情境导入**
> 蛋糕作为最具代表性的焙烤食品,已风靡世界。人们在追求更加丰富的口感、风味或款式的同时,也会根据自己国家、地区、民族、文化、传统饮食的特点,在风味搭配上和制作方法上不断推陈出新。

蛋糕品种丰富,使用配料广泛,制作方式方法多样,已经没有一种分类方法既能涵盖蛋糕的所有品种,又能给所有品种划分出清晰的界限,每种分类方法都有其局限性。本书在此仅介绍蛋糕主流品种中的三种:采用分蛋法加蛋糖搅拌法的戚风蛋糕,采用全蛋法加乳化搅拌法的乳沫蛋糕、采用糖油搅拌法的面糊蛋糕。

一、戚风蛋糕

戚风蛋糕,是英文 chiffon cake 的译音,港澳地区译为雪芳,chiffon 意为像打发的蛋白那样柔软。戚风蛋糕的搅拌方法是把蛋黄和蛋白分开,将蛋白搅拌至蓬松的程度。戚风蛋糕组织膨松,水分含量高,味道清淡不腻,口感滋润嫩爽,是最受欢迎的蛋糕之一。生日蛋糕的蛋糕底通常使用戚风蛋糕。

1. 工艺流程

(1)配料。

①鸡蛋最好选用冷藏的鲜鸡蛋,其次为新鲜鸡蛋,不能选用陈鸡蛋。这是因为鲜鸡蛋冷藏后的蛋白和蛋黄比新鲜鸡蛋更容易分开。另外,若是单独将鲜鸡蛋白放入冰箱中贮存

1~2天后,再取出搅打,会比新鲜蛋白更容易起泡,这种起泡能力的改变,可能是因冷藏后蛋白的 pH 有所降低所致。

②糖选用细粒(或中粒)砂糖,在蛋黄糊和蛋白膏中更容易溶化。

③小麦粉宜选用低筋小麦粉,不能选用高筋小麦粉。高筋小麦粉在搅拌过程中会产生大量面筋,从而形成面筋网络,影响起泡,使蛋糕组织粗糙,表面容易出现起泡或者塌陷的问题。在缺乏低筋小麦粉或者小麦粉筋度仍偏高时,可以用一部分玉米淀粉替代配方中的小麦粉。

④油脂宜选用味道清淡的液态油,如玉米油、葵花籽油、大豆油、色拉油等。选用液态油是因为油脂是在蛋黄与糖搅打均匀后才加入,若使用固态油脂则不易搅拌均匀,从而影响蛋糕的质量。选用味道清淡的油脂是因为不让油脂的味道影响戚风蛋糕的正常风味。

⑤使用泡打粉和塔塔粉时,应注意其保质期和是否受潮。若使用了失效的泡打粉和塔塔粉,则会影响蛋糕的膨胀。

(2)调制蛋黄糊。

①蛋黄加入糖后,一定要搅打至呈乳白色的状态,这样蛋黄和糖才能混合均匀。

②加入液体油的目的是使蛋糕更加滋润柔软。但用量要准确,油脂加得过少,则蛋糕口感干而粗糙;加得过多,则不易均匀地溶入蛋黄糊里,并且过量的油脂还会破坏蛋白膏的泡沫,最终影响到蛋糕质量。另外,加入油脂时需分次加入。

③加水的目的是调节蛋黄糊的稀稠程度,需分次加入,也可以用牛奶替代水,可以获得更为润滑、香浓的口感,并可以减轻蛋腥味。

④当蛋黄液中加入小麦粉、双效泡打粉和盐后,不能过分搅打,只需轻轻搅匀即可,否则面糊容易起筋而影响蛋糕起泡质量和最终蛋糕组织。

⑤调制蛋黄糊时加入泡打粉,其作用是在蛋糕烘烤受热时产生气体,使蛋糕膨胀,其用量大致为小麦粉的 2%。在蛋白用量偏大的配方中,也可以不使用泡打粉。

(3)搅打蛋白膏。蛋白膏的搅打质量是制作戚风蛋糕的关键,影响蛋白起泡性的因素有很多。因此需要注意如下重要事项。

①分蛋时蛋白中不能混有蛋黄,搅打蛋白的器具也要洁净,不能沾有油脂和水。

②适量加入塔塔粉。

③砂糖能帮助蛋白形成稳定和持久的泡沫,故搅打蛋白时砂糖就成了必需品。要使蛋白膏起泡性好,且稳定持久,砂糖的用量和加入时机就显得很关键。砂糖可增加蛋白的黏度,而黏度太大又会抑制蛋白的起泡性,使蛋白不易充分发泡,砂糖的用量以不影响蛋白的起泡性,又能使蛋白达到稳定的效果为适。另外,砂糖加入的时机以蛋白搅打呈相对粗糙的白泡沫时为最好,这样既可把砂糖对蛋白起泡性的不利影响降低,又可使蛋白泡沫更加稳定。若砂糖加得过早,则蛋白不易起发;若加得过迟,则蛋白泡沫的稳定性差,砂糖也不易搅匀搅化,还可能因过分搅打而使蛋白膏搅打过头。

④搅打蛋白膏的方法要先慢后快,这样蛋白才容易打发,蛋白膏的体积才更大。

⑤蛋白打发阶段。蛋白打发可分为湿性发泡、中性发泡、干性发泡、过度打发四个阶段。

湿性发泡:搅打过程中泡沫由大变小并越来越密集,直至整体外观如同稀奶油一样呈雪白细腻泡沫状,打蛋器立起时蛋白的尖端会大幅下垂,并且不会滴落。这是制作轻乳酪蛋糕的最佳状态。

中性发泡：蛋白打至湿性发泡后，再继续打发 1 min 左右，将打蛋器举起，可以看到蛋白更凝固，尖锥比较挺，但是仍然呈鸡尾形的下垂状态，它介于干性发泡与湿性发泡之间，是制作蛋糕卷的最佳状态。

干性发泡：中性发泡状态的蛋白继续低速打发，此时基本看不到气泡，打蛋器立起，蛋白霜稳定，尖端挺立不会弯曲。这是制作戚风蛋糕的最佳状态。

过度打发：过度打发的蛋白有粗糙的颗粒感，原有的光泽消失，变成一坨坨的棉絮状，而不是原来凝聚稳定的整体洁白状态。此状态不能使用。

(4) 混合。调制蛋黄糊和搅打蛋白膏应同时进行，及时混匀。任何一个放置太久都会影响蛋糕的质量，若蛋黄糊放置太久，则易造成油水分离；而蛋白膏放置太久，则易使气泡消失。

蛋黄糊和蛋白膏应在短时间内混合均匀，并且拌制动作要轻要快，若拌得太久或太用力，则气泡容易消失，蛋糕糊会渐渐变稀，烤出来的蛋糕体积会缩小。其次，两种浓度差不多的面糊更容易混合均匀，而蛋黄糊的浓度高，蛋白膏的浓度低，两者很不容易混合均匀。所以，应先用部分蛋白膏来稀释蛋黄糊，然后把稀释过的蛋黄糊再与蛋白膏混合，这样才容易混合均匀，两者混匀的时间也才更短。

(5) 烘烤。烘烤温度也是制作蛋糕的关键。烘烤前必须预热烤箱。

(6) 冷却。蛋糕出炉以后，应倒扣在蛋糕搁架上放凉，以免表面过于潮湿影响口感。戚风蛋糕需要彻底冷却后方可脱模，因其结构柔软、含水量高，在热的状态下脱模极容易发生碎烂。同样道理，测试蛋糕的组织性能也需要待蛋糕彻底冷却后方可进行。

2. 方案设计

戚风蛋糕方案设计如表 2-2 所示。

表 2-2 戚风蛋糕方案设计

材料	烘焙百分比/%	用量/g	工艺参数	工艺条件
低筋小麦粉	100	170	蛋白打发度	3.5~4.0 倍体积
蛋	300	510	烘烤温度	上下火温度 180 ℃/150 ℃
水	53	90	烘烤时间	35~45 min
全脂乳粉	12	20	蛋糕尺寸	八寸圆蛋糕
细砂糖	88	150	—	
玉米油	53	90	—	
塔塔粉	1	2	—	
盐	1	2	—	
双效泡打粉	1	2	—	
蛋奶香粉	3	5	—	

二、乳沫蛋糕

乳沫蛋糕的最典型代表是海绵蛋糕和天使蛋糕,都是依靠蛋白的起泡作用来形成蛋糕膨松的结构,因其油脂使用量较少,因此习惯上把乳沫蛋糕和戚风蛋糕总称为清蛋糕。事实上很难给出乳沫蛋糕和戚风蛋糕以清晰的界限。乳沫蛋糕与戚风蛋糕的区别主要是:一是乳沫蛋糕大多数是借助于乳化剂(蛋糕油)辅助起泡,采用全蛋搅拌;二是乳沫蛋糕配方中较戚风蛋糕的蛋白用量低、水分也较低,因而口感更为密实,且具有更为浓郁的鸡蛋香味。

以海绵蛋糕为例,乳沫蛋糕的制作过程如下。由于前述戚风蛋糕的制作过程比较详尽,其原料选择、搅拌过程的手法、终点状态的判断都比较接近,相同部分在本例中将不再重复叙述。

1. 工艺流程

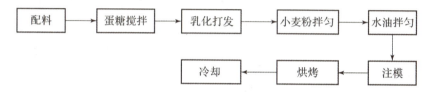

(1)配料:按照配方要求称量,处理原材料。

(2)蛋糖搅拌。将蛋和细砂糖、盐加入搅拌器内,搅拌至糖完全溶解。

(3)乳化打发。加入蛋糕油,先用慢速搅拌(约 3 min),再用高速搅拌至白色干性发泡状态(约 4~6 min)。

这个阶段的工艺操作和戚风蛋糕打发蛋白膏的操作比较类似,此步骤也是海绵蛋糕制作能否成功的最关键之处,其关键就是蛋糕油能否在搅拌过程中充分地被打发、分散到整个蛋浆中,从而提供整个蛋浆良好的可打发性和最终蛋糕糊稳定的结构。因此在操作上需要注意之处有:加入蛋糕油后先低速搅拌,待观察到蛋糕油已经完全分散,搅拌缸底部无大的蛋糕油颗粒存在时,才可转入高速搅拌;冬季使用蛋糕油时,可以先用保鲜膜包住蛋糕油,然后放于手中搓揉,待蛋糕油变得温热柔软方可使用。若蛋糕油不能充分打发,会导致蛋糕糊最终膨胀体积不足,烘烤后会在蛋糕底部形成硬皮。

海绵蛋糕蛋浆打发的终点判断与戚风蛋糕比较接近,也要由湿性发泡打发到干性发泡阶段。蛋浆打发至光泽度好的发泡奶油状,用搅拌器拉起可出尖峰,尖峰略有下垂,或者用手指拈起来可出凤尾状。与戚风蛋糕的蛋浆打发状态不同之处在于,由于全蛋搅拌,最终打发的体态要软一些,打发度要低一些,颜色的洁白度要差一些,有微黄的色泽。

(4)小麦粉搅拌。慢速而均匀地加入过筛后的低筋小麦粉,用低速挡搅拌至面糊不再膨胀且颜色较白,用手指拈一下提起后也能出现凤尾状为好。

(5)水油拌匀。用慢速搅拌,慢慢加入水搅匀(全脂乳粉可以用这部分水溶解后随水一起加入),加完水后搅拌约 1 min,再慢慢加入色拉油搅拌均匀,加完油搅拌约 1 min。继续用最慢速搅拌 1~2 min,排出多余气体。

(6)注模。将面糊倒入烤盘的模具中,一般注模量为占据模具体积八成满为好。

(7)烘烤。振荡排气后即可入炉烘烤,上下火温度为190 ℃/160 ℃,烘烤18~22 min。

(8)冷却。蛋糕烤熟后取出冷却,脱模。

2. 方案设计

海绵蛋糕方案设计如表2-3所示。

表2-3 海绵蛋糕方案设计

材料	烘焙百分比/%	用量/g	工艺参数	工艺条件
低筋小麦粉	100	250	蛋浆打发度	3.0~3.5倍体积
蛋	200	500	烘烤温度	上下火温度190 ℃/160 ℃
水	40	100	烘烤时间	18~22 min
全脂乳粉	8	20	蛋糕重量	成品35~40 g
细砂糖	100	250	—	
玉米油	20	50	—	
蛋糕油	4	10	—	
盐	1	2.5	—	
双效泡打粉	2	5	—	
蛋奶香粉	2	5	—	

三、面糊蛋糕

面糊蛋糕也称为油蛋糕、重油蛋糕,是利用黄油、人造奶油等固体油脂在搅拌时的充气作用使蛋糕面糊膨胀,最终通过烘烤而获得松软的蛋糕。在面糊蛋糕中油脂的用量大,产品的特点是:奶油香气浓郁、口感绵软而细腻、香甜层次丰富而又富于回味,结构紧致,稍有弹性。如牛油蛋糕、提子纸杯蛋糕等。

1. 工艺流程(以麦芬蛋糕为例)

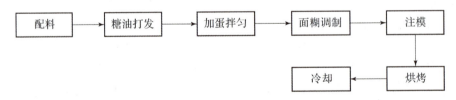

(1)配料。按照配方要求称量,处理原材料。

(2)糖油打发。将黄油与细砂糖混合,打至发白(充气),越白越好。

(3)加蛋拌匀。将蛋液分次加入,中速搅打,每次加入蛋液时,需要先将蛋液搅伴至完全吸收,混合均匀后再加入下一次蛋液。

(4)面糊调制。加入事先已混匀过筛的低筋小麦粉和双效泡打粉,中低速搅拌均匀即可,不可起筋。

(5)注模。将蛋糕面糊倒入纸盒模具内,约90 g/个,一般装纸盒的2/3体积。蛋糕糊体积要掌握好,若蛋糕糊体积不够,蛋糕表面不能产生开口爆裂效果。烘烤前可以用粘有色拉油的刀在倒好的蛋糕糊表面画十字,以增强裂开的效果。

(6)烘烤。装盘烘烤,上下火温度为 190 ℃/160 ℃,烘烤约 12 min。

(7)冷却。烤好后的蛋糕取出,冷却后脱模。

2. 面糊蛋糕结构形成的关键点

(1)油脂打发。油脂打发即固态油脂的充气作用,常用油脂一般是黄油或人造奶油(植物氢化油脂和动物油脂的混合物)。在搅拌作用下,空气进入油脂形成气泡,使油脂膨松、体积增大。油脂膨松度越好,蛋糕质地越疏松。但在打发过程中要注意适度,因为过度打发会导致油脂温度升高而出现流油的现象。因此,油脂在打发前最好是置于冰箱冷藏,保持固体状态,此外,细砂糖有助于油脂的膨松。

(2)油脂与蛋液的乳化效果。当蛋液加入打发的油脂中时,利用蛋黄的乳化性能,蛋液中的水分和油脂即在搅拌下发生乳化。乳化对面糊蛋糕的品质有重要影响,乳化越充分,制品的组织越均匀,口感也越好。

(3)添加适量的蛋糕油。为了改善油脂的乳化,加蛋液的同时可加入适量的蛋糕油(为鸡蛋量的 3%~5%)。蛋糕油作为乳化剂,可使油和水形成稳定的乳浊液,蛋糕质地更加细腻,并能防止产品老化,延长其保鲜期。

3. 方案设计

重油蛋糕方案设计如表 2-4 所示。

表 2-4 重油蛋糕方案设计

材料	烘焙百分比/%	用量/g	工艺参数	工艺条件
低筋小麦粉	100	250	面糊膨胀度	2.0~2.5 倍体积
蛋液	100	250	烘烤温度	上下火温度190 ℃/160 ℃
车轮牛油	100	250	烘烤时间	12 min
全脂乳粉	8	20	蛋糕重量	成品 75~80 g
细砂糖	84	210	—	
泡打粉	4	10	—	
蛋奶香粉	2	5	—	

四、慕斯蛋糕

慕斯蛋糕可以理解为慕斯加蛋糕,一般是以蛋糕夹层的形式出现,表面装饰有水果或巧克力。慕斯是一种以奶油、明胶、蛋黄、糖为基本原料的奶冻状甜点,入口即化。慕斯最早是由巴黎的厨师发明,最初是为了改善奶油的口感,结果发现慕斯冷冻后其风味独具特色,再加入水果、巧克力、咖啡等多种辅料,成为创新性的甜点。

1. 工艺流程

(1)配料。按配方要求称量、处理原材料。

(2)坯底制作。按照戚风蛋糕制作方法制作蛋糕坯底,制作后按造型需要切块备用。

(3)慕斯制作。把牛奶与香橙果酱混合,稍微加热至50~60 ℃;吉利丁片放入冷水中泡软;把泡软的吉利丁片放入牛奶中搅拌至熔化;淡奶油加入细砂糖打至六成发,略有纹路的流动状态;把加有吉利丁片的牛奶倒入淡奶油中混合均匀。

(4)造型。按一层慕斯一层蛋糕的顺序,将蛋糕和慕斯放入慕斯模具中,最上一层为慕斯层,表面可装饰水果块或者巧克力片。

(5)冷藏。放入冰箱冷藏5~6 h以上后脱模。

2. 慕斯蛋糕制作的关键点

(1)吉利丁是慕斯制作中最不可缺少的基本材料。吉利丁主要分为片状、粉状,在慕斯中吉利丁主要起到稳定结构的作用。吉利丁的溶解温度为60 ℃,所以在使用中液体温度或者吉利丁加热温度不建议超过60 ℃,否则影响吉利丁的凝结力。吉利丁的凝固温度为10~15 ℃,所以慕斯不需要冷冻也不需要熔化。

(2)奶油要选择淡奶油,其天然健康、风味醇厚、顺滑。淡奶油不要打发过度,否则会在注入模具时表面不平整,且成品口感不佳。

(3)液体与淡奶油混合时,一定要晾凉后再混合。因为淡奶油怕热,如果把热的液体倒入淡奶油中,淡奶油会很快化掉。

(4)入模后最好把模具在桌子上轻摔一下,通过震动起到消泡的作用,这样慕斯会较平滑且没有气泡,然后送入冰箱冷藏或者冷冻。

3. 方案设计

(1)香橙慕斯蛋糕坯底方案设计如表2-5所示。

表2-5 香橙慕斯蛋糕坯底方案设计

材料	烘焙百分比/%	用量/g	工艺参数	工艺条件
低筋小麦粉	100	150	蛋白打发度	3.5~4.0 倍体积
蛋	333	500	烘烤温度	上下火温度180 ℃/160 ℃
可可粉	13	20	烘烤时间	20 min
鲜牛奶	80	120	蛋糕尺寸	8寸
细砂糖	53	80		
塔塔粉	3	5		
橄榄油	67	100		
食盐	1	2		
双效泡打粉	2	3		
柠檬汁	7	10		

(2)慕斯方案设计如表2-6所示。

表2-6 慕斯方案设计

慕斯造型	装饰材料	用量/g
芒果卡士达酱	吉利丁片	15
	香橙酱	20
	牛奶	100
打发奶油	淡奶油	200
	细砂糖	20

【技能训练】

❖❖ 技能要求

1. 能够准确写出代表性品种的蛋糕及其工艺流程,并能准确理解操作要领。
2. 能够按照要求进行产品方案设计和配方计算。
3. 能够准确地操作蛋糕搅拌和烘烤等关键性步骤。
4. 能够简单分析产品质量问题并提出解决办法。
5. 能够基本准确地对产品进行感官品鉴。

❖❖ 素质目标

1. 通过生产卫生要求,培养学生勤劳、踏实、肯干的职业习惯。
2. 通过技能训练,培养学生精益求精的工匠精神。

> **情境导入**
>
> 蛋糕最早起源于西方,后来慢慢传入中国。蛋糕的原始称呼是"甜的面包",古罗马时代的食谱就记载了这种"甜的面包"的做法。最早的蛋糕只用几种简单的食材制作,随着在历史的长河中不断演变和发展,至今,蛋糕口感丰富、种类繁多、寓意喜庆,并出现在很多场合。

任务一 蜂蜜戚风蛋糕制作

这款戚风蛋糕湿润且绵密,是戚风蛋糕经典中的经典,有经验的烘焙师往往采用最传统的制作方法,利用柠檬汁替代塔塔粉,最终产品带有清爽的酸与蜂蜜的蜜香味,口味变化非常丰富。烘焙成功的产品,组织膨松而又轻盈,入口即化,留下满口余香。

一、工艺流程

结合糖蛋搅拌法和戚风蛋糕的制作方法，准确写出蜂蜜戚风蛋糕制作工艺流程及要点。

二、蜂蜜戚风蛋糕制作

1. 任务准备

（1）仪器和工具：蛋糕搅拌机、分蛋器、手动打蛋器、烤箱、电子秤、烤盘、中空圆形蛋糕模具或纸托、软刮刀、脱模刀、面盆、面粉筛、量杯、蛋糕搁架。

（2）材料：低筋小麦粉、鲜鸡蛋、细砂糖、蜂蜜、盐、全脂乳粉、水、玉米油、塔塔粉、双效泡打粉、吉士粉。

蜂蜜戚风蛋糕

2. 方案设计

蜂蜜戚风蛋糕方案设计如表 2-7 所示。

表 2-7　蜂蜜戚风蛋糕方案设计

材料	烘焙百分比/%	用量/g	工艺参数	工艺条件
低筋小麦粉	100	190	蛋白打发度	3.5 倍体积
鲜鸡蛋	263	500	烘烤温度	上下火温度 190 ℃/170 ℃
水	80	152	烘烤时间	30~45 min
全脂乳粉	5	9.5	蛋糕尺寸	八寸圆蛋糕
细砂糖	80	152	—	—
蜂蜜	40	76	—	—
塔塔粉	2	3.8	—	—
玉米油	80	152	—	—
盐	1	1.9	—	—
双效泡打粉	2	3.8	—	—
吉士粉	4	7.6	—	—

3. 操作步骤

（1）配料。按照方案中配方计算所需要的原料用量，然后依次称取，并对原料做相应处理。

(2)分蛋。用分蛋器将鲜鸡蛋的蛋黄和蛋白分离,需要注意的是鸡蛋要事先检查,蛋黄不能混入蛋白中。

(3)蛋黄糊的配制。首先将全脂乳粉溶解于水中,然后将此乳粉液与蛋黄用手动打蛋器搅拌均匀,接着依次加入玉米油和蜂蜜搅拌均匀,然后加入过筛后的低筋小麦粉,搅拌均匀,即制成蛋黄糊。需要注意的是加入小麦粉后,不能过度而且剧烈地搅拌,温和地搅拌至蛋黄糊成均匀的糊状物且无大颗粒物质即可,以防止起筋。

(4)蛋白膏的打发。将全部蛋白投入搅拌缸中,将塔塔粉与细砂糖也投入搅拌缸中,用蛋糕搅拌机以中慢速搅拌至细砂糖完全溶解,然后改为快速搅拌,打发至白色干性发泡状态,即完成蛋白膏的打发。

(5)蛋糕糊的混合。用软刮刀先取 1/3 量的蛋白膏加入蛋黄糊中拌匀,将拌匀的面糊倒回剩余的蛋白膏中,充分拌匀。注意拌匀的一个标志是用刮刀挑起面糊,整个蛋糕糊中无白点。

(6)注模。取中空圆形蛋糕模具或者纸杯蛋糕模具,用裱花袋装入蛋糕糊,然后挤入模具中。倒入体积八成满即可。

(7)烘烤。烤箱事先预热到设定温度,上下火温度为 190 ℃/170 ℃,烘烤约 30~45 min,至蛋糕表面呈金黄色。注意,采用的模具不同,其温度和时间需要做相应调整。

(8)冷却。蛋糕倒扣在蛋糕搁架上。冷却约 20 min 后脱模。

4. 结果与分析

(1)根据表 2-8 蛋糕感官评价指标进行感官检测。

表 2-8　蛋糕感官评价指标

项目	指标
色泽	色泽均匀正常
形态	完整、不变形、不析水、表面无裂纹
组织	组织内部蜂窝状均匀,富弹性
口感	糕坯松软,有蛋香味,无异味
杂质	无正常视力可见杂质

(2)将结果与分析填入表 2-9 中。

表 2-9　结果与分析

项目	评价结果	原因分析	解决方案
色泽			
形态			
组织			
口感			
杂质			

任务二　瑞士卷制作(乳沫蛋糕)

　　瑞士卷的说法其实始于中国台湾，20世纪60年代"美国小麦协会"为了推广美国的小麦粉，才大力推广此类糕点到中国台湾，蛋糕卷在中国台湾是很普及的糕点，由于风味可口、制作简单而又容易拓展系列产品，因此这种夹心蛋糕卷成为众多饼店的长青产品。它不是瑞士的特产，据说是中国台湾人最初发现这种蛋糕卷的地点在瑞士，因此取名"瑞士卷"。

　　传统的瑞士卷属于乳沫类的海绵蛋糕，但是越来越多的烘焙师喜欢用戚风蛋糕来作蛋糕坯，因此瑞士卷看成是清蛋糕卷可能更为准确。

一、工艺流程

(1)结合乳化搅拌法和海绵蛋糕的制作方法，准确写出瑞士卷制作工艺流程。

(2)写出夹心料的组成与装饰方法。

二、瑞士卷制作

瑞士卷

1. 任务准备

(1)仪器和工具：蛋糕搅拌机、烤炉、电子秤、烤盘、烤盘纸、软刮刀、裱花袋、锯刀、抹刀、面粉筛、量杯。

(2)蛋糕卷材料：低筋小麦粉、鲜鸡蛋、细砂糖、盐、全脂乳粉、水、玉米油、蛋糕油、双效泡打粉、香草香粉。

(3)夹心材料：淡奶油、草莓(新鲜草莓或速冻草莓粒)、糖粉。

2. 方案设计

(1)瑞士卷方案设计如表2-11所示。

表 2–10　瑞士卷方案设计

材料	烘焙百分比/%	用量/g	工艺参数	工艺条件
低筋小麦粉	100	160	蛋浆打发度	3.3 倍体积
鲜鸡蛋	310	500	烘烤温度	上下火温度 180 ℃/150 ℃
水	47	75	烘烤时间	20~25 min
全脂乳粉	9	15	蛋糕尺寸	铺于烤盘上，厚度 3 cm
细砂糖	88	140	—	—
玉米油	94	150	—	—
蛋糕油	10	16	—	—
盐	1	1.6	—	—
双效泡打粉	1.8	2.9	—	—
香草香粉	2	3.2	—	—

（2）瑞士卷造型与装饰方案设计如表 2–11 所示。

表 2–11　瑞士卷造型与装饰方案设计

蛋糕造型	装饰材料	用量/g
夹心蛋糕卷	糖粉	50
	淡奶油	300
	草莓	100

3. 操作步骤

（1）配料。按照方案中配方计算所需要的原料用量，然后依次称取，并对原料做相应处理。鲜鸡蛋需要提前冷藏，低筋小麦粉过筛后加双效泡打粉、香草香粉混匀。全脂乳粉用水溶解。

（2）蛋糖搅拌。将鲜鸡蛋和细砂糖、盐加入搅拌机内，用中慢速搅拌至糖完全溶解。

（3）打发。加入蛋糕油，先用慢速搅拌（约 3 min），再用高速搅拌至白色干性发泡状态（约 4~6 min）。打发好的状态是：蛋浆打发至光泽度好的发泡奶油状，用搅拌器拉起可出尖峰，尖峰略有下垂，或者用手指拈起来可出凤尾状。

（4）小麦粉搅拌。慢速而均匀地加入低筋小麦粉、双效泡打粉、香草香粉，用低速挡搅拌至面糊不再膨胀且颜色较白，用手指拈一下提起后也能出现凤尾状为好。

（5）水油拌匀。整个调制过程用慢速搅拌，然后再慢慢加入乳粉液搅拌匀，搅拌约 1 min，再慢慢加入玉米油搅拌均匀，搅拌约 1 min。

（6）排气。继续用最慢速搅拌 1~2 min，排出多余气体。

（7）装盘。将蛋糕糊装入裱花袋中，烤盘垫纸，以斜线的形式将蛋糕糊挤在烤盘中，蛋糕糊高度大约占烤盘八成满即可。

(8)烘烤。振荡排气后即可入炉烘烤，上下火温度为180 ℃/150 ℃，烘烤20～25 min，12 min左右时调盘，表面若有拱起可用竹签刺破。

(9)冷却。蛋糕烤熟后取出冷却，切成2份，在桌上铺上一张对开白纸，取一份蛋糕置于纸上(横置，面朝下)。

(10)夹馅。淡奶油打发，抹在蛋糕表面，摆上适量的草莓。

(11)成型。蛋糕卷起，尽量卷得紧实些，放于冰箱冷藏松弛15 min。

(12)装饰。取出蛋糕卷，表面筛上适量的糖粉。

(13)切块。根据蛋糕卷的长度和需要，均匀地切成2～3 cm的块状。切块时要扶住蛋糕卷，用锯刀轻轻来回拉，不可用力向下切。

4. 结果与分析

(1)根据表2-8蛋糕感官评价指标进行感官检测。

(2)将结果与分析填入表2-12中。

表 2-12　结果与分析

项目	评价	原因分析	解决方案
色泽			
形态			
组织			
口感			
杂质			

任务三　大理石蛋糕制作(面糊蛋糕)

大理石蛋糕源自法国，其特色是使用红糖、黑巧克力、可可粉等深色材料，因其蛋糕组织切开后呈现流畅的线条和层次，如同大理石的纹理而得名。传统的大理石蛋糕多采用重油蛋糕的方法制作。现在烘焙师利用海绵蛋糕制作方法，结合大理石蛋糕的混料手法，也能呈现出大理石的纹理。

一、工艺流程

结合糖油搅拌法和大理石蛋糕的制作方法，准确写出大理石蛋糕制作工艺流程。

二、大理石蛋糕制作

1. 任务准备

（1）仪器和工具：蛋糕搅拌机、烤箱、电子秤、烤盘、烤盘纸、软刮刀、面粉筛、量杯。

（2）材料：低筋小麦粉、鲜鸡蛋、细砂糖、鲜牛奶、黄油、色拉油、可可粉、黑巧克力、红糖、双效泡打粉、香草粉、蛋糕油。

大理石蛋糕

2. 方案设计

大理石蛋糕方案设计如表2-13所示。

表2-13 大理石蛋糕方案设计

材料	烘焙百分比/%	用量/g	工艺参数	工艺条件
低筋小麦粉	100	600	面糊膨胀度	2.5倍体积
鲜鸡蛋	83	500	烘烤温度	上下火温度200 ℃/150 ℃
黄油	83	500	烘烤时间	40~50 min
鲜牛奶	17	100	蛋糕尺寸	厚度4 cm
色拉油	17	100	—	
细砂糖	70	420		
蛋糕油	2	12		
红糖	10	60		
黑巧克力	5	30		
可可粉	5	30		
双效泡打粉	2	12		
香草粉	1	6	—	

3. 操作步骤

（1）配料。按照方案中配方计算所需要的原料用量，然后依次称取，并对原料做相应处理。

（2）油脂打发。将黄油和细砂糖投入搅拌机中，先慢速搅匀，然后再高速打发至发白、呈膨松膏状。

（3）白面糊制备。将蛋液分次加入打发后的油脂，搅拌均匀，加入过筛后的小麦粉搅拌均匀，最后加入色拉油搅拌均匀，即制成白面糊。

（4）黑面糊制备。将黑巧克力用热水浴熔化，然后依次加入可可粉、红糖，搅拌至红糖全部溶解，加入色拉油搅匀成糊状，即制成黑面糊。

（5）混合。将黑面糊加入白面糊中，用软刮刀采用底部向上翻拌的方式，形成具有大理石纹路的蛋糕糊。

(6)装盘。将蛋糕糊倒入预先垫好烤盘纸的烤盘中,用抹刀抹平,蛋糕糊的厚度控制在 3~4 cm。

(7)烘烤。振荡排气后即可入炉烘烤,上下火温度为 200 ℃/150 ℃,烘烤 40~50 min,中间阶段调盘一次,若表面有拱起可用竹签刺破。

(8)冷却。蛋糕烤熟后取出,烤盘面朝下倒扣于蛋糕搁架上,冷却至室温。

(9)切块。根据需要,切成所需尺寸的方块状。切块时要扶住蛋糕,用锯刀轻轻来回拉,不可用力向下切。

4. 结果与分析

(1)根据表 2-8 蛋糕感官评价指标进行感官检测。

(2)将结果与分析填入表 2-14 中。

表 2-14　结果与分析

项目	评价	原因分析	解决方案
色泽			
形态			
组织			
口感			
杂质			

任务四　酸奶慕斯蛋糕制作

酸奶慕斯蛋糕是一款口感轻盈、清新爽口的甜点。把香橙酱、酸奶、朗姆酒、柠檬汁、吉利丁片巧妙地结合,做成橙黄色的卡士达酸奶馅料,带来了令人愉悦的味蕾享受。虽然物料复杂,然而操作却十分容易。

一、工艺流程

(1)结合慕斯蛋糕制作方法,准确写出酸奶慕斯蛋糕制作工艺流程。

(2)写出酸奶慕斯蛋糕的造型与装饰方法。

二、酸奶慕斯蛋糕制作

1. 任务准备

(1) 仪器和工具:蛋糕搅拌机、分蛋器、烤箱、电子秤、手持式打蛋器、烤盘、烤盘纸、软刮刀、面粉筛、量杯、慕斯圈模具、玻璃杯、脱模刀。

慕斯蛋糕

(2) 蛋糕底材料:鸡蛋、细砂糖、盐、橄榄油、低筋小麦粉、可可粉、鲜牛奶、塔塔粉(或柠檬汁)、酸奶、双效泡打粉。

(3) 慕斯馅料材料:蛋黄、细砂糖、低筋小麦粉、酸奶、吉利丁片、柠檬汁、朗姆酒、香橙果酱、淡奶油、黄桃罐头、树莓、凉开水。

2. 方案设计

(1) 酸奶慕斯蛋糕底方案设计如表2-15所示。

表2-15 酸奶慕斯蛋糕底方案设计

材料	烘焙百分比/%	用量/g	工艺参数	工艺条件
低筋小麦粉	100	120	蛋白打发度	3.5倍体积
鸡蛋	330	400	烘烤温度	上下火温度180 ℃/160 ℃
可可粉	13	16	烘烤时间	20 min
酸奶	83	100	蛋糕尺寸	6寸
细砂糖	53	64	—	—
塔塔粉	3	3.6	—	—
橄榄油	66	80	—	—
盐	1	1.2	—	—
双效泡打粉	2	2.4	—	—

(2) 酸奶慕斯蛋糕造型与装饰方案设计如表2-16所示。

表2-16 酸奶慕斯蛋糕造型与装饰方案设计

慕斯造型	装饰材料	用量/g
香橙卡士达酱	吉利丁片	20
	蛋黄	20
	低筋小麦粉	20
	酸奶	150
	柠檬汁	2
	朗姆酒	5
	香橙果酱	20

续表

慕斯造型	装饰材料	用量/g
打发奶油	淡奶油	200
	细砂糖	20
顶层香橙果冻	吉利丁	20
	香橙果酱	30
	柠檬汁	3
	细砂糖	10
	凉开水	100

3. 操作步骤

(1) 配料。按照方案中配方计算所需要的原料用量，然后依次称取，并对原料做相应处理。

(2) 蛋糕底制作。按照戚风蛋糕的方法制作，可可粉在蛋黄糊配制时加入。

(3) 蛋糕围边制作。将冷却好的蛋糕，切出4 cm宽、长度为慕斯圈周长的长条，以及与慕斯圈大小相同的圆片状蛋糕片若干。将蛋糕长条底面朝外，放入慕斯圈中，形成蛋糕围边。

(4) 慕斯馅料制作。将吉利丁片用温水浸泡至软化。将蛋黄和细砂糖搅拌均匀，再加入过筛后的小麦粉搅拌均匀。将牛奶煮沸后倒入面糊中，搅拌均匀后，边加热边搅拌至浓稠的糊状。再加入泡好的吉利丁片搅拌均匀，至其完全化开和分散均匀。待面糊温度降至温热后，加入柠檬汁、朗姆酒和香橙果酱，搅拌均匀，即为香橙卡士达酱。将淡奶油和细砂糖混合，用手持式打蛋器打发至六成发。与制好的香橙卡士达酱混合均匀，即成香橙慕斯馅料。

(5) 慕斯造型。慕斯圈底部先铺一个圆蛋糕片，用裱花袋挤入慕斯馅料至慕斯圈1/3高度，再铺一层蛋糕片，再挤入馅料至八成满。表面抹平后，慕斯放入冰箱冷藏至完全凝固，时间为5~6 h。

(6) 顶层香橙果冻制作。将吉利丁片用温水浸泡至软化。将香橙果酱、冻开水、柠檬汁和细砂糖混合，加热至微沸腾，加入软化的吉利丁片，搅拌均匀后晾凉，即制成香橙果冻。

(7) 慕斯顶层装饰。将黄桃罐头切成薄片，整齐排列于已经凝固的慕斯上，中间放新鲜树莓果装饰。倒入已经晾凉的香橙果冻，放入冰箱冷藏5~6 h至凝固。

(8) 脱模。慕斯完全凝固后取出，用脱模刀小心脱模。

4. 结果与分析

(1) 根据表2-17慕斯蛋糕感官评价指标进行感官检测。

表2-17 慕斯蛋糕感官评价指标

项目	指标
色泽	色泽均匀正常，装饰色泽正常
形态	完整、不变形、不析水、表面无裂纹
组织	组织细腻、均匀
口感	口感细腻凉爽，装饰料符合其应有的风味、无异味
杂质	无正常视力可见杂质

(2)将结果与分析填入表2-18中。

表2-18　结果与分析

项目	评价	原因分析	解决方案
色泽			
形态			
组织			
口感			
杂志			

目标测试

一、名词解释

1. 清蛋糕　2. 慕斯　3. 面糊蛋糕

二、填空题

1. 蛋糕烤熟取出后，蛋糕面＿＿＿＿至于＿＿＿＿上即可。
2. 制作戚风蛋糕时，一般把鸡蛋的＿＿＿＿和＿＿＿＿分开进行处理。
3. 在蛋糕制作过程中，用＿＿＿＿和＿＿＿＿可以替代塔塔粉。

三、选择题

1. 戚风蛋糕制作一般利用（　　）起泡性。
   A. 全蛋　　　　　B. 蛋白　　　　　C. 蛋黄　　　　　D. 油脂
2. 蛋白打发过程通常加入（　　），提升蛋白稳定性。
   A. 塔塔粉　　　　B. 蛋糕油　　　　C. 泡打粉　　　　D. 小苏打
3. 蛋糕烤好后应先（　　）放置。
   A. 面朝上　　　　B. 直接脱模　　　C. 倒扣　　　　　D. 冰箱
4. 瑞士卷属于（　　）。
   A. 天使蛋糕　　　B. 慕斯蛋糕　　　C. 面糊蛋糕　　　D. 清蛋糕
5. 大理石蛋糕制作一般利用（　　）起泡性。
   A. 全蛋　　　　　B. 蛋白　　　　　C. 蛋黄　　　　　D. 油脂
6. 制作慕斯的淡奶油应打发至（　　）。
   A. 五成　　　　　B. 六成　　　　　C. 十成　　　　　D. 四成

四、简答题

1. 列举戚风蛋糕制作中需要使用的食品添加剂及其作用。
2. 简述海绵蛋糕的制作过程。

项目四　蛋糕装饰

【基础知识】

❖❖ **知识目标**

1. 熟悉蛋糕装饰用原料的种类及性质。
2. 掌握各原料的使用方法。

❖❖ **素质目标**

1. 通过认真把握每一个工艺环节，使成品达到一定的品质标准，使学生认识到"书痴则文必正，艺痴则技必良"。
2. 引导启发学生运用和接受新原料、新工艺，鼓励学生要有创新意识。

> **情境导入**
>
> 蛋糕装饰是蛋糕制作工艺的最终环节，通过对其进行装饰和点缀，不但可以增加蛋糕的风味，提高产品的营养价值和商品价值，更重要的是可以给人们带来美的享受，增进食欲。蛋糕装饰，是一门专业技术，同时又是一门艺术。一个漂亮的装饰蛋糕，其实就是一个精致的艺术造型品。蛋糕装饰集绘画、雕刻、生活、自然于一体，旨在体现、充实自然界的美，是人为意向的情感审美的结果。

蛋糕装饰是装饰技法、人为意向、个人审美情趣与生活艺术相结合的视觉艺术。例如花朵造型要符合花的开放规律，花心部分、欲放部分、开放部分要充分体现出来。每个花瓣要清晰、飘逸，还要把花朵与奶油的软硬质结合起来才能做得更好。如菊花的奶油稍软一点，才能拉出它的尖峰状的小花瓣；玫瑰花的奶油要软硬适中，才能将花瓣挤得清晰，又不会黏合在一起，花瓣边不会起牙齿状；而康乃馨的奶油就要稍硬一点，每片小花瓣才能挤出又薄又密的效果。通过这样的花朵设计，将花朵的特点形象地体现在蛋糕设计中，将蛋糕设计形象化。因此，蛋糕装饰要求操作者要有过硬的基本功、较强的审美意识和较高的文化修养。

一、蛋糕装饰的目的与要求

1. 蛋糕装饰的目的

（1）使蛋糕外表具有诱人的图案及色彩，增加产品的漂亮外观，给人带来美的享受，引起人们的食欲，激发顾客的购买欲。

（2）丰富蛋糕的品种，同时提高风味。如在蛋糕层之间夹上不同的馅料，表面再以不同的食材装饰，这样可以变幻成更多的花样和口味。

(3)由于使用的装饰材料大都覆盖于蛋糕表层,能防止水分散失,从而起到延缓老化、延长保鲜期的作用。

2. 蛋糕装饰的基本要求

(1)装饰效果要求。蛋糕装饰要注意色彩搭配,造型自然,装饰美观独特,设计新颖。

(2)装饰质量要求。一般蛋糕的制作要求是形态规范,表面平整,不露糕坯;饰料饱满均匀,图案清晰美观,表面无结皮现象。

二、蛋糕装饰材料

作为蛋糕装饰操作人员,首先需要了解装饰材料的种类和性能。

按原料性质蛋糕装饰材料分为软质原料和硬质原料。软质原料便于涂抹、裱挤,硬质原料便于捏塑、点缀。无论选择哪种装饰原料都以色泽美观、营养丰富为特点。

蛋糕装饰材料主要有各种奶油制品、豆沙霜、巧克力制品、糖制品(如蛋白糖、糖粉、翻糖等)、新鲜果品及罐头制品。

1. 奶油类装饰

裱花装饰用的奶油,主要有植脂奶油和淡奶油两种。

(1)植脂奶油。植脂奶油是以氢化植物油为主料,混合乳化剂、稳定剂、蛋白质、水、色素、糖、香精等其他辅料制成的一种产品。由于它的起泡性很好,稳定性强,奶香味足,不含胆固醇,奶油打发率高,光泽度好,口感细腻,所以在食品加工中,是使用率比较高的一种产品。植脂奶油一般在-18 ℃冷冻保存,使用前需在2~7 ℃的环境下解冻。品质好的植脂奶油入口即化,无酸败味,有清香味,表面光洁度高,细腻。品质差的植脂奶油通常黏度较高,入口过于厚实,打发奶油2 h后出现坍塌,质地粗糙。

植脂奶油打发的时候先用慢速搅拌,稍激发其活性后改用快速搅拌,直到有大量皱纹围绕着搅拌球转动时再转为慢速,将快速搅拌过程中留下的大气泡消除。植脂奶油打发率相对较高,一般为1∶3,如果打发温度恰当,可以达到4倍或以上。

(2)淡奶油。又称动物奶油、稀奶油,是从新鲜牛奶中提取出来的。淡奶油中无添加色素,不含糖,脂肪含量一般在35%左右,营养价值介于全脂牛奶和黄油之间。其口感柔和细腻、奶香味浓郁、无甜味,呈自然乳白色,相对不宜打发,稳定性较差、可塑性差、不好成型,受热易熔化。淡奶油一般在0~5 ℃冷藏保存,冷藏温度高,奶油易变质;冷藏温度低,油水易分离;忽冷忽热,就会变成凝乳状。

淡奶油打发方法与植脂奶油相同,只是需要注意打发温度,正常应在7~10 ℃条件下打发,必要时可以隔冰水打发。淡奶油打发率最多只到1∶2,一般来说都只能打到1∶1.5。

2. 豆沙霜装饰

随着人们对天然、健康食材的追求,蛋糕裱花从最初使用植物奶油、动物奶油、奶油霜,到今天越来越多人使用豆沙霜。用豆沙霜进行裱花装饰,造型仿真,原料简单,做好的成品也不太受温度的局限,但要注意保持水分,特别是蛋糕抹面非常容易干裂。调制豆沙霜时按照气温不同,要求的软硬程度也不同。

3. 翻糖装饰

翻糖,常用于蛋糕和西点的表面装饰。将翻糖覆盖在蛋糕体上,再以各种糖塑的花朵、动物等作装饰，做出来的蛋糕如同装饰品一般精致、华丽。因为它比奶油装饰的蛋糕保存时间长，而且漂亮，立体，容易成型，在造型上发挥空间比较大，延展性极佳的翻糖可以塑造出各式各样的造型，并将精细特色完美地展现出来，充分体现了个性与艺术的完美结合，因此成为当今蛋糕装饰的主流。翻糖蛋糕凭借其豪华精美以及别具一格的时尚元素，除了被用于婚宴，还被广泛使用于纪念日、生日、庆典。

(1) 翻糖的分类。

①软质翻糖——翻糖糖膏。翻糖糖膏颜色洁白，表面光滑，质地细腻，按压时可以感受到其柔软的质感，味甜，不易迅速在口中融化，使用时可根据需要进行调色。因为其极好的延展性和比较柔软的质地，翻糖糖膏一般用来做覆盖蛋糕的糖衣，是如今使用最广泛的一种材料。

②硬质翻糖——干佩斯。干佩斯就是翻糖的衍生物。在翻糖中加入适量泰勒粉和白油，就可以用来调制出糖花专用翻糖——干佩斯。它质地稍硬，延展性好，可塑性强，可以擀制出很薄、透光的糖皮，容易造型，适合制作比较精致的糖花，风干定型后有点像瓷器，触感脆硬且易碎。

常用的干佩斯因为含有蛋白质，所以风干速度很快，制作糖花时可以快速定型，操作上比较节约时间，干佩斯材料必须注意密封保存，以免风干变硬。

③塑型翻糖。塑型翻糖结实、稍微有弹性，干得比翻糖糖膏快一些，干燥后的成品非常地坚硬牢固，更适合做各种玩偶、小动物、人物、器具等立体造型，制作时不易坍塌也不会很快速地风干。

④蛋白糖霜。糖霜是英式蛋糕中常用的装饰材料，可以说是翻糖的前一个状态，就是没有加增稠剂的翻糖。因为它是纯白色，所以常用于婚礼蛋糕、圣诞蛋糕、姜饼屋、糖霜饼干等。不同的糖霜状态，可以演绎出不同效果，而且它比淡奶油坚挺，且易于保存，跟植脂奶油一样，容易裱花却不危害人体健康，也不像奶油霜那样容易化，不耐受高温，更不像翻糖那样害怕进冰箱。当然，其观赏价值大于其食用价值。

糖霜的优点就是可以用于不同的装饰，硬度可以任意调节；缺点是品味太甜，遇水则化，不能用于奶油蛋糕的装饰。

(2) 翻糖材料的储存和翻糖成品的储存。

①翻糖材料一定要用双层保鲜膜包裹好，放在密闭的保鲜盒中，在避光的阴凉处保存，否则会变干，变干后就无法再使用。

②制作过程中也要注意，等待塑型的翻糖也要及时盖好，防止与空气长时间接触。

③翻糖糖膏在温度很低时比较难操作，可以放在微波炉里用低功率略微加热。

④做好的翻糖成品放室温等到干燥变硬即可。不能放在冰箱里，因为冰箱中有水汽，翻糖会吸收水分而开始湿润。

⑤做好的翻糖成品放置时间长了会发生褪色现象。

(3) 翻糖的防粘。制作过程中，翻糖会很黏，不容易操作，所以通常应采取以下防粘措施。

①使用防粘工具：防粘垫、防粘擀面棍、防粘模具等。

②粉扑：做糖花的时候可以用沾有糖粉和玉米粉的粉扑拍案板或操作台面，起到防粘作用。

③涂油：操作前手上涂上白油，最好是固态油脂。猪油也可以，只是味道略重。

4. 糖纸花装饰

"糖纸花"是时下最受欢迎的新型蛋糕装饰利器。糖纸花易上手，与翻糖花相比，其材质更轻盈且不易受潮，从工作效率上来说更高，不论是花型还是色彩都可以做到最好的效果。

5. 蛋白糖装饰

蛋白糖是以蛋白为主料制作的一种糖，不仅可以做出各种各样的造型，上色也很容易，关键密封好后可以长时间保存，所以蛋糕师很喜欢用蛋白糖来装饰蛋糕。

6. 艾素糖装饰

艾素糖（又称益寿糖），与其他糖类相比，不容易导致蛀牙，艾素糖在熬制时可以不添加其他材料直接熬制，熬制出的糖浆透明度高，便于调色，而且艾素糖可以承受比砂糖更高的熬制温度，不容易出现因高温导致糖浆焦黄的问题。糖的塑型非常好，口感清甜，很适合做一些装饰小配件。

7. 巧克力装饰

①使用巧克力装饰，需要了解每种巧克力块的性能，有些熔点较高，有些较低，因而熔化巧克力的水温也有区别。熔点低的只需用50～60 ℃的水就可以熔化。而熔点高的需要80 ℃以上的水才可以完全熔化。在制作装饰线条的时候需要对巧克力进行调温，把一小部分切碎的巧克力和已熔化的温度在35 ℃左右的巧克力进行混合后搅拌溶解，这时温度就会降到28 ℃以下，巧克力会变稠，这样吊线条就不会散开，线条变得更有立体感。而铲花或铲卷的巧克力需要把巧克力搅拌时间稍延长，这样光泽度会更好。巧克力调温最佳的操作案台是大理石案台，不仅表面平滑，而且散热较快，铲起来更方便。铲花的巧克力在案台上尽量抹薄些，这样折纹才更有立体感。

②巧克力泥。巧克力泥一般是用巧克力、麦芽糖、砂糖和水调制而成的面团，可塑性比较好，制作的成品表面不易开裂，但制作时对室温要求较高，保存时间比较短。

③巧克力糖膏。将翻糖与巧克力泥按所需巧克力糖膏的软硬度进行配比，巧克力泥和翻糖按1∶1的配比进行揉和均匀（中等硬度，适用于糖衣）；巧克力泥和翻糖按3∶2的配比进行揉和均匀（质地较软，适用于糖衣）；巧克力泥和翻糖按照2∶3的配比进行揉和均匀（质地较硬，适用于糖衣、人偶塑形）。

巧克力糖膏的特点：可塑性强，没有太强的回弹性，用于制作人偶时，材质表面细腻，有光泽，制作过程中表面不易快速被风干，适用于新手捏制公仔人偶，可反复搓揉练习。

巧克力糖膏用于制作蛋糕糖衣，能够严丝合缝地贴服于蛋糕体表面；制作过程中表面不易快速风干，可以制作动物毛发等质感。成型后的蛋糕糖衣在室温下保存即可，与翻糖相比较不易被风干。

8. 水果装饰

新鲜水果在蛋糕表面进行拼摆造型，已成为裱花蛋糕制作的流行时尚。利用各种新鲜水果如芒果、荔枝、菠萝、橘子、杨梅、哈密瓜、草莓等，或四色裱花果占，如红莓、黄莓、青莓、透明果占等，在蛋糕表面拼摆成各种五颜六色、赏心悦目的图案，配合使用冷冻冷藏柜台，在炎热的夏季食用，将使蛋糕变得清凉、爽口、解暑、促进食欲。

9. 透明镜面果胶

透明镜面果胶是一种操作简单的蛋糕、面包表面上光剂，使用时需用果汁或水搅拌加热成液体，涂抹在水果表面上，形成光亮的镜面效果，使水果表面光亮持久，并起到水果保鲜、保色的作用。增添色素后可用于裱花装饰，在淡奶油打发时加入5%，可确保淡奶油不龟裂、耐冷藏。

10. 果酱

果酱在蛋糕中主要用于填充图案、花草点缀及作夹层用料等。

11. 果肉馅

果肉馅是一种带果肉的馅料，比较稠，用于面包、蛋糕等食品夹心或表面装饰。

12. 色素

蛋糕装饰所要表达的艺术美感离不开色彩。色彩的体现必须遵循食品的艺术原则，不但要体现食品的本色，还要体现食品的艺术情感。

在蛋糕装饰过程中，有时原料本身的色彩并不能满足加工制作的需要，就得通过添加一些食用色素来完成。食用色素按状态可以分为液态色素、胶状色素、膏状色素、色粉。

（1）液态色素是以水为基础，通常用来给糖霜、面团上色，相对用量少、安全、成本低。

（2）胶状色素呈浓缩的胶状，可以通过小挤瓶挤出来，通常用于需要明显上色的产品，如红丝绒蛋糕或渐变色蛋糕(蛋糕面糊、奶油、奶油霜、翻糖、马卡龙)，或者那些色素需要量不多的糖果或糖霜里。

（3）膏状色素是一种非常稠厚和浓缩的胶状色素，每次只需用牙签挑一点点就可以染色，非常耐用。

（4）色粉是一种完全干燥的粉状染料，没有添加任何液体。

三、蛋糕装饰的工具

用于蛋糕装饰的工具一般分为裱花转台、刀具、花嘴、花袋类、喷枪、翻糖专用工具等。

1. 裱花转台

裱花转台表面是一个圆形可转动的平台，在西餐面点中用于蛋糕的裱花装饰。根据材质分为塑钢、塑料、铝合金、有机玻璃4种，其中铝合金的质量最好。

2. 抹刀

抹刀用于将奶油均匀涂抹至蛋糕表面，由刀刃、刀面、刀尖、刀柄组成。手柄材质一般为木质，刀身为不锈钢，款式有直吻和曲吻，规格分为四寸、六寸、八寸、十寸等。

3. 裱花袋

裱花袋用来装打发的奶油、糖膏等裱花用物料，材质有塑料、棉布、硅胶三种，在尺寸大小的选择上也很多元化。

塑料材质一般为一次性使用，棉布和硅胶材质具有可重复清洗使用的特性，唯一要注意的就是在清洗的时候，最好使用温水清洗，因为过热的水温容易破坏裱花袋本身的材质，而且粘接处也较易裂开而导致无法再使用。

4. 裱花嘴

裱花嘴是用于定型奶油形状的工具，配合裱花袋使用，是裱花不可或缺的工具，一般是铁质或不锈钢材质。裱花嘴类型花样繁多，每个裱花嘴挤出的形状都不同，为了达到最佳的装裱效果，一般需选择不同形状的裱花嘴。

5. 裱花嘴转换器

裱花嘴转换器常用在可反复利用的裱花袋上。将转换器一端与裱花嘴套好，另一头装入裱花袋中，然后旋紧即可。

6. 喷枪

喷枪也叫喷笔，使用时将食用色素装进喷枪笔的喷壶内，通过气泵将色素浆雾化喷出。喷枪喷色最大的优势就是上色快，并且可以达到过渡色的效果，是其他上色方法无法达到的状态。

7. 翻糖蛋糕常用工具

（1）抹平器。抹平器用来抹平覆盖好翻糖皮的蛋糕表面及侧面褶皱，使蛋糕表面更光滑细腻，一般包蛋糕面时两个抹平器结合起来使用效果更好。

（2）轮刀。轮刀主要用来方便地切割擀好的翻糖皮。

（3）防粘垫。防粘垫的材质是耐高温的软胶垫，铺平在桌面上，在表面揉面团、擀面团都可以达到不粘的效果，并且底部表面非常的光滑。

（4）捏塑棒。捏塑棒主要是利用不同形状的头部来制作各种卡通动物和人物，也可以压出各种花瓣的纹路。有塑料和不锈钢两种材质，如球形捏塑棒两头的球形为不锈钢材质，每一个球体大小各不相同，以方便制作不同大小的作品，主要是用来制作花瓣的边缘弧度。

（5）花卉压模。不同的花卉有各自相对应的模具，模具边缘要略微有薄刀刃，这样才能很干净利落地压出边缘整齐的花瓣。

（6）海绵板。制作翻糖花卉时，海绵板是不可或缺的工具。海绵板比海绵的质地硬，但又比桌面柔软，把花瓣放在海绵板表面，利用球形捏塑棒在边缘滚压，使边缘花瓣变薄，形成自然的褶皱。海绵板特殊的质地使花瓣边缘可以压薄，但又不会因质地太硬而压破花瓣，是制作各种花卉的最佳选择。

（7）凹槽定型海绵。凹槽定型海绵是专门用来制作翻糖花瓣时的定型晾干工具，把完成的单个花瓣放在中间弧形部位，需要什么角度的弧度可以自由调节。定型海绵的最大功效就是透气性好，可以大大减少晾干时间，缩短成品制作时间。

（8）凹槽花瓣定型器。凹槽花瓣定型器是用来制作翻糖花卉的定型工具，与定型海绵的最大区别就是不光可以单独放入单片的花瓣晾干，而且可以将完成的圆形的花朵整体放入定型晾干。

（9）笔刷。各种笔刷可以用来涂黏合剂、刷花瓣颜色、在蛋糕上绘制图案，软毛的比塑料毛的好用。

四、蛋糕装饰的类型及手法

1. 装饰类型

（1）表面装饰。表面装饰，是通过一定的手法，经过艺术构思，借助丰富多彩的装饰原料，在蛋糕表面进行装饰的一类美化方法。

（2）夹心装饰。在蛋糕中间夹入装饰料进行装饰，既可以美化蛋糕，也可以提高其营养及风味，可夹入果酱、果冻、巧克力浆、奶油、果料等。

（3）造型装饰。造型装饰主要用于平面或立体造型艺术蛋糕的装饰。

（4）模具装饰。模具装饰是利用各种带花纹和文字图案的木制或塑料制成的模具进行装饰。

2. 装饰手法

（1）涂抹。涂抹是装饰工艺的初加工阶段，一般是把软质的装饰原料（如奶油制品）放在蛋糕表面，然后借助工具平铺均匀，使表面平整光滑，以便对蛋糕做进一步的装饰。

基本要领及要求：熟知抹料特性；刀具掌握要平稳，用力要均匀；正确掌握抹刀的角度，保证制品的光滑平整。

（2）淋。淋也称挂，它是将较硬的装饰材料，经过适当温度溶化成具有一定附着力的稠状液体后，直接淋在蛋糕的外表上，让其自然铺开，过程中逐渐冷却，使其表面凝固、平坦、光滑、不粘手，以取得自然的效果，这一操作过程称为淋。

淋的用料通常是巧克力。原料在淋时，一般为液态糊状，挂在蛋糕表面后，便立即凝结，成为固体，具有一定的脆性，如脆皮巧克力蛋糕。产生这样结果的原因是原料的性质和温度差。

（3）挤。挤是对蛋糕进行美化、再加工的过程。通过这一过程增加制品的风味，以达到美化外观、丰富品种的目的。

挤是将各种装饰用的糊状材料（如打发的鲜奶油等）装入带有裱花嘴的袋中，用手施力，使其从裱花嘴挤出花纹或造型的一种装饰方法。先将裱花嘴装入裱花袋中，用左手虎口抵住裱花袋的中间，翻开内侧，用右手将装饰材料装入袋中，切忌不要装得过满，装半袋为宜。材料装好后，将裱花袋翻回原状，同时把袋子卷紧，袋内空气自然被挤出，使裱花袋结实硬挺。挤时右手虎口捏住裱花袋的上部，同时手掌紧握裱花袋，左手轻扶裱花袋，根据需要对着蛋糕表面倾斜不同的角度挤出，此时原料经由裱花嘴和操作者的手法动作，自然形成花纹。

基本要领及要求：双手配合要默契，动作要灵活，只有这样才能挤出自然美观的花纹；用力要均匀，装入的物料要软硬适中，捏住裱花袋上部的右手虎口要紧；图案纹路要清晰，线条要流畅，大小要均匀，薄厚一致。

（4）捏塑。捏塑是将可塑性好的材料（如糖制品），用手指尖配合将制品原料粘在一起，做成各种栩栩如生的实物形态的动作。捏是一种有较高艺术性的手法，捏是一种艺术性强、操作比较复杂的手法，捏制手法往往需要配合其他操作手法来共同完成。用这种手法可以捏糖花、面人、寿桃及各种形态逼真的花鸟、瓜果、飞禽走兽等。捏不只限于手工成型，还可以借助工具成型，如钳子、镊子。捏塑制品的原料和装饰应具有可食性和观赏性。

（5）拼摆点缀。拼摆点缀是把各种不同的再制品或干鲜果品，按照不同的造型需要，准确摆放在蛋糕表面的适当位置上，使蛋糕造型更精美，以充分体现制品的艺术造型。

3. 装饰技巧

（1）装饰蛋糕的构图应遵循形式美的基本原则：多样与统一、对称与平衡、对比与调和、节奏与韵律。

①多样与统一。原料与造型的多样性，内容与形式的统一性，使装饰蛋糕的图形丰

富，有规律，有组织，不是单调、杂乱无章的。从纹饰、排列、结构、色彩各个组成部分，从局部到整体均应呈现出多样、统一的效果。

②对称与平衡。对称形式条理性强，有统一感，起到优美、活泼的效果，但要注重平衡，效果会更好。

③对比与调和。色彩之间的对比关系，可以增强色彩的鲜明度，产生活泼感。调和则相反，强调差距要小，具有共性，如颜色的调和给人一种宁静的感觉。两者结合，才能获得完整、生动的效果。

④节奏与韵律。装饰蛋糕边饰所运用的裱花手法，是通过各种线条的长短、强弱的变化，有规律地交替组合，表现出一种节奏感，而韵律则是节奏中体现的情感，是节奏的和谐。装饰蛋糕图案中各种形象的构成，形成各自的节奏，如不注意相互的搭配，会成为杂乱的画面，因此构图应首先着眼主要形式布局所形成的节奏，在此基础上，再考虑其他形式，如点、线、色块的节奏，使之成为富有韵律的作品。

裱花蛋糕的构图造型中各种花卉的装饰是重头戏，不同的花卉造型可以表达不同的释义，使装饰蛋糕成为情感的载体，如：玫瑰表示纯洁的爱；百合花表示百年好合，纯洁和庄重，事事如意；迎春花表示朝气蓬勃，喜气洋洋；向日葵表示崇拜、光辉和羡慕；康乃馨表示亲情与思念；牡丹表示荣华富贵，等等。

(2) 色彩的搭配。

缤纷色彩的千变万化，来源于红、黄、蓝三种原色，三种原色按不同比例混合就能产生光谱中的任何颜色。颜色是不能随便相配的，色彩的组合是有一定规律的。符合规律能给人以和谐之美，否则会产生不平衡，不能给人美的享受。

①色彩的对比与调和。

色彩对比，是指画面上两种色彩并列后所起的相互衬托作用，包括明暗对比与冷暖对比。这个原则，在蛋糕装饰中经常运用。例如，很多装饰都是以中间色(白色)或稍暗色作底，上面挤以绚丽明亮的暖色(红色)作花朵，再配以调成绿色的叶子作衬托，使得红色在整个画面中显得特别醒目，从而得到较好的艺术效果。

色调调和，是指在画面上的色彩能互相呼应，不会造成因色彩孤立而出现画面分割的现象，这点在制作平面型风景画的蛋糕装饰时，尤其要注意。例如，在制作高山时，近的高山应装饰成青翠草绿色，而远的高山为灰蒙蒙颜色，这样看起来才有真实感，如把所有的山都用青色装饰，那就没有层次，分不清远近了。

②色调和色彩配置。

色调，是指画面的色彩总和，即整个画面给人的总体的色彩感觉或色彩的效果。对蛋糕装饰来说也一样，色调对整个装饰面的主题有很大的烘托作用，对意境和情调也有很大的渲染作用。

色彩配置，在美术上是指两种和两种以上的色彩在画面上配置时所产生的表现效果。配置得当，就能创造一种明晰的、有特色的效果；配置不当，则给人以紊乱之感，或造成构图的不均衡之感。运用到蛋糕装饰中，就要求我们通过掌握使用颜色的选择，每一颜色的使用面积大小及它们之间的配置关系、对比关系，来达到美化蛋糕的目的。

③色的美感。

对蛋糕进行装饰时，组配工艺也是色彩美感的一个重要方面。利用食品原料本身的色彩美，通过调配，把它置于适当的位置、场合，就会获得赏心悦目的效果，如果处理不当则会失去美感。在食品制作过程中，有时原料的色彩并不能满足师傅们创作的需要，常需要借助人工合成色素。但选用这类色素时要严格控制使用量，否则会适得其反。

所以，在蛋糕装饰过程中，掌握色彩的基本知识，了解色彩的冷暖和色彩的语言，对烘焙师来说十分必要。在常用的食品原料中，大部分食品原料都有其自身的特有色彩，有些动植物原料通过加热处理后，还会发生色彩变幻的现象。正确地运用色彩学原理，在创作实践中充分发挥想象力和创造力，才能做出具有较高审美价值的蛋糕。

【技能训练】

❖❖ 技能目标
1. 掌握奶油打法、翻糖制作、蛋糕坯抹制、花边制作、花朵制作和字体制作的基本方法。
2. 能够运用不同装饰材料制作奶油蛋糕、水果蛋糕及翻糖蛋糕。

❖❖ 素质目标
1. 培养学生审美能力、艺术素养的综合素质。
2. 提升学生人文修养，传承优秀文化，陶冶情操，涵养美感。

> 情境导入
> 提拉米苏、巧克力堡、黑色甜蜜、巧克力小雪、鲜果塔……不断挑战味蕾的蛋糕师们不再仅仅满足于口味的变幻，而是将漂亮的"外衣"与设计融入蛋糕的制作，蛋糕装饰艺术应运而生。蛋糕师在进行蛋糕装饰时多采用夸张的手法，使蛋糕装饰艺术成为个人审美情趣与生活艺术相结合的视觉艺术。

任务一　奶油打法

一、淡奶油的打法

1. 任务准备
（1）仪器：打蛋机。
（2）材料：淡奶油、细砂糖、朗姆酒、蓝莓果泥。

2. 方案设计
（1）甜味淡奶油方案设计如表2-19所示。

奶油打法

表2-19　甜味淡奶油方案设计

原料	用量/g
淡奶油	100
细砂糖	8~10

(2)朗姆酒风味淡奶油方案设计如表 2-20 所示。

表 2-20　朗姆酒风味淡奶油方案设计

原料	用量/g
淡奶油	100
细砂糖	6~8
朗姆酒	3

(3)蓝莓风味淡奶油方案设计如表 2-21 所示。

表 2-21　蓝莓风味淡奶油方案设计

原料	用量/g
淡奶油	100
细砂糖	6~8
蓝莓果泥	20

3. 操作步骤

(1)摇匀。从冰箱中取出淡奶油,上下摇匀后,从一边开口。

(2)倒入。将淡奶油全部倒入搅拌缸,然后从包装底向开口端按压,把纸盒里残留的淡奶油全部挤入搅拌缸中,放入全部细砂糖/朗姆酒/蓝莓果泥。因为淡奶油只有奶味,直接食用口感不好,所以加入细砂糖/朗姆酒/蓝莓果泥等来调整口味。

(3)打发。淡奶油一般选择中速(160~180 r/min)打发,打发过程不换挡位,直至达到合适的硬度。打发过程为防止升温,也可以在底部放上冰水,保持温度在 10 ℃以下。

二、注意事项

保证容器洁净、无油、无水;淡奶油打发过程中需要低温打发,保持在 5~10 ℃;打发的速度不能太快也不能太慢,太快奶油不够稳定,太慢奶油不够蓬发。

六成发:提起打蛋器,淡奶油呈线状快速落下,呈浓稠酸奶状态,落下时略微留有痕迹,质地非常柔软,适合制作流心内馅、慕斯或芭芭露等。

七成发:提起打蛋器,淡奶油缓缓滑落,不会断裂,落入碗内留有痕迹,适合制作慕斯、奶盖或者冰淇淋。

八成发:提起打蛋器,打蛋器上留有淡奶油,淡奶油落下时,在打蛋器上呈倒三角形,适合奶油调色、蛋糕抹面或裱花。

九成发:提起打蛋器,打蛋器上的淡奶油不会落下,打蛋器内的淡奶油质地坚硬、纹路清晰,适合做蛋糕内馅或裱花。

十成发:淡奶油打发过度后,没有光泽,质地粗糙。为了恢复打发过度的淡奶油,可以加入适量五六成发的淡奶油。用打蛋器搅拌,重复此项操作,直到调整到想要的硬度。

任务二　翻糖制作

一、制作翻糖

1. 任务准备

（1）工具：翻糖专用擀面杖。
（2）材料：吉利丁片、葡萄糖浆、甘油、糖粉（多留出一些糖粉备用）、食用色素。

2. 方案设计

翻糖制作方案设计如表 2-22 所示。

表 2-22　翻糖制作方案设计

原料	用量
吉利丁片	2 片（10 g）
葡萄糖浆	120 mL
甘油	1 汤勺（15 mL）
糖粉	1 kg
食用色素	适量
温水	60 mL

3. 操作步骤

（1）熔化。将吉利丁片放入一碗冷水中浸泡 10 min，捞出，控净水，一次加入一片，与 60 mL 温水一起搅拌至熔化。

（2）混合。在熔化好的吉利丁溶液中加入葡萄糖浆和甘油搅拌至混合均匀，放到一边备用。

（3）搅拌。将糖粉过筛到一个大的搅拌盆内，将液体材料分次缓慢地倒入糖粉中，边倒入边搅拌，直到形成柔软的翻糖团。

（4）揉搓。在操作台上撒上些糖粉，将翻糖团放置其上。在手掌上搓上白油，然后揉入翻糖中，让其消除黏性，用手指将其揉搓到细腻光滑且柔软的程度。如果感觉太硬则可以加入一点水，如果太软就加入一些糖粉揉搓。当揉至所需要的柔软程度时，用保鲜膜包好保存备用。

二、注意事项

翻糖非常容易变干，只要稍微接触空气，很快就会变硬。因此必须注意随时用保鲜膜或保鲜袋包紧，建议把翻糖分成很多份，每份用保鲜膜包好，一次只取一份来用，确保剩下的翻糖不因反复打开而失水变干，减少损耗。

翻糖是白色的糖膏，可以揉入食用色素调色。用牙签蘸取一点液体食用色素蘸到柔软的翻糖面上，然后使用按压折叠的方式反复揉制使其颜色均匀。如果想要制作出带大理石般花纹的颜色效果，就将一种或者几种食用色素混入翻糖中，在擀开使用之前略微揉搓即可。如果大理石纹效果不是很好，就再重新揉制一遍。如果需要，也可以在风干定型之后，取适量色粉用干燥的笔刷在翻糖表面干刷上色，或者以食用乙醇溶解色粉，当成颜料湿刷上色。

任务三　蛋糕坯抹制

一、圆形蛋糕坯抹制

1. 任务准备
（1）工具：抹刀、转台。
（2）材料：打发至八成发的奶油。

圆形坯抹制

2. 操作步骤
（1）摆放工具。转台距离桌面边缘1拳头距离并摆放在合适的位置，人员距离桌面边缘2拳头距离，抹刀、塑料刮刀放置在转台右侧，毛巾叠放整齐放置在转台左侧。

（2）握抹刀。食指放在抹刀面中间，大拇指握住抹刀与手柄交界处，其余手指从另一侧握住手柄。

（3）抹表面奶油。将蛋糕放在转台上，将打到八成发的奶油舀到蛋糕正中间，抹刀刀头对准蛋糕的中心位置，抹刀与蛋糕平面呈15°夹角，左手轻转转台，右手依靠手腕的力量，将奶油以水平45°抹过去、推回来，一边推刀一边把奶油用力往下压，蛋糕表面逐渐均匀地铺满奶油。

（4）抹平表面。抹刀刀头对准蛋糕中心，并保持15°向内翻面，右手不动，左手逆时针转动转台，将蛋糕表面抹平。蛋糕表面抹平后，在转动的过程中，将抹刀轻轻抬起。

（5）抹侧面奶油。抹刀垂直于转台，同样右手按照抹刀15°向内翻面将奶油抹过去、推回来，左手轻转转台。抹的过程中如果奶油不够用，可以用抹刀从盆里多挑一些放在侧面补上。最终使得蛋糕侧面均匀地铺满奶油。

（6）抹平侧面。抹刀垂直于转台，并保持15°向内翻面，右手保持不动，左手转动转台，将侧面奶油面抹平，这时候顶部的奶油边缘必须高于蛋糕平面，否则顶部直角出不来。在转动的过程中，将抹刀轻轻抬起。

（7）收平顶面。现在不平整的奶油只有顶部边缘高出来的部分。将抹刀前面1/3的位置与蛋糕垂直点重合交集，轻轻地朝蛋糕中心位置抹平后收刀。换个方向继续抹平，每一次都要把抹刀擦干净再收下一刀，抹的动作要干脆、利落，不拖泥带水。这样一个圆形蛋糕坯的抹面就完成了。

二、注意事项

1. 抹侧面奶油时，抹刀一定与转盘垂直。
2. 抹刀一定拿稳、拿牢。

任务四 花边制作

一、水滴形边饰

1. 任务准备

(1)工具:裱花袋、圆口裱花嘴(圆口花嘴是最基本的裱花嘴。裱花时常用直径约 10 mm 的裱花嘴。直径更小的可以用来画出细腻的花纹或者写字)。

(2)材料:打发至八成发的奶油。

2. 操作步骤

(1)挤圆形。右手紧握裱花枪四指发力,左手托着裱花枪,使其成 45°角挤出奶油,倾斜花嘴,紧贴操作台,挤出想要的圆形。

(2)拉出。挤出圆形后不再用力,拉出水滴的形状,适当拉出一个小尾巴就可以。

(3)叠加。在收尾处继续挤出下一个叠加相连,使挤出来的水滴形状大小均匀、形状一致,重复此操作步骤。

二、贝壳形边饰

1. 任务准备

(1)工具:裱花袋、八齿锯齿裱花嘴。

(2)材料:打发至八成发的奶油。

贝壳边

2. 操作步骤

(1)挤贝壳形状。右手紧握裱花枪四指发力,左手托着裱花枪,使其与蛋糕表面成 45°角挤出奶油,挤的过程中花嘴微微向上抬起,形状圆润饱满之后向下拉,贝壳形图案就会呈现出来。

(2)重复叠加。挤出贝壳形后放松手劲,沿着蛋糕底座拉动裱花袋,使裱花嘴挤出的奶油形成一个尖角。重复此操作步骤,使挤出的每一个贝壳图案大小均匀、形状一致。

三、星状边饰

1. 任务准备

(1)工具:裱花袋、八齿锯齿裱花嘴。

(2)材料:打发至八成发的奶油。

2. 操作步骤

(1)挤星星形状。右手紧握裱花枪四指发力,使其与蛋糕表面成 90°角挤出奶油,挤出一个星星形状奶油。

(2)重复叠加。挤的过程用劲大小要一致,保证挤出来的花纹大小、形状一样。

任务五 花朵制作

一、玫瑰花

1. 任务准备

（1）工具：裱花袋、玫瑰裱花嘴、尖头裱花棒。

（2）材料：打至八成发的奶油。

玫瑰花

2. 操作步骤

（1）准备。左手拿尖头裱花棒，右手用裱花嘴（宽头朝下，窄头朝上，与裱花棒垂直）贴紧裱花棒。

（2）制作花心。左手转动裱花棒，右手带动奶油绕"n"字将裱花棒尖头包好，不能露出裱花棒尖头。

（3）第一层花瓣。第一层花瓣裱花嘴垂直90°的手法绕"n"字，共三片花瓣。花嘴尖贴住花心绕出第一片花瓣，第一层的第一片花瓣（俯视约占花心1/2，侧面看成n形）比花心略高一点。在第一层第一片花瓣中间位置开始绕"n"字，做出第二片花瓣于第一瓣开始位置结束，第二片花瓣要高于第一片花瓣。第三片花瓣的制作方法依然是用同样的手法转动花棒，在第二片花瓣中间的位置开始绕"n"字，在第二片花瓣起点位置结束。第三片花瓣高于第二片。第一层玫瑰花瓣制作完成。

（4）第二层花瓣。第二层花瓣是以花嘴倾斜75°的手法绕"n"字，共四片花瓣。第二层的前三瓣与第一层做法一致，第四瓣结束点在第二瓣开始的位置。

（5）第三层花瓣。第三层花瓣是以花嘴倾斜45°的手法绕"n"字，共四片花瓣。第三层相比前两层花瓣稍微向外摊开。第三层玫瑰花瓣尽量长短一致，让玫瑰花花形显得圆润，切记花瓣不要拉得太长。这样玫瑰花就制作完成。

二、康乃馨

1. 任务准备

（1）工具：裱花袋、裱花托、叶子花嘴、尖头裱花棒。

（2）材料：打至八成发的奶油。

2. 操作步骤

（1）奶油侧面调色。拿一根筷子顺着裱花袋从上往下掏出一个缝，在缝中从上往下挤入想要的颜色，使用筷子将颜色从上到下分布均匀，排出裱花袋中的空气。

（2）准备。左手拿尖头裱花棒并套上裱花托，右手用裱花嘴（宽头朝下，窄头朝上，与裱花棒垂直）贴紧裱花托。

（3）制作花心。左手转动裱花棒，右手左右摆动带动奶油绕"s"字将裱花托尖头包好。

（4）第一层花瓣。左手转动裱花棒，右手带动奶油绕"s"字，花瓣要一瓣挨着一瓣挤出,花瓣花纹清晰。

(5)第二层花瓣。左手转动裱花棒,右手带动奶油绕"s"字,花瓣略低于第一层花瓣,花瓣要一瓣挨着一瓣挤出,花纹清晰,尽量让康乃馨花形显得圆润些。这样康乃馨就制作完成。

任务六　字体制作

1. 任务准备

(1)仪器和工具:搅拌机、转台、裱花袋。

(2)材料:八成发奶油。

2. 操作步骤

(1)转台摆放。把转台放在适当的位置。

(2)制备裱花枪。把打发的奶油装入裱花袋,约 10 cm 长即可。先挤出少许在碗内,这样裱花袋开口的空气被挤出,奶油也不容易断裂。

(3)写字。双肩自然放松,裱花枪与蛋糕面成 70°左右的角度,枪尖与操作台的高度约为 1 mm,利用挤出力道的大小,描绘出或粗或细的线条,按标准要求写。

隶书

任务七　装饰蛋糕制作

一、奶油蛋糕

1. 任务准备

(1)仪器和工具:搅拌机、塑料刮刀、抹刀、转台、裱花袋、玫瑰裱花嘴、叶子裱花嘴、三角刮板。

(2)材料:打发至八成发的奶油、戚风蛋糕坯、芒果、色素。

2. 操作步骤

(1)切分蛋糕片。将海绵蛋糕分切成 3 片厚约 1.3 cm 的蛋糕片。切片时缓慢移动蛋糕刀,这样不会破坏蛋糕形状。

(2)第一片蛋糕夹心。将一片海绵蛋糕片放在转台上,用塑料刮刀将打到八成发的奶油舀到蛋糕上,边转动转台边用抹刀将奶油抹平。将夹心用的芒果切小丁,在奶油上铺满,不要留下空隙。

(3)第二片蛋糕夹心。将第二片蛋糕片盖上,轻轻按压,用塑料刮刀将打到八成发的奶油舀到蛋糕上,边转动转台边用抹刀将奶油抹平,铺满芒果丁,放上第三片蛋糕片,轻轻按压。

(4)抹面。蛋糕坯表面和侧面用八成发的奶油打底抹面,由于这款蛋糕表面遮挡物较少，需要把蛋糕坯抹得非常光滑、标准。

(5)侧面刮出花纹。边转动转台，边用三角刮板在侧面刮出纹路。用抹刀将边缘和底部多余的奶油抹掉(将三角刮板平放，匀速移动就能做出漂亮的纹路)。

(6)制作玫瑰花。使用玫瑰花裱花嘴挤出五朵红色玫瑰花，并分别摆放于蛋糕表面。

(7)制作玫瑰花叶子。使用叶子裱花嘴在玫瑰花周围挤出绿色叶片，这样玫瑰花会更逼真。

(8)写字。使用裱花袋在蛋糕表面写出"Happy Birthday"。

(9)制作"小爱心"。在蛋糕空白和周边画出一些红色"小爱心"。

(10)挤出贝壳花边。在蛋糕上面和蛋糕下面的周边挤出贝壳花边，这样一个奶油裱花蛋糕就完成了。

二、水果蛋糕

1. 任务准备

(1)仪器和工具：搅拌机、塑料刮刀、抹刀、转台、裱花袋、十齿型裱花嘴。

(2)材料：打发至八成发的奶油、戚风蛋糕坯、新鲜水果。

2. 操作步骤

(1)准备水果。将水果洗净捞出，草莓去蒂，黄桃和草莓切半。

(2)制作蛋糕夹心。从蛋糕坯上切2片厚度约为1.5 cm的蛋糕片，将其中一片放在转台的中心位置，上面涂上奶油，边转动转台边用抹刀将奶油抹平。将夹心用的水果切小块，在奶油上铺满，不要留下空隙，将第二片蛋糕片盖上，轻轻按压。

(3)抹面。蛋糕坯表面和侧面用八成发的奶油打底抹面，抹至平整、光滑。

(4)侧面装饰。边转动转台，边在侧面使用刮片放上花生碎。

(5)表面装饰。奶油装入裱花袋，用十齿型裱花嘴在蛋糕表面外周一圈裱上花边。在中间摆放漂亮水果造型。

三、巧克力淋面蛋糕

1. 任务准备

(1)仪器和工具：搅拌机、塑料刮刀、抹刀、转台、裱花袋、八齿型裱花嘴。

(2)材料：打发至八成发的可可奶油、可可戚风蛋糕坯、巧克力、车厘子、榛子碎、防潮糖粉。

2. 试验方法

(1)制作蛋糕夹心。从蛋糕坯上切2片厚度约为1.5 cm的蛋糕片，将其中一片放在转台的中心位置，上面涂上奶油，边转动转台边用抹刀将奶油抹平。把夹心用的巧克力铺在奶油上，将第二片蛋糕片盖上，轻轻按压然后涂上奶油，边转动转台边用抹刀将奶油抹平，和第一片蛋糕片操作方法一样。放上第三片蛋糕片，轻轻按压。

(2)抹面。蛋糕坯表面和侧面用八成发的可可奶油打底抹面，抹至平整、光滑。

(3)熔化巧克力。取1∶1的巧克力和淡奶油，用水浴加热至50 ℃左右至巧克力全部熔化，然后装入裱花袋中。

(4)制作巧克力淋面。待冷却至37 ℃左右，裱花袋剪一个小口，沿着中心旋转淋满蛋糕表面及外周。

(5)蛋糕表面装饰。将车厘子放在巧克力淋面上，在中间撒上榛子碎，最后撒上防潮糖粉。这样一款好吃的巧克力淋面蛋糕就做好了。

目标测试

一、名词解释
1. 蛋糕装饰　2. 色彩对比　3. 色调

二、填空题
1. 蛋糕装饰材料按原料性质可分为表面涂抹的_____原料和进行捏塑造型、点缀用的_____原料。
2. 食用色素按状态可以分为液态色素、_____色素、膏状色素和_____。
3. 裱花转台根据材质一般分为_____、_____、铝合金和_____4种。
4. 在色彩学上，把_____、_____、_____称为色彩三要素。
5. 暖色通常指_____、橙、_____三种颜色。

三、选择题
1. 植脂奶油一般保存方法是(　　)
   A. 冷藏　　　　B. 室温　　　　C. 冷冻　　　　D. 常温
2. 动物奶油一般保存方法是(　　)
   A. 冷藏　　　　B. 室温　　　　C. 冷冻　　　　D. 常温
3. 干佩斯常用来制作(　　)
   A. 包皮　　　　B. 糖花　　　　C. 人偶　　　　D. 姜饼屋
4. 奶油打发到(　　)适合抹面。
   A. 六成　　　　B. 七成　　　　C. 八成　　　　D. 九成
5. 吉利丁片使用前需要(　　)
   A. 软化　　　　B. 煮化　　　　C. 熔化　　　　D. 融化

四、简答题
1. 蛋糕装饰的目的是什么？
2. 在蛋糕装饰操作手法中，涂抹的基本要领及要求包括什么？

附：蛋糕质量分析

1. 蛋糕面糊不起发或体积膨胀不够

造成蛋糕面糊不起发或体积膨胀不够的影响因素很多，具体原因及解决方法如下。

(1)器具卫生不符合标准。在搅打蛋液时容器中若有油脂存在，由于油脂的消泡作用，蛋白膜会被拉断，气泡很快消失。所以要确保器具清洁。

(2)使用原料不新鲜。鸡蛋如果存储时间长，稀薄蛋白增多，浓厚蛋白减少。同时，稀薄蛋白表面张力降低，黏度下降，蛋液起泡性差，气泡不稳定。因此必须使用新鲜的鸡蛋。

（3）面糊搅拌时间控制不当。当搅拌不足时，面糊比重太大，面糊内充气量太少；当搅拌过度时，面糊内充气量过多，面糊稳定性和保气性下降，面糊调制时间过长，面糊内空气受到损失，因此应该严格控制搅打面糊的时间。

（4）环境温度影响。搅打蛋液时的环境温度太低或太高，鸡蛋都不易充气起泡。应通过控温设备调整操作间的温度。

（5）烘烤温度设置不当。炉温太高，上火过大，蛋糕定型过早，会出现"盖帽"现象，蛋糕难以起发膨胀。应根据实际情况调整炉温。

2. 蛋糕表皮颜色太深

蛋糕表面颜色太深主要是由配方或烘烤造成的，具体原因及解决方法如下。

（1）配方内糖的用量过多。蛋糕制作中糖的用量过多，烘烤时易于上色，故应适当减少糖的用量。

（2）炉温过高，烘烤时间长。蛋糕在烘烤过程中，如果炉温过高，尤其上火太强的话，表面快速受热，容易上色。此外烘烤时间长也会加深蛋糕表皮色泽，故应适当降低上火温度，根据实际情况调整烘烤时间。

3. 蛋糕表皮太厚

蛋糕表皮太厚主要是由烘烤温度和烘烤时间造成的，具体原因及解决方法如下。

（1）烘烤温度上火太高。烤制时上火过大，蛋糕过早定型，造成蛋糕表皮太厚，应注意炉温，适当降低上火温度。

（2）烘烤温度和时间设置不当。烤炉温度太低，蛋糕烘烤时间太长，水分过度蒸发，造成蛋糕表皮太厚，应根据烘烤蛋糕的品种和装盘数量设置合适的烘烤温度和时间。

（3）糖的用量过多。配方内糖的使用量太大，烤制时蛋糕着色反应太强烈，造成蛋糕表皮太厚。所以配方中糖的用量要适当。

4. 蛋糕在烘烤过程中塌陷

造成蛋糕塌陷的原因多种多样，任何一个制作步骤出了问题，都有可能引起蛋糕的塌陷，具体原因及解决方法如下。

（1）膨松剂用量太多。膨松剂使用过多，会使蛋糕结构变弱，造成顶部塌陷，呈 M 形。应适当控制膨松剂用量。

（2）小麦粉用量太少。由于配方中小麦粉的用量太少，形成的蛋糕组织太柔软，不能支撑蛋糕自身的重量，使蛋糕顶部向下凹陷。应适当增加小麦粉用量或使用中筋小麦粉。

（3）配方中水量过多。由于蛋糕面糊中总的水量多，面糊在烘烤时体积膨胀太大，冷却之后水蒸气凝结成水，蛋糕中的水分太多而导致组织塌陷，使其顶面不平向下凹陷。应适当减少水的用量。

（4）成熟定型前受到震动。可能因炉温不均匀，上下、前后进行串盘、倒盘时，造成蛋糕在炉内未定型前受到震动，导致跑气而收缩变形。所以蛋糕烤制过程中移动动作要轻，以免蛋糕受到震动而塌陷。

5. 蛋糕内部组织粗糙，质地不均匀

蛋糕内部组织结构除了受制作方法影响以外，配方中原料比例使用不当，也会影响蛋糕内部品质，具体原因及解决方法如下。

（1）搅拌不当。原料未混合拌匀，有部分原料未溶解，贴附在搅拌缸底或缸壁的原料未彻底搅匀，使得蛋糕内部组织粗糙，质地不均匀。故操作时要注意搅拌程序和规则，原料要充分拌匀。

（2）膨松剂使用过多，糖的颗粒太粗。膨松剂用量过多时，在烘烤中产生气体过多，使蛋糕的体积过于膨大，糖颗粒粗，容易造成溶解不彻底，最终造成蛋糕瓤组织粗糙，孔洞大小不均。制作时应注意配方平衡，膨松剂用量适当，尽量选择细砂糖并使其充分溶解。

（3）配方内柔性材料太多，水分不足。面糊太干时易造成蛋糕内部质地不均匀，故蛋糕配方中的糖和油的使用量不能太多，注意面糊的稀稠度。

6. 蛋糕风味及口感不良

（1）原料品质不佳。原料品质的好坏与特性会对蛋糕的风味与口感带来诸多影响，因此选用品质优良、新鲜的原材料就显得相当重要。

（2）香料调配不当或超量使用。香料的添加虽然能赋予焙烤食品以诱人的香气，但调配不当或超量使用，反而会对产品产生不利影响，应通过反复的实验调节，在规定范围内确定最佳添加量。

（3）冷却不彻底。蛋糕未冷却至适当温度时进行包装，水蒸气遇冷形成冷凝水，附着在蛋糕表面，易引起霉变，影响风味及口感，缩短保鲜期，所以要掌握正确的冷却与包装方法。

（4）包装及存储环境不卫生。包装及存储环境的不良气味会污染到蛋糕成品，影响其风味，所以要保证冷却包装设备、存放环境卫生符合要求。

模块三

饼干加工技术

项目一　饼干基础知识

【基础知识】

❖❖ 知识目标
1. 熟悉化学膨松剂的分类及作用原理。
2. 掌握油脂在饼干制作中的重要作用。

❖❖ 素质目标
1. 增强学生法律意识，形成食品安全观念，保障食品安全。
2. 提高识别食品掺假作伪的能力。

> **情境导入**
> 19世纪50年代的一天，法国比斯湾，狂风使一艘英国帆船触礁搁浅，船员死里逃生来到一个荒无人烟的小岛。风停后，人们回到船上找吃的，但船上的小麦粉、砂糖、奶油全部被水泡了，他们只好把泡在一起的面糊带回岛上，并将它们捏成一个个小团，烤熟后吃。烤熟的面团又松又脆，味道可口。为了纪念这次脱险，船员们回到英国后，就用同样方法烤制小饼吃，并用海湾的名字"比斯湾"命名这些小饼，这就是"饼干"名字的由来。

一、饼干的灵魂——膨松剂

在食品加工中，膨松剂广泛应用于面包、蛋糕、饼干、点心等焙烤食品中。一般情况下，膨松剂在和面过程中加入，在烘烤时受热分解产生气体使面坯起发，在内部形成均匀、致密的多孔性组织，从而使产品具有酥松、膨松或松软的特点。

膨松剂按化学成分的不同，可分为化学膨松剂和生物膨松剂，本节主要介绍化学膨松剂。化学膨松剂可分为碱性膨松剂、酸性膨松剂和复合膨松剂。

1. 碱性膨松剂

（1）碳酸氢钠（$NaHCO_3$）。碳酸氢钠又名小苏打，白色粉末状固体，无臭、味咸，在温度为60~150℃时易分解，加热到270℃时会失去全部二氧化碳，每千克小苏打约产气0.26 m^3，遇酸也强烈分解。

分解反应式：$2NaHCO_3 \xrightarrow{加热} Na_2CO_3 + CO_2\uparrow + H_2O$

小苏打分解时产生的碳酸钠残留于食品中往往会引起质量问题。饼干加工过程中，小苏打若使用过多，则会使成品碱性升高，口味变差，饼干呈暗黄色（这是由于碱和小麦粉中的黄酮醇色素发生显色反应）。

饼干用小苏打作为膨松剂,可以扩大产品表面积。这是因为小苏打可以溶解面筋,减少面筋筋力,消除由于面筋筋力使产品表面难以伸张的影响。同时小苏打可以增加饼干的颜色,但使用量过多会产生负作用。

(2)碳酸氢铵。碳酸氢铵在较低的温度(30~60 ℃)时就可完全分解,产生二氧化碳、水和氨气。因为所产生的二氧化碳和氨气都是气体,所以疏松力比小苏打和其他膨松剂都大。产生气体量为小苏打的2~3倍。

分解反应式:$NH_4HCO_3 \longrightarrow NH_3\uparrow + CO_2\uparrow + H_2O$

由于分解温度较低,往往在烘烤初期就产生大量的气体而分解完毕,不能持续有效地在饼坯凝固定型之前发挥疏松作用,因而不宜单独使用。另外,碳酸氢铵在加热时产生强烈刺激性的氨气,虽然氨气易挥发,但产品中还会有部分氨气溶解在水中产生不良风味。

焙烤食品中常用小苏打和碳酸氢铵的比例见表3-1。

表3-1 焙烤食品常用小苏打和碳酸氢铵的比例

焙烤食品	小苏打/%	碳酸氢铵/%
酥性饼干	0.5~0.6	0.2~0.3
韧性饼干	0.7~0.8	0.35~0.4
甜酥饼干	0.3~0.4	0.15~0.2
酥性糕点	0.45~0.6	0.2~0.6

2. 酸性膨松剂

(1)硫酸铝钾。硫酸铝钾又称钾明矾、明矾或钾矾。硫酸铝钾为无色透明、坚硬的大块结晶、结晶性碎块或白色结晶性粉末,是含有结晶水的硫酸钾和硫酸铝的复盐。《食品安全国家标准 食品添加剂使用标准》(GB 2764—2024)规定,硫酸铝钾作为膨松剂、稳定剂,豆类制品、面糊(如用于鱼和禽肉的拖面糊)、裹粉、煎炸粉、油炸面制品、虾味片、焙烤食品可按生产需要适量使用,但铝的残留量要小于或等于100 mg/kg;腌制水产品(仅限海蜇)可按生产需要适量使用,但铝的残留量要小于或等于500 mg/kg。

(2)硫酸铝铵。硫酸铝铵又称铵明矾、铵矾或铝铵矾,无色或白色结晶,或结晶性粉末/片/块。硫酸铝铵是我国常用的食品添加剂,在正常使用量范围内,无明显的毒性影响。硫酸铝铵的应用范围及限量同硫酸铝钾。

(3)磷酸盐。用作膨松剂的磷酸盐主要有磷酸氢钙、无水磷酸一钙、磷酸二钙、磷酸铝钠和不同级别的酸式焦磷酸钠。常用的是磷酸氢钙,它是一种白色结晶性粉末。磷酸盐在食品加工过程中并不直接产生气体,一般是作为复合膨松剂中的酸性盐,与碳酸等作用产生气体,从而使产品膨松。《食品安全国家标准 食品添加剂使用标准》(GB 2764—2024)规定,磷酸盐作为膨松剂、水分保持剂和酸度调节剂,可用于焙烤食品。

(4)酒石酸氢钾。酒石酸氢钾又称酸式酒石酸钾或塔塔粉,无色或白色斜方晶系结晶性粉末,无臭,有清凉的酸味。酒石酸氢钾多作为复合膨松剂的原料,也可在小麦粉及其制品、焙烤食品中按生产需要适量使用。

3. 复合膨松剂

为了克服上述膨松剂的缺点,人们研制出了性能较好的专门用来胀发食品的复合膨松剂。复合膨松剂是小苏打(20%~40%)配入可食用的碳酸盐(35%~50%)，再加淀粉或小麦粉(10%~40%)为充填剂而制成的一种混合物。小苏打和碳酸盐发生中和反应而产生气体。充填剂的作用在于增强膨松剂的保存性，防止吸潮结块和失效，也有调节气体产生速度或使气体均匀产生等作用。

4. 膨松剂的作用

（1）使制品内部形成多孔性组织，使产品膨松。在膨松剂作用下，通过化学变化、相变和气体热压效应原理，使被加工物料内部产生气体，气体迅速升温气化，增压膨胀，并依靠气体的膨胀力，带动食品组织分子中高分子物质的结构变化，使之成为具有网状组织结构的多孔状物质。

（2）改善制品的口感。膨松剂可以使食品产生松软的组织结构，体积膨大，咀嚼时能使唾液很快渗入制品的组织中，以透出制品中的可溶性物质，进而刺激味觉神经，从而使制品的风味更加突出。

（3）促进食品的消化吸收。由于制品的多孔性，当食品进入消化系统后，各种消化酶能快速进入食品组织中，使食品能被快速地消化和吸收，从而提高食品的营养吸收率，避免营养损失。

知识拓展

非法添加物不属于食品添加剂

食品添加剂是指为改善食品品质和增加色香味，以及为防腐、保鲜和加工工艺的需要而加入食品中的人工合成或者天然物质(食品用香料、胶基糖果中基础剂物质、食品工业用加工助剂也包括在内)。

我国目前批准使用的食品添加剂有2 000多种，按照功能划分为22个类别，有防腐剂、膨松剂、香料、着色剂(色素)、甜味剂等，其中香料种类最多。每种添加剂有着不同的作用，如抗氧化剂能防止或延缓油脂或食品成分氧化分解、变质，提高食品稳定性；水分保持剂有助于保持食品中的水分。

目前市面上已经批准使用的食品添加剂都是经过安全性评估的，按照要求规范使用就不会给消费者的健康带来损害；而且即使一天吃多种食品，也不会造成食品添加剂摄入过量，因为国家在制定添加剂标准时，已经按照膳食调查情况确保了合理的摄入量。

近几年发生的吊白块、瘦肉精、苏丹红、孔雀石绿等事件，都属于不法商家在食品加工中添加国家禁止使用的非法添加物，给消费者带来添加剂不安全的感觉。

二、饼干的魅力——油脂

油脂是焙烤食品的一种重要组分。其重要性因产品类型而异。

油脂最基本的作用是改善焙烤食品的柔软性和酥松度。对于各种饼干和糕点来说，油脂的作用极为重要。油脂能够以条状、薄片状和球状分散到面团之中，由于油脂的隔离作用，使已形成的面筋不能相互黏合形成大的面筋网络，致使淀粉和面筋之间不能结合，从而降低了面团的弹性和韧性，增加了面团的可塑性，润滑了制品的结构，从而达到起酥的效果。其次，由于油脂的疏水性，限制了面筋蛋白的吸水作用，阻止了面筋的形成，使组织变得松散。面团中含油脂越多其吸水率越低，一般每增加1%的油脂，小麦粉吸水率相应降低1%。

影响油脂起酥性的因素有以下几点。

(1) 固态油脂比液态油脂的起酥性好。固态油脂中饱和脂肪酸占绝大多数，其稳定性好。固态油脂的表面张力较小，油脂在面团中呈片状、条状分布，覆盖小麦粉颗粒表面积大，起酥性好；而液态油脂表面张力大，油脂在面团中呈点状、球状分布，覆盖小麦粉颗粒表面积小，并且分布不均匀，故起酥性差。因此，制作多层次的糕点时必须使用黄油、人造奶油或起酥油等固态油脂。

(2) 油脂的用量越多，起酥性越好。

(3) 温度影响油脂的起酥性。因油脂中的固体脂肪指数和可塑性与温度密切相关，而可塑性又直接影响油脂对小麦粉颗粒的覆盖面积。

(4) 蛋、乳化剂、乳粉等原料对起酥性有辅助作用。

(5) 油脂和面团搅拌混合的方法及程度要恰当，乳化要均匀，投料顺序要正确。

知识拓展

不同饼干油脂的要求

饼干用油应具有较好的风味及氧化稳定性。此外，不同的饼干对油脂还有不同的要求。

1. 韧性饼干用油脂

韧性饼干的工艺特性，要求面筋在充分水化条件下形成面团。所以，一般不要求高油脂，以占小麦粉总量的20%以下为宜。普通饼干只用6%~8%的油脂，但因油脂对饼干口味影响很大，故要求选用品质纯净的油脂为宜。对配方中添加小麦粉量4%~20%油脂的饼干，更应使用具有优质风味的油脂，如黄油、优质猪油等。即使配方中油脂很少，如果油脂本身风味好，也可使饼干获得味香、可口的效果。

2. 酥性饼干用油脂

酥性饼干用油脂量较多，一般占14%~30%，甜酥性曲奇类饼干则属高油脂，通常用量为40%~60%。由于酥性饼干调制面团时间很短，所以要求油脂乳化性优良，起酥性好，但油脂用量大会造成走油现象，使饼干品质变差。甜酥性的曲奇饼干应选用优质黄油。

3. 苏打饼干用油脂

苏打饼干的酥松度和它的层次结构是衡量成品质量的重要指标，因此，亦要求使用起酥性与稳定性兼优的油脂。猪油的起酥性能使苏打饼干具有组织细密、层次分明、口感松脆的效果。植物性起酥油对改善饼干层次有利，但疏松度较差，因此，可以把植物油与猪油混合使用，两种油脂互补，制成的苏打饼干品质优良。

目标测试

一、名词解释

1. 膨松剂　2. 复合膨松剂

二、填空题

1. 按化学成分不同，膨松剂可分为_____、_____、_____。
2. 常见的碱性膨松剂有_____、_____。
3. 复合膨松剂的成分一般为_____、_____、_____。
4. 油脂在饼干制作中最基本的作用是改善_____、_____。
5. 油脂的用量_____，起酥性越好。

三、选择题

1. (　　)是以小麦粉、油脂等为主要原料，添加酵母，经调粉、发酵、辊压、成型、烘烤制成的，具有发酵制品特有香味的酥松或松脆的饼干。
   A. 酥性饼干　　　　B. 韧性饼干　　　　C. 压缩饼干　　　　D. 发酵饼干

2. (　　)是以谷类粉、糖、油脂等为主要原料，添加乳制品及其他配料，经冷粉工艺调粉、采用挤注或挤条、切割或辊印方法中的一种形式成型、烘烤制成的口感酥松的饼干。
   A. 酥性饼干　　　　B. 韧性饼干　　　　C. 曲奇饼干　　　　D. 发酵饼干

3. 饼干中油脂用量最多的是(　　)。
   A. 酥性饼干　　　　B. 韧性饼干　　　　C. 曲奇饼干　　　　D. 发酵饼干

4. 在食品加工过程中加入的、能使产品起发形成致密多孔组织，从而使制品具有膨松、柔软或酥脆特点的物质是(　　)。
   A. 酸性物质　　　　B. 膨松剂　　　　C. 酵母　　　　D. 添加剂

5. (　　)分解时会产生氨气，残留于食品中往往会引起质量问题。
   A. 小苏打　　　　B. 泡打粉　　　　C. 酵母　　　　D. 碳酸氢铵

6. (　　)由于分解温度过低，往往在烘烤初期就产生大量的气体而分解完毕，不能持续有效地在饼坯凝固定型之前连续疏松，因而不能单独使用。
   A. 小苏打　　　　B. 泡打粉　　　　C. 酵母　　　　D. 碳酸氢铵

7. 复合膨松剂成分一般为小苏打(20%～40%)配入可食用的碳酸盐(35%～50%)，再加入(　　)(10%～40%)为充填剂而成的一种混合化学药剂。
   A. 淀粉或小麦粉　　B. 糯米粉　　　　C. 干燥剂　　　　D. 酵母粉

8. 属于酸性膨松剂的是(　　)。
   A. 小苏打　　　　B. 明矾　　　　C. 酵母　　　　D. 碳酸氢铵

9. 苏丹红、三聚氰胺属于食品添加剂，这句话是(　　)的。
   A. 正确　　　　B. 错误

10. (　　)是指为改善食品品质和色香味，以及为防腐、保鲜和加工工艺的需要而加入食品中的人工合成或者天然物质。
    A. 食品添加剂　　　B. 着色剂　　　　C. 芳香剂　　　　D. 防腐剂

四、简答题

1. 常见的化学膨松剂有哪些种类?
2. 为什么不能单独使用碳酸氢铵作为饼干膨松剂?
3. 膨松剂的种类有哪些?
4. 复合膨松剂的成分有哪些?
5. 食品添加剂的主要作用有哪些?

项目二　饼干制作方法

【基础知识】

❖❖ 知识目标
1. 熟悉饼干制作的工序。
2. 掌握典型饼干制品在加工方法上的差异。

❖❖ 素质目标
1. 通过知识探索，培养学生良好的学习习惯和方法。
2. 提升动手操作的能力，体会在操作中的劳动之美。

> **情境导入**
> 　　饼干是我们生活中常见的甜点，种类很多，世界各地的饼干口感各具特点，如英式苏打饼干"厚而酥"；美式苏打饼干"薄而脆"。饼干之所以会呈现出不同的特点，与饼干制作中所选择的原料和加工工艺有关。

一、面团调制

面团调制就是将预处理过的原辅料按照要求配制好，在和面机中制成所需的面团或浆料的过程。生产不同类型的饼干，面团调制在工艺上区别很大。

面团调制是否适当，直接影响产品的外形、花纹、疏松度及内部的结构等。这不仅对产品质量有重要的影响，而且对成型操作是否顺利进行起着决定性的作用。所以，面团调制是饼干生产中十分关键的一道加工环节。

1. 面团形成的基本过程

（1）蛋白质和淀粉的吸水过程。面团的调制，不仅是各种材料简单的物理混合，还是一系列化学作用的结果。在调制过程中，面筋蛋白和水相遇，水分子与蛋白质的亲水基团相互作用形成水化离子。随着搅拌的进行，蛋白质胶粒吸水。吸水是放热反应，此时吸水量不大，体积增加不明显，有部分小麦粉粒子尚未接触到水分，呈干粉状态，配料中的其他成分也没有被搅拌均匀。这一阶段物料呈分散的非均匀状态，是蛋白质胶粒水化的第一步。

（2）面团的形成过程。蛋白质胶粒表面吸水后，在机械的不断搅拌下，物料与水分逐渐混合均匀，干粉减少，蛋白质胶粒和淀粉也不断吸收水分，并使水分进入胶粒内部，这就是蛋白质胶粒水化的第二步。由于蛋白质胶粒内部有分子质量低的可溶性物质存在，当吸水作用进一步进行时，就形成了足够的渗透压，水分子便以渗透和扩散的方式进入蛋白质胶粒内部，使胶粒吸水量增大。吸水作用的结果，使蛋白质胶粒之间形成一种连续的膜状基质,并将同时也吸收水分的淀粉颗粒覆盖而结合在面团内。从物理状态上看,面团的体积会显著膨胀,这就是面筋的胀润,面团也就初步形成了。在面团形成的过程中,吸收到胶粒内部的水称为结合水。分布在胶粒表面的水称为附着水,充塞于面筋网络结构中。

(3)面团的成熟。初步形成的面团,在搅拌桨叶的继续搅拌下,其中的面筋网络与其他物料的结合程度差异减少,水分分布均匀。整个面团的调制达到成熟阶段,此时面团软硬适度,弹性和可塑性适当,光滑而柔润。

2. 影响面团形成的主要因素

(1)小麦粉中蛋白质的质量。吸水后的小麦蛋白质分子互相结合,形成具有一定弹性和黏性、不溶于水的胶状物(面筋),它是形成焙烤食品的骨架。由于小麦粉中所含蛋白质的种类与比例不同,形成面筋的数量与性质也各不相同。其中麦谷蛋白是高分子量蛋白质,它对面团面筋性质起重要作用。分子量大的蛋白质分子表面积大,容易产生非共价键的聚合作用,部分剩余蛋白质的碎片起到了侧向黏结的作用,可以抵抗骨架的歪扭并带有一定的弹性。分子量较小的麦胶蛋白只能形成不太牢固的聚合体,但也能促使面团的膨胀。

面筋蛋白吸水膨胀的程度与面团调制时加水的速度、温度、混合物料的投料次序、搅拌时间以及调制方式都有关系。例如,加水缓慢就会使面筋蛋白吸水迅速而充分,反之则吸水缓慢。

各种小麦粉因其种类不同,吸水力也不同。面筋蛋白越多、灰分越少的小麦粉吸水量越大。在制粉工艺中,淀粉粒受伤较多,或小麦粉的原含水量低、粒度细时,都会使小麦粉在调制面团时吸水量增加。

(2)糖、油的反水化作用。糖有强烈的反水化作用,油脂的反水化作用虽不像糖那样强烈,但也具有明显的反水化特性。小麦粉中面筋蛋白吸水胀润的第二步反应,是依靠胶粒内部的浓度所产生的渗透压力使水分子以扩散的方式渗透到蛋白质分子中去,这一过程使面团吸水量增大,形成了大量面筋,面团弹性增强,黏度降低。如果面团中含有较多的糖,特别是调制时加入了糖浆,由于糖较强的吸湿性而吸收蛋白质胶粒之间的游离水,使胶粒外部浓度增加,胶粒内部的水分向外转移,从而降低蛋白质胶粒的胀润度,造成面团调制过程中面筋形成程度降低,弹性减弱,这就是糖在面团调制过程中的反水化作用。每增加1%的糖,面团的吸水率大约降低0.6%。双糖的反水化作用比单糖强。

油脂的反水化作用是因为油脂与小麦粉相遇时附着在蛋白质分子表面,形成一层不透性的油膜,阻止水分子向蛋白质胶粒内部渗透,同时减少了表面毛细管的吸水面积,面筋吸水量减少,且得不到充分胀润。另外,油脂的存在也使蛋白质胶粒之间的结合力下降,面团弹性降低,韧性减弱,这种作用随着油脂温度的升高而变得更为强烈。

(3)调制面团的温度。温度是形成面团的主要条件之一。面团的温度越低,面筋的结合力也就越差,起筋变得迟缓。反之,面筋蛋白的吸水力会增大,其胀润作用就会增强。当温度达到30 ℃时,面筋蛋白胀润度就会达到最大。在此温度条件下,如果加水充足,蛋白质吸水量可以达到150%~200%。此时,淀粉的吸水量也可达到自身质量的30%。淀粉粒吸收的主要是吸附水,故体积增加不大。但随着温度升高吸水量增大,如达到糊化温度53~64 ℃时,淀粉大量吸收水分,体积膨胀,黏度也大幅度增加。总之,面团温度要根据小麦粉中面筋的含量、特性、水温、油脂等辅料使用情况灵活掌握。

(4)加料顺序。小麦粉与其他原辅料的混合顺序与面团中面筋的形成有很大关系。当需要面团有较大韧性时,可在小麦粉中直接加水搅拌均匀。若需要面团可塑性较大时,就应先将糖、油脂、乳粉与水混合均匀,然后再投入小麦粉搅拌,也可先将小麦粉与油脂拌匀,再加入其他原辅料及少量水进行搅拌,以减少面团起筋。

(5)调制时间。若要使面团充分形成面筋,混合时间宜适当延长,并且某些面团在搅拌后还要放置一段时间,以便使面筋继续形成。对于需要面筋量少的面团,调制时间应适当减少。

(6)调制方式。一般使用和面机进行面团调制。由于各类饼干制品的要求不同,因此对搅拌机桨叶与搅拌速度的选择也不同。面团搅拌时间长容易起筋,但时间过长,面筋又会被拉断从而失去弹性。因此,调制韧性面团时可用卧式双桨及立式双桨和面机(不宜用单桨式,因桨叶容易断裂);调制酥性面团时,可用含有作用面较大的桨叶(如肋骨形桨叶)的和面机,其剪断力较大,可控制面团的筋力。另外,还可通过调节搅拌桨叶的旋转速度来改善面团的性能。

3. 各种面团的调制

(1)韧性面团调制。韧性面团与一般酥性面团不同,它是在蛋白质充分水化的条件下调制而成。该面团要求具有较强的延伸性和适度的弹性,柔软而光润,并且具有一定的可塑性。用这种面团调制成的饼干胀发率比酥性饼干大得多。韧性面团俗称"热粉",这是因为面团在调制完毕时具有比酥性面团更高的温度。

韧性面团的调制主要分两个阶段完成。第一阶段是使小麦粉在适宜条件下充分胀润。开始时面筋蛋白颗粒的表面首先吸水,然后水分向面筋内部渗透,最后内部吸收大量水分,体积膨胀,面筋蛋白充分胀润,面筋蛋白水化物彼此联结起来,面团内部逐渐形成网状结构,结合紧密,软硬适度,具有一定的弹性。第二阶段是使已形成的面筋在搅拌机的不断搅拌下被拉伸撕裂,弹性降低。此时,面团中蛋白质网络被破坏,弹性降低,面团流变性增加,弹性显著减弱,这便是面团调制完成的重要标志。

韧性面团所发生的质量问题大部分是由于面团未充分调透,面团调制操作中未曾很好地完成第二阶段的全过程,操作者误认为面团已经成熟而进入辊轧和成型工序所致。当然,也并不排除确有火候过大的情形。为调制好韧性面团,应注意以下几个方面。

①正确使用淀粉原料。调制韧性面团时,通常需要使用一定量的小麦淀粉或玉米淀粉作为填充剂,使用淀粉的目的是稀释面筋浓度,限制面团的弹性,还可以适当缩短面团调制时间,而且也能使面团光滑,黏性降低,可塑性增加,成品饼干形态好,花纹保持能力增强。一般淀粉的使用量为小麦粉的5%~8%,若淀粉使用过量,不仅会使面团的黏结力下降,还会使饼干胀发率减弱,破碎率增加,成品率下降。反之,若淀粉使用量不足5%,则稀释面筋的效果不明显,起不到调节面团胀润度的作用。

②控制面团的温度。韧性面团调制时温度较高,在生产上要注意控制好面团调制温度,一般控制在38~40℃,这样有利于降低其弹性、韧性、黏性,使后续操作顺利进行,提高制品质量。如果面团温度过高,面团易发生走油和韧缩现象,使饼干变形,保鲜期缩短;如果温度过低,所加的固态油易凝固,使面团变得硬而干燥,面带断裂,成型困难,色泽不均。另外温度过低,所加的面团改良剂反应缓慢,起不到降低弹性、改变组织的作用,影响质量。因此,冬季可使用90~100℃的糖水直接冲入小麦粉,这样在面团调制过

程中就使部分面筋变性凝固,从而降低湿面筋的形成量,同时也可以使面团温度保持在适当范围内。冬季有时还可以采用将小麦粉预热的办法来确保面团有适宜的温度,夏季则需用冷水调面。

③添加改良剂。添加面团改良剂可以调节面筋的胀润度和控制面团的弹性及缩短面团的调制时间。常用面团改良剂为含有 SO_2 基团的各种无机化合物,如亚硫酸氢钠和焦亚硫酸钠等。

④掌握面团的软硬度。韧性面团通常要求软些,一般使用热水调制,这样可使面团调制时间缩短,延伸性增大,弹性减弱,成品酥松度提高,面片压延时光洁度高,面带不易断裂,操作顺利,质量提高。面团含水量应保持在 18%~21%。

⑤面团的静置。在使用筋力强的小麦粉或面团弹性过强时,在面团调制完成后采取静置 15~30 min 再生产的办法来降低弹性。面团经长时间的搅拌拉伸、揉捏,产生一定强度的张力,并且面团内部各处张力大小分布很不均匀。面团调制完毕后内部张力一时还降不下来,这就要将面团放置一段时间,使拉伸后的面团恢复其松弛状态,内部的张力得到自然降低,同时面团的黏性也有所降低。面团在静置时为防止表面干燥形成硬皮和温度降低,应用布将面团覆盖好,并注意防止被冷风吹。静置是面团调制过程中不可或缺的。

⑥面团调制终点的判断。面团调制好后,面筋的网状结构被破坏,面筋中的部分水分向外渗出,弹性减弱。此时面团表面光滑,颜色均匀,手感柔软,有适度的弹性和可塑性;撕开面团,其结构如牛肉丝状;用手拉伸则出现较强的结合力,拉而不断,伸而不缩。

(2)酥性面团的调制。酥性面团要求具有较大的可塑性和一定的弹性。在操作过程中还要求面团有结合力,从而不至于断裂,也不会粘滚筒和模具。成型后的饼坯有良好的花纹保持能力,形态不收缩变形,烘烤时具有一定的胀发能力,成品花纹清晰。为此,酥性面团在调制中应遵循有限胀润的原则,适当控制面筋蛋白的吸水率,根据需要控制面筋的形成,限制其胀润程度,才能使面团获得一定的弹性。在具体调制时应注意以下几个问题。

①投料顺序。酥性面团调制操作之前应先将油脂、糖、水(或糖浆)、乳制品、蛋、膨松剂等辅料投入和面机中预混均匀,使混合液充分乳化形成乳浊液。在形成乳浊液的后期加入香精、香料,这样可以防止香味过量挥发。辅料预混结束后,再加入小麦粉进行面团调制操作。这样的配料顺序不仅可以缩短面团的调制时间,还可以使小麦粉在有一定浓度的糖浆及油脂存在的状况下吸水胀润,从而限制面筋蛋白吸水,控制面团的起筋。如果不按照这样的顺序进行投料,而是先投入小麦粉然后再加水和各种辅料,那么部分小麦粉就会与水直接接触,造成蛋白质胶粒迅速吸水胀润,不能达到有限胀润的目的,从而使面团弹性增大、可塑性减弱,由此引发出一系列的质量问题。

②糖和油脂的用量。糖和油脂都具有反水化作用,是控制面筋胀润度的主要特性,所以在酥性饼干面团中糖和油脂的用量都比较高。一般糖的用量可达小麦粉用量的 32%~50%,油脂也要使用到小麦粉用量的 30%~50% 或更高一些。

③加水量与软硬度。酥性面团在调制时,加水量与湿面筋的形成量有密切关系,加水不能太多。同时也要注意面团调制时不能随便加水,更不能一边搅拌一边加水。

酥性面团调制得不能太软,过软的面团含水量高,易形成大量的面筋;过硬的面团无结合力而影响成型，所以要严格控制面团的含水量。酥性面团的含水量为16%~18%，甜酥性面团的含水量为13%~15%。

④加淀粉和头子量。在面团调制中添加淀粉的目的是为了降低面筋含量和吸水率，这是控制面筋形成的一个重要措施。淀粉几乎不含蛋白质，用面筋含量较高的小麦粉调制酥性面团时加入淀粉，就可使面团的黏性、弹性和结合力适当降低。但淀粉的添加量也不宜过多，只能使用小麦粉量的5%~8%，过多使用就会影响到饼干的胀发力和成品率。有些生产过程中会产生头子，头子就是饼干成型工序中在使用冲印或辊切成型时分离下来的面带部分。头子应返回到前道工序中重新进行制坯，其中一部分要在面团调制时加入和面机中，另一部分要在辊轧面带时加入。头子因经多次辊轧和较长时间的胀润，其内部含有较多的湿面筋，而且弹性较大。如果把头子大量加入正在调制的面团中，势必要增加面团的筋力，所以不可过多使用，一般掺入新鲜面团量的10%~13%。

⑤面团调制温度。酥性面团属于冷粉，调制好的面团要有较低的温度。面团温度过高，会提高面筋蛋白的吸水率，增加面团的筋力，使高油脂面团中的油脂外溢，给后续操作带来很大的困难。面团温度太低，会使面片表面黏性增大而易粘滚筒，不利于操作，同时结合力较弱，影响操作，致使表面不光、花纹不清。因此，酥性面团的温度应控制在26~30℃，甜酥性面团的温度应控制在19~25℃。在实际操作中，冬季可用水或糖水的温度来调节面团的温度，夏季气温高，要使用冰水和经过冷藏的小麦粉、油脂来调制面团，这样才能获得较为理想的面团。

⑥面团调制时间和静置时间。面团调制时间的长短是影响面筋形成程度和限制面团弹性的直接因素。适当掌握面团调制时间可得到理想的结果。酥性面团一旦调制时间过长，就会使面团的弹性增大，造成面片韧缩、花纹不清、表面不平、起泡、凹底、体积收缩变形、饼干不酥松等。另一方面，面团调制时间不足，会使面团结合力不够而无法形成面片，同时会因黏性太大而粘辊、粘帆布、粘印模、饼干胀发力不够，且易摊散等。

酥性面团调制完成后是否需要静置，以及静置多长时间，要视面团各种性能而定。若面团的弹性、结合力、可塑性等均已经达到要求，这样的面团就不需要静置；若面团按预定的规程和要求调制完成后，出现黏性过大、膨润度不足及筋力差等情况时，可适当静置几分钟至十几分钟，使面筋蛋白的水化作用继续进行，降低面团的黏性，增加结合力和弹性，使这种调制不足的面团通过静置来获得补偿。

(3) 发酵饼干面团的调制与发酵。发酵饼干最常见的产品是苏打饼干。苏打饼干的面团利用调制时加入酵母发酵产生的二氧化碳充盈在面团中，形成膨松状态。成型后在烘烤时又借助二氧化碳受热体积膨张和油酥的起酥作用，使成品质地特别酥松，断面结构具有清晰的层次，并且由于酵母的发酵作用，面团中的部分蛋白质和淀粉分解成易被人体消化吸收的营养物质，制品具有发酵食品的特有香味。

苏打饼干面团的配料不能像酥性饼干那样含有较多的油脂和糖分，其原因之一就是高糖高油会影响酵母菌的发酵。高糖分形成的高渗透压会使酵母菌细胞发生质壁分离，甚至会使发酵停止；高油脂可在酵母菌细胞外形成油膜，隔离细胞与外界的联系，影响酵母菌的呼吸作用，严重者可使发酵作用停止。另外，面团在发酵过程中所产生的二氧化碳是靠面团中面筋的保气能力而被保存于面团中，保气性好的面团才能使烘烤出来的饼干内部多孔而酥松。为此，在选择小麦粉时应尽量采用面筋含量高、品质好的小麦粉。面团的调制和发酵一般采用二次发酵法。

①第一次面团调制和发酵。第一次面团调制通常使用小麦粉总量的40%~50%，加入预先用温水溶化的鲜酵母或用温水活化好的干酵母液。鲜酵母用量为0.5%~0.7%，干酵母用量为1.0%~1.5%。再加入用于调节面团温度的温水，加水量应根据小麦粉的面筋含量而定，面筋含量高的加水量就高。一般标准粉加水量为40%~42%，特制粉为42%~45%。如果使用卧式和面机，调制时间需4~6 min，使面团软硬适度、无游离水即可。面团温度要求冬季为28~32 ℃，夏季为25~28 ℃，面团调制完成即可进行第一次发酵。

第一次发酵的目的是通过较长时间的放置，使酵母菌在面团中大量繁殖，增加面团的发酵能力，酵母菌在繁殖过程中所产生的二氧化碳使面团体积膨大，内部组织呈海绵状结构。发酵需4~6 h。发酵完成时，面团的pH值有所下降，为4.5~5。

②第二次面团调制和发酵。第一次发酵好的面团，常称作酵头。在酵头中加入剩余的50%~60%的小麦粉和油脂、盐、糖、乳粉、蛋等原辅料，在和面机中调制5~6 min。冬季面团温度应保持在30~33 ℃，夏季为28~30 ℃。如果要加入小苏打，应在面团调制接近结束时再加入，这样有助于面团光滑和保持面团中的二氧化碳。

第二次面团调制发酵和第一次面团调制发酵的主要区别是配料中有大量的油脂、盐及碱性膨松剂，使酵母菌作用变得困难。由于酵头中大量酵母菌的繁殖，使面团具有较强的发酵能力，所以3~4h就可发酵完成。

③影响面团发酵因素：酵母菌繁殖的适宜温度是25~28 ℃，面团的最佳发酵温度是28~32 ℃。第一次发酵的目的是既要使酵母菌大量繁殖，又要保证面团能发酵产生足够的二氧化碳，所以面团温度应控制在28 ℃左右。夏季如在无空调设备的发酵室内发酵，便无法控制面团温度，面团温度易受气温的影响而升高，而且在发酵过程中因酵母菌发酵和呼吸时所产生的热量不易散发而聚集在面团内，易使面团温度升高。所以，夏季宜把面团温度调得低一些(一般低2~3 ℃)。冬季由于发酵室内的温度通常都低于28 ℃，调制好的面团初期温度就会低一些，到了发酵后期，会因酵母菌发酵所产生的热量而使面团温度略有回升。因此，冬季调制面团时，应将温度控制得高一些，但必须缩短发酵时间，否则面团极易变酸。如果面团温度控制得过低，就会使发酵速度变得缓慢而延长发酵时间，还会导致面团发得不透，延长生产周期，另外也会造成产酸过高。因此掌握合适的面团发酵温度十分重要。

酵母菌的繁殖力随面团加水量的增加而增大，故在第一次发酵时，面团可适当调得软一些，以有利于酵母菌的增殖。但又不能过软，以免由于油脂、盐及糖的反水化作用而使面团变软、发黏，不利于成型操作。

酵母菌正常发酵时的碳源主要依靠自身的淀粉酶水解小麦粉中的淀粉而获得。在第一次面团调制时，原料中能供酵母生长繁殖所需要的碳源主要是小麦粉中原有的含量很少的可溶性糖，以及由小麦粉和酵母菌中的淀粉酶水解淀粉而获得的可溶性糖。在发酵初期酵母菌中的淀粉酶活力不强，如果小麦粉本身的淀粉酶活力也很低的话，这些糖分就不能充分满足酵母生长和繁殖的需要。此时，需要在第一次面团调制时加入1%~1.5%的糖，以加快酵母菌的生长繁殖和发酵的速度，这与加入淀粉酶有相同的效果。当然，如果小麦粉中淀粉酶的活力很高，就不需要加糖。应该注意过量的糖对发酵是有害的，会降低酵母菌的活力。第二次面团调制时，无论何种发酵饼干，加糖的目的都不是为了给酵母提供营养,而是为了满足工艺要求和改善成品的口味。

发酵饼干面团由于对酥松度有要求,要使用较多的油脂,但过量的油脂对酵母菌的发酵是不利的,因为油脂会在酵母菌细胞膜周围形成一层不透性的薄膜而阻碍酵母菌的正常代谢。特别是当使用液态油脂时,由于其流散较高,使这种不利影响变得更为剧烈,所以,在调制发酵饼干的面团时,通常使用优良的猪油或其他固态起酥油。另外,在解决多用油脂以提高饼干的酥松度和尽量减少其对酵母菌发酵活动的影响的矛盾时,一般都将一部分油脂在和面时加入,另一部分则与少量小麦粉、盐等拌成油酥,在辊轧面团时加入。

发酵饼干的盐加入量一般为小麦粉总量的 1.0%~2.0%。虽然酵母菌的耐盐力比其他有害菌强得多,但过高的盐浓度同样会抑制其活性,使发酵作用减弱。为此,通常将配方中用盐总量的 30% 在第二次调粉时加入,其余 70% 的盐则在油酥中拌入,以防数量过多的盐对酵母菌作用产生影响。

二、辊轧

辊轧是将调制好的面团辊轧成形状规则、厚度符合要求的面片,以便在成型机上成型。一般韧性饼干、半发酵饼干和苏打饼干的面团需要辊轧,而酥性饼干面团可以不经过辊轧。

经过辊轧使疏松的面团成为具有一定黏结力的面片,排出面团中的部分气泡,防止饼干坯在烘烤后产生较大的孔洞。经过多道辊轧的面团可使制品的横切面有清晰的层次结构,可提高制品表面的光洁度,冲印后花纹的保持能力强,色泽均匀。

1. 韧性饼干的辊轧

辊轧前,面团需要静置一段时间,目的是消除面团在搅拌期间因拉伸所形成的内部张力,降低面团的黏度与弹性,提高制品质量与面片工艺性能。静置时间的长短与面团温度有密切关系,面团温度高,静置时间短;面团温度低,静置时间长。当面团温度达到 40 ℃时,大致要静置 10~20 min。韧性面团的辊轧次数一般需要 9~13 次,辊轧时多次折叠并旋转90°角。通过辊轧工序以后,面团被压制成一定厚薄的面片。在辊轧过程中假定不进行折叠与90°角的旋转,则面片的纵向张力超过横向张力,成型后的饼干坯会发生纵向收缩变形。因此,当面片需要数次辊轧,可将面片转90°角,使纵横两向的张力尽可能地趋于一致,以便使成型后的饼干坯能维持不收缩、不变形的状态。

韧性饼干的辊轧如图 3-1 所示。

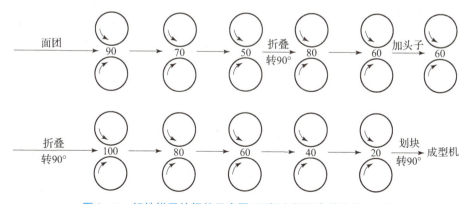

图 3-1 韧性饼干的辊轧示意图(两辊之间距离单位为 mm)

2. 苏打饼干的辊轧

苏打饼干多采用立式层压机，面团分别通过两对辊筒压成面片后，在层间加入油酥，再重叠、转向、压薄后进入成型机。在未加油酥前的压延比不宜超过 1∶3。当压入油酥后，压延比应控制在(1∶2)～(1∶5)，以免导致表面轧破、油酥外露、色泽较深等情况。苏打饼干的辊轧如图 3－2 所示。

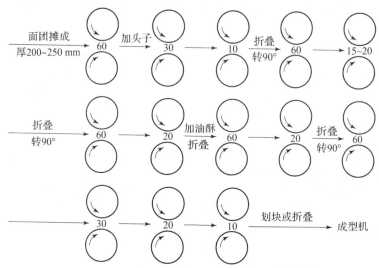

图 3－2　苏打饼干的辊轧示意图（两辊之间距离单位为 mm）

三、成　型

成型饼坯设备随配方和品种的不同而有所不同，可分为摆动式冲印成型机、辊印成型机、辊切成型机、挤条成型机、钢丝切割机、挤浆成型机、拉花成型机等多种形式。

1. 冲印成型

冲印成型是我国各种饼干企业使用最广泛的一种成型方法。它的主要优点是能够适应大多数产品的生产，如韧性饼干、酥性饼干、苏打饼干等。冲印成型操作要求较高，面皮不粘滚筒，不粘帆布，冲印清晰，头子分离顺利，落坯时无卷曲现象等。

不管面团是否经过辊轧，成型前必须压延到规定厚度。已经过辊轧的面带仍然较厚，且经过划块折叠的，不能直接冲印成型，必须在成型机前的 2～3 对滚筒上再次辊轧成薄片，方能冲印成型。不需要特殊辊轧的面团，可在成型机前的滚筒上辊轧成规定厚度且光滑的面片后再进行冲印成型。由于韧性饼干面团弹性大，烘烤时易产生表面起泡现象，底部也会出现洼底，即使采用网带或镂空铁板也只能解决洼底而不能杜绝起泡，所以必须在饼坯上冲有针孔。

冲印成型分面带形成、冲印和头子分离 3 步，如图 3－3 所示。

2. 辊印成型

辊印成型是生产高油脂品种的主要成型方法之一。因为用冲印成型生产高油脂饼干时，面带在滚筒压延及帆布输送和头子分离等处容易断裂。另外，辊印成型的饼干花纹图案十分清晰。辊印设备占地面积小、产量高，无须分离头子，运行平稳，噪声低，这些优点是冲印成型所无法比拟的。所以采用辊印成型的厂家越来越多。

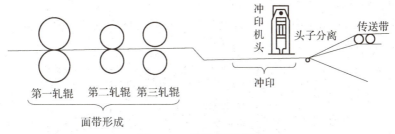

图 3-3 冲印成型过程

辊印成型过程如图 3-4 所示。把调制好的面团放于成型机的料斗内，料斗下方的开口正好对准喂料槽辊和花纹辊，喂料槽辊与花纹辊在齿轮的驱动下相对回转，料斗内的酥性面团依靠其自身的质量落入两辊表面的饼坯凹模之中。之后由位于两辊下面的刮刀将凹模多余的面料沿花纹辊切线方向刮落到面屑接盘中。花纹辊旋转，含有饼坯的凹模进入脱模阶段。此时，橡皮脱模辊依靠自身形变将粗糙的帆布脱模带紧贴在饼坯底面上，并使其接触面间产生的吸附作用力大于凹模的光滑内壁与饼坯间的接触结合力，这样，饼坯便顺利地从凹模中脱出，然后饼坯由帆布输送带送往烤炉钢带上，进炉烘烤。

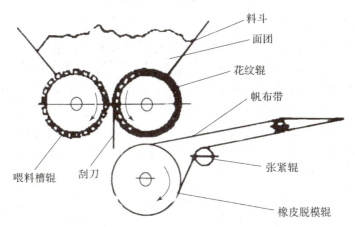

图 3-4 辊印成型机工作过程

辊印成型要求面团稍硬，弹性小。面团过软会形成坚实的团块，造成喂料不足，脱模困难，有时会使刮刀铲不清饼坯底板上的多余面屑，使脱出的饼坯外缘形成多余的尾边，影响饼干的外形美观。若面团调得过硬或弹性过小，同样会使压模不结实，造成脱模困难及残缺，烘烤出的饼干表面有裂纹，破碎率也会增大。

辊印成型还适用于在面团中加入芝麻、花生、桃仁、杏仁等品种。

3. 辊切成型

辊切成型是集冲印成型和辊印成型的特点于一体的一种成型方法。辊切成型机身的前段是冲印成型的压延辊，面团在这里被多对滚筒压延成规定厚度的面带，然后由帆布带将压延好的面带送往成型部分。机身的后半部分即是辊印成型部分。面带先由花纹辊压出饼坯的花纹，然后面带前进，由后方的刀口辊将印好花纹的面带切成饼坯，与此同时产生了头子，再由斜帆布分去头子，重新调制或压延。这种成型法既不像冲印成型那样可集花纹芯子与刀口于一体，也不像辊印成型那样使饼坯一次辊印成型。由于这种成型机是先将面团压延成面带，然后再辊切成型的，因此，具有广泛的适应性。它既可以用于韧性饼干、苏打饼干的生产，又可用于酥性饼干的生产，辊切成型已得到了广泛的应用，如图3-5所示。

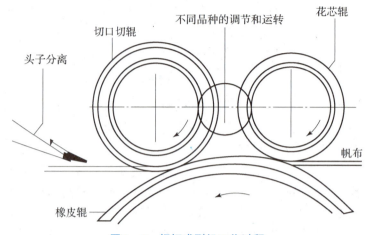

图3-5 辊切成型机工作过程

4. 其他成型

(1) 杏元饼干的成型。杏元饼干的成型方法是将配好的浆料用挤浆的方式滴加在烤炉的载体(钢带)上，一次成型，进炉烘烤。目前杏元饼干的生产设备主要有两种形式：一是以烤盘为载体的间歇挤出滴加式成型机；二是以钢带为载体的连续挤出滴加式生产流水线，它由挤浆部分、烤炉部分和冷却部分组成。

(2) 蛋卷的成型。蛋卷的成型是将调制好的浆料通过上浆板涂在高温制皮筒上，烘烤成软皮后再经制卷系统将软皮卷成一定螺旋角度的蛋卷圆筒，经冷却后切断成规定长度，即成酥脆的蛋卷。

(3) 华夫饼干的成型。华夫饼干的成型有半机械化和连续化等方式，目前采用半机械化成型的厂家较多。半机械化生产是将面浆倒入刻有方格或菱形花纹的转盘式华夫制片机的烤模中，合上模盖板后迅速加热，使其在短时间内经受高温而使水分蒸发。面浆中的空气和化学膨松剂所产生的气体，在密闭的烤模内产生很大的压力，使面浆充分膨胀，充满整个烤模的有效空间。在烤模顶部两侧开有狭小的气孔，水蒸气和其他气体带着剩余浆料从小孔中急速排出。除了以上成型方法外，还有挤花成型、钢丝成型等方法。

四、烘烤

成型机制出饼坯后，进入烘烤成熟阶段。在烘烤中饼干经短时间加热，发生一系列变化，包括饼坯中水分的蒸发，淀粉的熟化，蛋白质的变性，酵母菌的死亡及饼坯内各种气体的挥发、膨胀等，使生坯变成了熟饼干，产生了较深的颜色、诱人的香味、酥松可口的多层次结构，并赋予制品优良的保藏性和运输性。

1. 烘烤中的变化

(1) 水分的变化。

①水分的蒸发。由于饼坯在炉内受到高温烘烤，表层水分开始蒸发，表层温度迅速升

高，饼坯内部的温度则升高缓慢，温度远低于表层，水分由高温处向低温处移动，致使饼坯中心层的水分有所增加。随后表层温度可达180 ℃，而中心层的温度上升缓慢，在3 min左右才能达到100 ℃左右。

烘烤时烤炉的温度不宜过高，如果在高温条件下水蒸气不足，则会使饼干表面颜色变暗甚至发焦。强烈的高温会使饼干坯的水分急剧蒸发干燥，表面形成硬壳，水分扩散困难，造成"外焦里生"的现象。

②水分的转移。在烘烤过程中，随着温度的升高，饼坯内部的水分开始向表层移动，由于表层水分不断蒸发、减少，使水分的蒸发逐渐向饼坯内部进行。整个水分变化过程可大致分为三个阶段。

变速阶段。此阶段从开始计时，经过1.5 min左右。水分蒸发在饼坯表层进行，表面高温蒸发层的蒸汽压力大于饼坯内部低温处的蒸汽压力，所以一部分水分又被迫移向饼坯中心，使中心的水分较烤前增加约2%，所排除的水主要是游离水，此时表层温度约升高至120 ℃。

快速烘烤阶段。时间约需2 min，水分蒸发面向饼干内部推进，饼干坯内部的水分逐层向外扩散。这个阶段水分蒸发的速度基本不变，表层温度在125 ℃以上，中心温度也达100 ℃以上。这个阶段水分下降速率很快，饼坯中大部分水在此阶段散逸，所排除的水主要是游离水，也有部分结合水。

恒速干燥阶段。此时整个饼坯的温度都在100 ℃以上，水分的排除速度比较慢，排除的主要是结合水。烘烤的最后阶段，水分的蒸发极其微弱。这一阶段的作用是使饼干上色，使制品获得美观诱人的色泽。

烘烤时，影响水分蒸发和转移的因素主要有：炉内相对湿度、温度、空气流速及饼干的厚度和含水量等。炉内相对湿度低，有利于水分蒸发，但在烘烤初期相对湿度过低，会使饼干表面脱水太快，使表面很快形成一层硬壳，造成内部水分向外扩散困难，影响了饼干的成熟和质量；炉内的空气流速大，方向与饼干垂直有利于水分蒸发；饼干含水量高，干燥过程较慢，烘烤时间相对较长；含糖、油辅料少且结构坚实的饼干坯烘烤时间长；饼干越厚，烘烤耗时越长，且表面易焦糊。因此，厚饼干要采用低温、长时间的烘烤工艺。饼坯均匀且满满地排列在网带或烤盘上有利于提高烘烤速度和保证成品的质量。

（2）温度的变化。

饼干坯在烘烤过程中温度是不断上升的。在进入炉口时，饼坯的温度只有30~40 ℃。首先是表面受热，温度很快升高至100 ℃；在进炉后1.5~2 min内，饼干表层温度就达到120 ℃左右，中心层温度也将上升至100 ℃左右。待到烘烤终点，饼干表层温度可达180 ℃，中心层温度在108~114 ℃。

（3）厚度的变化。

饼坯烘烤后其厚度是明显增加的。烘烤后的饼干成品和烘烤前的生饼坯相比，酥性饼干的厚度一般增大为原来的1.6~2.5倍，韧性饼干增大为原来的2~2.5倍。饼坯在烘烤中产生了许多二氧化碳和氨气，这些气体受热膨胀，由于面筋的保气性，使之不能很快逸散到饼坯之外，而在饼坯内产生了很大的膨胀力，使饼坯的厚度急剧增加，在2.5 min内，酥性饼坯厚度急剧增大，可达原厚度的2倍左右；韧性饼干在3.5 min内其厚度增大为原来的 1.7~2.5 倍。随着烘烤进程的延长，膨松剂分解完毕，饼坯表层温度可达到 100 ℃以上，表面的淀粉和蛋白质受热凝固，使饼坯又逐渐变薄，饼干定型，直到烘烤结束。

(4) 化学变化。

①膨松剂的变化。调制面团时配料中所加的化学膨松剂有碳酸氢钠、碳酸氢铵及一些有机酸盐。当炉内饼坯温度升高到 40~50 ℃时，碳酸氢铵开始分解，当饼坯的温度升到 60~70 ℃时，碳酸氢钠也开始分解。分解时所产生的二氧化碳和氨气，使饼坯膨胀，接近烘烤终点时，这些气体绝大部分将被排除到饼干之外。

②酶的变化。小麦粉中原有的各种酶及作为改良剂加入的淀粉酶，在饼坯进炉后温度升到 45~65 ℃时活力最大。饼坯温度在短时间内即可上升到 85 ℃以上，这时酶的活力就被破坏，因而，酶对饼干烘烤的影响是极其微弱的。

③酵母菌的变化。苏打饼干生产中使用大量的活性酵母菌，在烘烤初期，温度刚刚上升，酵母菌的活性会增强，其呼吸作用十分剧烈。这个过程是极短暂的，在饼坯温度上升至 60 ℃时，酵母菌全部死亡。

④淀粉的糊化。当炉内饼坯温度达到 55~80 ℃时，饼坯表面淀粉发生糊化反应，使饼坯表面产生光泽。淀粉的糊化需要较高的水分和温度来实现，因此，要求炉膛进口处有较高的相对湿度。

⑤蛋白质的凝固。饼坯中的蛋白质在受热时发生不可逆的凝固反应。在面团调制时，小麦粉中的蛋白质吸水胀润形成湿面筋，烘烤时，由于蛋白质胶体中水分的逐渐蒸发，其失去胶体特性而凝固。蛋白质的凝固对饼干的定型具有重要的意义。

⑥上色反应。上色出现在饼干烘烤的最后阶段，此时水分的蒸发已经极其微弱，酥性饼干在进炉后 2~3 min 时，即进入上色阶段。糖、乳制品、蛋等在烘烤中均参与饼干的上色反应。

此外，在烘烤过程中，乙醇、醋酸等物质也会受热挥发。饼坯的 pH 值也因醋酸的挥发或碳酸钠的生成而略有升高。

2. 烤炉温度与烘烤时间

烤炉内的温度过高、过低都不利于饼坯的烘烤。如温度过高会导致饼干烘烤过度，颜色变深，甚至焦煳；如温度过低，饼干烘烤不足，水分蒸发缓慢且不能达到应有的色泽，饼干的含水量过高，颜色灰白，甚至会出现不熟的现象。因此，掌握好烤炉的温度和烘烤时间，对饼干成品质量有着非常重要的意义。

(1) 韧性饼干的烘烤。

韧性饼干的面团因在调制时使用了比其他饼干更多的水，且因搅拌时间长，淀粉和蛋白质吸水比较充分，面筋的形成量大，面团弹性较大，所以在选择烘烤温度和时间时，原则上应采取较低的温度和较长的时间。在烘烤的初期，上火温度比下火温度低，在烘烤后期，下火温度比上火温度低。如果油脂、糖含量较高，比较接近于酥性饼干，可采用高一些的温度进行烘烤。

(2) 酥性饼干的烘烤。

酥性饼干的配料使用范围广，块形各异，厚薄相差悬殊，在烘烤过程中要确定一个统一的烘烤参数是相当困难的。对配料中油脂、糖含量高的酥性饼干而言，可以采用高温短时的烘烤方法，使其表面温度几乎在 0.5 min 内即可升高到 100 ℃，中心层温度在 3 min 内也能达到100℃。另外为了防止饼干成品破碎，生产中还采用了厚饼坯的生产工艺，厚度比一般饼坯厚50%~100%。对于糖油含量高的酥性饼干，在烘烤中容易出现摊得过大的现象，为解决这个问题，除在面团调制时适当提高面筋的胀润度之外，还应在饼坯的定型阶段控制烤炉中的相对湿度。可以采取将烤炉中间区的湿热空气输送到烤炉前区的办法，如果不具备这种条件，也可将中间区湿热空气直接排到炉外来解决问题。

对于一般配料的普通酥性饼干，需要依靠烘烤来胀发体积。因此宜采用较高温度的下火、较低温度且慢慢上升的上火的烘烤工艺，使其在能保证体积膨胀的同时，又不至于在表面迅速形成坚实的硬壳。

(3) 苏打饼干的烘烤。

苏打饼干的饼坯在烘烤初期中心温度逐渐上升，饼坯内的酵母作用也逐渐旺盛起来，产生大量的二氧化碳，使饼坯在炉内迅速胀发，形成海绵状结构。苏打饼干的烘烤温度，入炉初期需要较高温度的下火和较低温度的上火，使饼坯处于柔软状态，不会迅速形成硬壳，有利于饼干坯体积的胀发和二氧化碳的外逸。苏打饼干的烘烤温度一般选择下火330℃左右，上火250℃左右。另外，苏打饼干的烘烤不能采用钢带和铁盘，应采用网带或铁丝烤盘。因为钢带不容易使发酵饼干产生的二氧化碳从底面散失。

五、冷却

饼干刚出炉时的表面温度很高，可达180℃，中心层温度约为110℃，饼干出炉时较软，水分含量比成品饼干高，含水量为8%~10%。如此高的温度和含水量不适宜马上进行包装，必须把饼干冷却到38~40℃时才能包装。如果趁热包装，不仅妨碍饼干内热量的散失和水分的继续蒸发，易使饼干变形，还会加速油脂氧化酸败，降低饼干在存储过程中的稳定性。

在冷却过程中，饼干中的水分发生剧烈变化。饼干经高温烘烤，水分分布是不均匀的，中心层水分含量高，外层较低。冷却时，饼干内部水分向外转移，随着热量的散失，转移到饼干表面的水分继续向空气中扩散，5~6 min 后，水分挥发到最低限度；随后6~10 min 属于水分平衡阶段；再往后饼干就进入了吸收空气中水分的阶段。但上述数据并不是固定的，它会随着空气的相对湿度、温度及饼干配料等的不同而有所不同。所以，应根据实际情况来确定冷却时间。

如果使用较长的烤炉，在烤炉的后区，饼干还未出炉时，即应停止加热，这样就不至于使饼干出炉后立即遇冷而产生内应力，造成裂缝和变形。这种现象在当天难以发现，只有到第二天才逐渐明显，所以一经发现有裂缝，应立即采取措施，防止冷却过快，以免造成损失。

1. 韧性饼干

由于韧性饼干糖、油用量少，在烘烤时脱水量就比较大，急速冷却时，极易造成饼干出现裂缝，所以应该防止降温过快和输送带上方的空气过于干燥。为此，可采用输送带上方加罩的方法来解决。另外，韧性饼干常加入亚硫酸钠和焦亚硫酸钠等改良剂，用于调节面团中面筋的胀润度。这种改良剂的存在会使成品保存时的稳定性下降，容易产生酸败，所以加工中要求饼干充分冷却，使之尽量接近室温后再进行包装。

2. 酥性饼干

酥性饼干出炉时较软，一旦产生积压，饼干就会变形。为了解决这个问题，冷却带的长度宜为烤炉长度的 1.5 倍以上，但过长的冷却带既不经济，又占用大量的空间。酥性饼干冷却的适宜条件是：温度为 30~40 ℃，相对湿度为 70%~80%。如果在室温 25 ℃，相对湿度约为 80% 的条件下，饼干自然冷却，时间约为 5 min，其温度可降至 45 ℃ 以下，水分含量也达到要求，符合包装标准。

3. 甜酥性饼干

甜酥性饼干中糖、油脂含量较高，在高温情况下，即使饼干中的水分含量很低，饼干也很软，所以必须防止饼干的变形。刚出炉时饼干表面温度为 180 ℃ 左右，水分含量为 8% 左右。在冷却过程中，随着温度的下降，依靠饼干内的余热，水分可继续蒸发。在接近室温时，水分达到最低值，稳定一段时间后，又要逐渐吸收空气中的水分，而使其水分含量上升。饼干的包装应选择在水分含量相对稳定时进行为宜。过早包装，饼干的温度降不下来，水分含量也没有降到最低。过晚包装，已过饼干含水量的稳定期，虽然温度降下来了，但饼干又要吸收周围的水分，使含水量上升，不利于存储。

4. 苏打饼干

由于苏打饼干配方中不含糖，与甜酥性饼干相比，油脂容易酸败，所以最好是在饼干充分冷却后再包装。由于出炉时已经固定成型，所以苏打饼干不存在冷却变形的现象。

六、包装

饼干冷却到规定温度后立即进行包装。包装可以防止或减少运输及销售过程中饼干的破损；可以防止饼干受虫害和周围环境的污染，减少因饼干与外界湿空气接触而变潮、变软，甚至发霉，同时也可有效地防止或减轻饼干内油脂的氧化酸败；好的包装还可以有效吸引消费者。

1. 包装要求

根据工艺要求，饼干的包装应尽量在接近室温时进行，最好在出炉后的 6~10 min 内进行包装，此时正是饼干含水量相对稳定的阶段。如包装太迟，饼干的含水量会提高。包装时应分捡出烤焦、破碎、花纹不清以及弯曲变形的次品饼干。包装宜迅速，计量要准确，质量须保证。

2. 包装形式

（1）马口铁听包装。采用此包装制成的饼干听（筒或盒），形状有正方形、长方形、圆形、扁圆形等，大小依据需要来定，不做具体规定。该包装色彩鲜艳，密封好，强度大，无毒，经久耐用，防火、保香性能都较其他包装形式好，但价格较高，一般用于高档饼干的包装。

（2）聚乙烯塑料薄膜包装。用此材料进行包装，封口简便，机械化程度较高，防潮性能好，价格便宜，且聚乙烯袋便于印刷。

（3）真空包装。近几年来，随着新材料的不断出现和包装技术的发展，真空包装技术得到广泛应用。对于真空包装材料的要求是不透气、不透湿，故采用的都是复合膜材料制成的包装袋。真空包装由于抽出了袋中的空气，使饼干的存储期大大延长，但这种包装的费用较高。

(4)收缩包装。此包装形式是利用拉伸后定型的聚乙烯在加热的情况下又收缩恢复到原来形态的特性,其收缩率可达10%~20%,饼干包装紧密,外形挺括,不易变形,但密封性稍差。

(5)复合材料包装。复合材料是由多种材料复合而制成的,如前所述的真空包装材料即属此类。目前应用较广的是纸-塑复合、透明纸-聚乙烯或聚丙烯复合等,防潮性和密封性都较好,且因有纸和透明纸,便于印刷,色彩鲜艳,价格适中,很受消费者欢迎,有广泛的发展前景。

(6)其他包装形式。其他包装形式有卷装、纸盒装、牛皮纸袋装等。饼干包装选用何种包装形式,要依据品种、销售对象、存储时间长短而定。但不管采用何种形式,都必须符合国家卫生标准。

饼干最适宜的存储温度是18℃以下,相对湿度不超过75%,应避光保存。

目标测试

一、名词解释
1. 辊轧 2. 成型 3. 面团调制

二、填空题
1. 面筋蛋白越_____、灰分越_____的小麦粉吸水量越大。在制粉工艺中,淀粉粒受伤较_____时,或小麦粉的原含水量_____,粒度细时,都会使小麦粉在调制面团时吸水量增加。
2. 冬季调制面团时,应将温度控制得_____,但必须缩短_____,否则面团极易变酸。
3 一般韧性饼干、_____和苏打饼干的面团需要辊轧,而_____面团可以不经过辊轧。
4. 常见饼坯成型的方式有_____、_____、_____。
5. 饼干烘烤中主要的上色反应有_____、_____。

三、选择题
1. 苏打饼干又称发酵饼干,是利用面团调制时加入的酵母发酵产生的( )充盈在面团中,形成膨松状态。
   A. 碳水化合物   B. 二氧化碳   C. 酸性物质   D. 多孔组织
2. 面团在( )以前,需要静置一段时间,目的是消除面团在搅拌期间因拉伸所形成的内部张力,降低面团的黏度与弹性,提高制品质量与面片工艺性能。
   A. 调制   B. 辊轧   C. 投料   D. 发酵
3. ( )多采用立式层压机,面团分别通过两对辊筒压成面片后,在层间加入油酥,再重叠、转向、压薄后进入成型机。
   A. 酥性饼干   B. 韧性饼干   C. 曲奇饼干   D. 苏打饼干
4. 发酵饼干的面团由于对酥松度有要求,要使用较多的( ),总使用量比韧性饼干多。
   A. 膨松剂   B. 油脂   C. 糖   D. 盐

5. (　　)操作要求较高,必须使皮子不粘滚筒,不粘帆布,冲印清晰,头子分离顺利,落坯时无卷曲现象等。

　　A. 冲印成型　　　　B. 辊印成型　　　　C. 辊切成型　　　　蛋卷成型

6. 饼干烘烤中,淀粉的糊化需要较高的水分和温度来实现,因此,要求烤炉进口处有较高的(　　)。

　　A. 温度　　　　　　B. 空气流速　　　　C. 压力　　　　　　D. 相对湿度

7. (　　)时需要缩短烘烤时间。

　　A. 含油脂量较多　　　　　　　　　　　B. 饼干较厚

　　C. 饼干含水量高　　　　　　　　　　　D. 含糖量较少

8. 饼干刚出炉时的表面温度很高,把饼干冷却到(　　)时才能包装。

　　A. 5~10 ℃　　　　B. 10~20 ℃　　　　C. 38~40 ℃　　　　D. 60~65 ℃

9. (　　)封口简便,机械化程度较高,防潮性能好,价格便宜,且便于印刷。

　　A. 马口铁听包装　　　　　　　　　　　B. 聚乙烯塑料薄膜包装

　　C. 真空包装　　　　　　　　　　　　　D. 收缩包装

四、简答题

1. 影响饼干面团形成的主要因素有哪些?
2. 辊轧的作用是什么?
3. 说一说饼干烘烤中的变化。
4. 饼干的包装形式有哪些?
5. 简述苏打饼干的生产工艺流程。

项目三　饼干制作

【基础知识】

❖❖ 知识目标
1. 了解饼干的加工方法。
2. 熟悉面团调制、辊轧、成型等操作要点。
3. 掌握饼干制作的工艺流程。

❖❖ 素质目标
1. 通过实际工作提高学生对细节的关注和重视，培养认真负责的态度。
2. 培养学生与人为善的品质，营造良好的工作生活环境。

> **情境导入**
>
> 　　饼干制作不仅是一门艺术，也是一门科学。它需要准确的配料、细致的工艺和一定耐心。烘烤过程中，饼干面团中的水分蒸发，糖分焦化，使饼干形成特定的质地和风味。

一、蛋黄饼干

蛋黄饼干，也叫蛋圆饼干，主要材料是蛋黄，吃起来有浓郁的蛋香味。蛋黄饼干制作方法简单，重点是打发好蛋液。

1. 工艺流程

(1) 配料。称量配方中各原料，其中粉料需过筛。

(2) 面糊调制。将全蛋和蛋黄一起倒入打蛋缸里，打至粗泡，加入细砂糖和盐，搅打至花纹不易消失，加入粉类物质，搅拌均匀。

(3) 成型。将调制好的面糊移入注料机，进入成型器，通过挤浆的方式滴加在烤炉的钢带上。

(4) 烘烤。烤箱上下火温度为220 ℃/200 ℃，烘烤7~10 min。

(5) 冷却。将烘烤后的产品送入冷却带，室温自然冷却。

2. 方案设计

蛋黄饼干方案设计如表3-2所示。

表3-2 蛋黄饼干方案设计

材料	烘焙百分比/%	用量/g	工艺参数	工艺条件
低筋小麦粉	100	80	打发程度	干性发泡
全蛋	62.5	50	烘烤温度	上下火温度220 ℃/200 ℃
蛋黄	37.5	30	烘烤时间	7~10 min
细砂糖	43.8	35	—	
淀粉	12.5	10	—	
泡打粉	2.5	2	—	
盐	1.3	1	—	

二、酥性饼干

酥性饼干外观花纹明显，结构细密，孔洞较为显著，呈多孔性组织，口感酥松。糖与油脂的用量比韧性饼干多，一般要添加适量的辅料，如乳制品、蛋、蜂蜜或椰蓉等营养物质。生产这种饼干的面团是半软性面团，面团弹性小，可塑性较大，饼干块形厚实而表面无针孔，口味比韧性饼干酥松香甜。

1. 工艺流程

（1）配料。称量配方中各原料，其中粉料需过筛。

（2）面团调制。将糖粉与水充分搅拌使糖粉溶化，再将油脂、盐、乳制品、膨松剂等投入和面机中搅拌至乳化均匀，然后加入过筛后的中筋小麦粉，搅拌6~12 min，搅匀为止。

（3）辊轧。面团调制后不需要静置即可轧片。一般采用单向一次辊轧，轧好的面片厚度为2~4 mm。

（4）成型。经辊轧工序轧成的面片，经印模冲印或辊印成浮雕状花纹，要求成品的浮雕式图案清晰。

（5）烘烤。烤箱上下火温度为220 ℃/200 ℃，烘烤5~7 min。

（6）冷却。饼干出炉后需及时冷却，使其温度降至25~35 ℃，可采用自然冷却5 min。

2. 方案设计

酥性饼干方案设计如表3-3所示。

表 3-3　酥性饼干方案设计

材料	烘焙百分比/%	用量/g	工艺参数	工艺条件
中筋小麦粉	100	250	面团温度	22~28 ℃
糖粉	30	75	搅拌时间	6~12 min
食用油	20	50	辊轧次数	1 次
水	12	30	烘烤温度	上下火温度 220 ℃/200 ℃
蛋	3	7.5	烘烤时间	5~7 min
全脂乳粉	3	7.5	—	
小苏打	0.6	1.5	—	
碳酸氢铵	0.6	1.5	—	
盐	0.1	0.25	—	

三、曲奇饼干

曲奇饼干亦称甜酥饼干,是饼干中配料最好的产品。面团弹性极小,光滑而柔软,可塑性极好。饼干结构虽然比较紧密,但由于油脂用量高,故产品质地极为疏松,食用时有入口即化的感觉。饼干花纹深,立体感强,图案似浮雕,块形一般不大,较厚,可防止饼干破碎。

1. 工艺流程

配料 → 面团调制 → 成型 → 烘烤 → 冷却

(1)配料。称量配方中各原料,其中粉料需过筛,黄油放至室温软化。
(2)面团调制。将软化的黄油和糖粉加入打蛋器,低速拌匀,高速打发至黄油呈乳白色的膨松状态为止;分次加入蛋液,每一次加入蛋液都要高速搅打至膨松细腻后,再继续加入下一次蛋液,直到将蛋液全部加完,黄油糊膨松细腻为止;加入过筛后的低筋小麦粉和乳粉,用打蛋器低速搅匀。
(3)成型。根据需要,将曲奇面团送入注料成型机,可采用辊印成型、挤压成型、挤条成型及钢丝切割成型等多种成型方式。
(4)烘烤。烤箱上下火温度为 250 ℃/250 ℃,烘烤 5~6 min。
(5)冷却。饼干出炉后需及时冷却,使其温度降至 25 ℃,可采用自然冷却 6 min。

2. 方案设计

曲奇饼干方案设计如表 3-4 所示。

表 3-4 曲奇饼干方案设计

材料	烘焙百分比/%	用量/g	工艺参数	工艺条件
低筋小麦粉	100	400	面团温度	19~20 ℃
黄油	65	260	烘烤温度	上下火温度250 ℃/250 ℃
糖粉	50	200	烘烤时间	5~6 min
蛋液	25	100	—	
乳粉	6.25	25	—	

知识拓展

糖粉

糖粉是指粗砂糖经过粉碎机磨制成的粉末状砂糖粉，可加入少量的淀粉，以防止结块。糖粉颜色洁白、体轻、吸水快、溶解快，适用于含水量少、搅拌时间短的产品，是西点装饰的常用材料。

四、韧性饼干

韧性饼干也称为硬质饼干，一般采用中筋小麦粉制作，面团中油脂与糖的比率较低，为使面筋充分形成，需要较长时间调制，以形成韧性较强的面团。饼干表面较光洁、花纹呈平面凹纹型，通常带有针孔。香味淡雅，质地较硬且松脆，饼干的横断面层次比较清晰。

1. 工艺流程

配料 → 面团调制 → 静置 → 辊轧 → 成型 → 烘烤 → 冷却

(1) 配料。称量配方中各原料，其中粉料需过筛。

(2) 面团调制。将水和糖一起煮沸，使糖充分溶化，稍冷却。投料机中加入准备好的水、油脂、乳制品、蛋等材料，搅拌均匀，加入过筛的中筋小麦粉，拌料 12~15 min。如使用面团改良剂，则应在面团初步形成时(调制 10 min 后)加入，然后在调制过程中加入膨松剂、香精，继续调制，前后共约 25 min，即可调制成韧性面团。

(3) 静置。在韧性面团辊轧前，必须静置 15~20 min，以保持面团性能稳定。

(4) 辊轧。韧性面团辊轧次数一般需 9~13 次，压延比不超过 3:1，辊轧时多次折叠并旋转 90°。通过辊轧工序以后，面团被轧成 2 mm 左右厚薄均匀、形态平整、表面光滑、质地细腻的面带。

(5) 成型。经辊轧工序轧成的面带，经冲印或成型机制成各种形状的饼坯。

(6) 烘烤。烤箱上下火温度为 260 ℃/240 ℃，烘烤 3~5 min。

(7) 冷却。冷却至 40 ℃ 以下，可采用自然冷却 5 min。

2. 方案设计

韧性饼干方案设计如表 3-5 所示。

表 3-5 韧性饼干方案设计

材料	烘焙百分比/%	用量/g	工艺参数	工艺条件
中筋小麦粉	100	250	面团温度	32~38 ℃
糖粉	32	80	静置时间	15~20 min
水	20	50	辊轧次数	9~13 次
食用油	8	20	烘烤温度	上下火温度 260 ℃/240 ℃
鸡蛋	7	17.5	烘烤时间	3~5 min
全脂乳粉	1	2.5	—	
小苏打	3	7.5	—	
碳酸氢铵	0.7	1.75	—	
食盐	0.05	0.125	—	

五、苏打饼干

苏打饼干是采用酵母发酵和化学膨松剂相结合的发酵饼干，面筋的形成非常充分，生产中主要是通过微生物对面团的过度发酵和提高制品的膨松度等作用，削弱面筋的结合强度，使成品具备良好的口感。苏打饼干一般为长方形，也有圆形的，表面一般无花纹，但有大小不等的气泡并带有穿透性针孔，断面为清晰的层次结构，口感脆性突出，口味清淡，发酵香味明显。由于发酵作用，使面团中的蛋白质、糖类等部分降解，易于消化，特别适合于胃病及消化不良者食用，也是儿童或年老体衰者的营养佳品。

1. 工艺流程

（1）配料。称量配方中各原料，其中粉料需过筛。

（2）第一次面团调制与发酵。干酵母加入适量温水和糖进行活化，然后投入过筛后的中筋小麦粉和水进行第一次面团调制，调制时间需 10~12 min，调制结束要求面团温度为 28~29 ℃。调好的面团在温度 28~30 ℃、相对湿度 70%~75% 的条件下进行第一次发酵，发酵时间 5~6 h。

（3）第二次面团调制与发酵。在发酵好的面团里加入剩余的中筋小麦粉、水、食用油、盐、小苏打等原辅料，进行第二次面团调制，调制时间约 10~12 min，然后进入第二次发酵，在温度 27 ℃、相对湿度 75% 的条件下，发酵时间 3~4 h。

(4)辊轧。发酵成熟的面团在起酥机上辊轧多次，进行折叠并旋转90°再辊轧，达到面带光滑细腻，面带厚度为2 mm。

(5)成型。采用冲印成型，多针孔印模，制成饼干坯。

(6)烘烤。烤箱上下火温度为290 ℃/240 ℃，烘烤5~7 min。

(7)冷却。出炉冷却至室温包装即可。

2. 方案设计

苏打饼干方案设计如表3-6所示。

表3-6 苏打饼干方案设计

材料	烘焙百分比/%	用量/g	工艺参数	工艺条件
中筋小麦粉	100	500	第一次调制时间	10~12 min
水	42	210	第一次发酵温度	28~30 ℃
食用油	18	90	第一次发酵湿度	70%~75%
盐	0.09	4.5	第一次发酵时间	5~6 h
干酵母	0.4	2	第二次调制时间	10~12 min
小苏打	0.5	2.5	第二次发酵温度	27 ℃
糖	—	少量	第二次发酵湿度	75%
—			第二次发酵时间	3~4 h
—			烘烤温度	上下火温度290 ℃/240 ℃
—			烘烤时间	5~7 min

【技能训练】

❖❖ 技能目标

1. 能够准确写出各典型产品的生产工艺流程和操作要点，并能正确操作。
2. 能够按照要求进行产品方案设计。
3. 能够简单分析产品质量问题并提出解决办法。

❖❖ 素质目标

1. 通过动手实践磨炼学生的意志。通过课后实训室的清理工作，培养学生正确的劳动价值观和良好的劳动品质。
2. 培养学生诚实、守信的行为习惯，以及待人真诚的道德品格。

> **情境导入**
>
> 随着人们健康意识的增强，饼干作为日常零食的健康属性受到了更多的关注。在"三减三健"健康行动指引下，饼干也朝着"减成分、加功能"的方向发展，如无糖、低脂、高纤维等健康饼干满足了不同消费者的健康需求。

任务一　蛋黄饼干制作(蛋黄饼干)

一、工艺流程

根据蛋黄饼干的制作方法，准确写出蛋黄饼干制作工艺流程及要点。

二、蛋黄饼干制作

1. 任务准备
(1)仪器和工具：电子秤、和面机、烤箱、注料成型机、烤盘、盆、刮刀等。
(2)材料：低筋小麦粉、全蛋、蛋黄、细砂糖、泡打粉、盐。

2. 方案设计
蛋黄饼干方案设计如表3-7所示。

表3-7　蛋黄饼干方案设计

材料	烘焙百分比/%	用量/g	工艺参数	工艺条件
低筋小麦粉	100	100	打发程度	干性发泡
全蛋	65	65	烘烤温度	上下火温度220 ℃/200 ℃
蛋黄	35	35	烘烤时间	7~10 min
细砂糖	40	40	—	—
泡打粉	2	2	—	—
盐	1	1	—	—

3. 操作步骤
(1)配料。称量配方中各原料，其中粉料需过筛。
(2)面糊调制。将全蛋和蛋黄倒入和面机里，打至粗泡，加入细砂糖和盐，搅打至花纹不易消失，加入粉类原料，翻拌均匀。
(3)成型。将调制好的面糊移入注料成型机中成型。
(4)烘烤。烤箱上下火温度为220 ℃/200 ℃，烘烤7~10 min。
(5)冷却。室温自然冷却。

4. 结果与分析
(1)根据表3-8蛋黄饼干感官指标进行感官检测。

表3-8 蛋黄饼干感官指标

项目	要求
形态	呈冠圆形或多冠圆形,外形完整,大小、厚薄基本均匀
色泽	具有产品应有的色泽,不应有过焦的现象
滋味与口感	味甜,具有蛋香味及产品应有的香味,无异味,口感松脆
组织	断面结构呈细密的多孔状,无较大孔洞

(2)将结果与分析填入表3-9中。

表3-9 结果与分析

项目	评价结果	原因分析	解决方案
形态			
色泽			
滋味与口感			
组织			

任务二　卡通饼干制作(酥性饼干)

一、工艺流程

根据酥性饼干的制作方法,准确写出卡通饼干制作工艺流程及要点。

二、卡通饼干制作

1. 任务准备

(1)仪器和工具:电子秤、和面机、起酥机、烤箱、成型机、烤盘。
(2)材料:中筋小麦粉、糖粉、食用油、水、鸡蛋、全脂乳粉、小苏打、碳酸氢铵、盐。

2. 方案设计

卡通饼干方案设计如表3-10所示。

表 3-10　卡通饼干方案设计

材料	烘焙百分比/%	用量/g	工艺参数	工艺条件
中筋小麦粉	100	250	面团温度	22~28 ℃
糖粉	35	87.5	搅拌时间	6~12 min
食用油	25	62.5	辊轧次数	1 次
水	12	30	烘烤温度	上下火温度 200 ℃/180 ℃
鸡蛋	3	7.5	烘烤时间	6~9 min
全脂乳粉	5	12.5	—	
小苏打	0.6	1.5	—	
碳酸氢铵	0.6	1.5	—	
盐	0.2	0.5	—	

3. 操作步骤

(1)配料。称量配方中各原料,其中粉料需过筛。

(2)面团调制。将糖粉与水充分搅拌使其溶化,再将食用油、盐、鸡蛋、膨松剂等投入和面机中搅拌乳化均匀,然后加入过筛后的中筋小麦粉、全脂乳粉等,搅拌均匀为止。

(3)辊轧。在起酥机上进行 1 次单向往复辊轧即可,轧好的面片厚度为 2~4 mm。

(4)成型。经辊轧工序轧成的面片,送入成型机成型。

(5)烘烤。烤箱上下火温度为 200 ℃/180 ℃,烘烤 6~9 min,表面呈乳黄色,即可出炉。

(6)冷却。室温自然冷却。

4. 结果与分析

(1)根据表 3-11 酥性饼干感官指标进行感官检测。

表 3-11　酥性饼干感官指标

项目	要求
形态	外形完整,花纹清晰或无花纹,厚薄基本均匀,不收缩,不变形,不起泡,不应有较大或较多的凹底。特殊加工产品表面或中间有可食颗粒存在(如椰蓉、芝麻、砂糖、巧克力、燕麦等)
色泽	具有该产品应有的色泽,不应有过焦的现象
滋味与口感	具有产品应有的香味,无异味,口感酥松或松脆
组织	断面结构呈多孔状,细密,无大孔洞

(2)将结果与分析填入表 3-12 中。

表 3-12 结果与分析

项目	评价结果	原因分析	解决方案
形态			
色泽			
滋味与口感			
组织			

任务三　可可曲奇饼干制作

一、工艺流程

根据曲奇饼干的制作方法，准确写出可可曲奇饼干制作工艺流程及要点。

二、可可曲奇饼干制作

1. 准备

（1）仪器和工具：电子秤、打蛋器、烤箱、注料成型机、烤盘、盆、刮刀等。

（2）材料：低筋小麦粉、黄油、糖粉、鸡蛋、乳粉、可可粉。

曲奇饼干

2. 方案设计

可可曲奇饼干方案设计如表 3-13 所示。

表 3-13　可可曲奇饼干方案设计

材料	烘焙百分比/%	用量/g	工艺参数	工艺条件
低筋小麦粉	100	200	面团温度	19~20 ℃
黄油	65	130	烘烤温度	上下火温度250 ℃/250 ℃
糖粉	50	100	烘烤时间	6 min
鸡蛋	25	50	—	
乳粉	5	10	—	
可可粉	5	10	—	

3. 操作步骤

(1)配料。称量配方中各原料，其中粉料需过筛，黄油室温放至软化。

(2)面团调制。将软化的黄油和糖粉加入打蛋器，低速拌匀，高速打发至黄油呈乳白色的膨松状态为止；鸡蛋液搅打均匀，分次加入黄油糊中，每次都要高速搅打至膨松细腻后，再继续加入蛋液，直到将蛋液全部加完，黄油糊膨松细腻为止。加入过筛后的低筋小麦粉、乳粉、可可粉，拌匀。

(3)成型。将可可面团送入注料成型机成型。

(4)烘烤。烤箱上下火温度为250 ℃/250 ℃，烘烤 6 min，表面呈乳黄色，即可出炉。

(5)冷却。室温冷却。

4. 结果与分析

(1)根据表3-14可可曲奇饼干感官指标进行感官检测。

表 3-14　可可曲奇饼干感官指标

项目	要求
形态	外形完整，花纹(或波纹)清晰或无花纹，同一造型大小基本均匀，饼体摊散适度，无连边。特殊加工产品表面或中间有可食颗粒存在(如椰蓉、砂糖、巧克力等)
色泽	具有该产品应有的色泽，不应有过焦的现象
滋味与口感	具有该产品应有的香味，无异味，口感酥松或松软
组织	断面结构呈细密的多孔状，无较大孔洞

(2)将结果与分析填入表3-15中。

表 3-15　结果与分析

项目	评价结果	原因分析	解决方案
形态			
色泽			
滋味与口感			
组织			

任务四　早餐饼干制作(韧性饼干)

一、工艺流程

根据韧性饼干的制作方法，准确写出早餐饼干制作工艺流程及要点。

二、早餐饼干制作

1. 任务准备

（1）仪器和工具：电子秤、和面机、起酥机、烤箱、成型机、烤盘、刮刀、轮刀等。

（2）材料：中筋小麦粉、糖粉、水、食用油、鸡蛋、全脂乳粉、小苏打、碳酸氢铵、盐。

早餐饼干

2. 方案设计

早餐饼干方案设计如表 3-16 所示。

表 3-16　早餐饼干方案设计

材料	烘焙百分比/%	用量/g	工艺参数	工艺条件
中筋小麦粉	100	250	面团温度	32~38 ℃
糖粉	32	80	静置时间	15~20 min
水	30	75	辊轧次数	9~13 次
食用油	8	20	烘烤温度	240~260 ℃
鸡蛋	7	17.5	烘烤时间	3~5 min
全脂乳粉	5	12.5	—
小苏打	3	7.5	—
碳酸氢铵	0.7	1.75	—
盐	0.05	0.125	—

3. 操作步骤

（1）配料。称量配方中各原料，其中粉料需过筛。

（2）面团调制。将水和糖粉一起煮沸，使糖充分溶化，稍冷却，将食用油、盐、鸡蛋等混入，搅拌均匀，加入预先混合均匀的中筋小麦粉、全脂乳粉、膨松剂，继续调制，前后约 25 min，即可调制成韧性面团。

（3）静置。调制好的面团静置 15~20 min。

（4）辊轧。韧性面团辊轧次数一般需要 9~13 次，压延比不超过 3∶1，辊轧时多次折叠并旋转 90°。通过辊轧工序以后，面团被压制成 2 mm 左右厚薄均匀、形态平整、表面光滑、质地细腻的面带。

（5）成型。经辊轧工序轧成的面带，送入成型机成型。

(6)烘烤。烤箱上下火温度为260 ℃/240 ℃，烘烤3~5 min。

(7)冷却。冷却至40 ℃以下。

4. 结果与分析

(1)根据表3-17韧性饼干感官指标进行感官检测。

表3-17　韧性饼干感官指标

项目	指标
形态	外形完整，花纹清晰或无花纹，一般有针孔，厚薄基本均匀，不收缩，不变形，无裂痕，可以有均匀泡点，不应有较大或较多的凹底。特殊加工产品表面或中间有可食颗粒存在
色泽	具有该产品应有的色泽，不应有过焦的现象
滋味与口感	具有产品应有的香味，无异味，口感松脆
组织	断面结构有层次或呈多孔状。10 g冲泡型韧性饼干在50 mL、70 ℃温开水中应充分吸水，搅拌后应呈糊状

(2)将结果与分析填入表3-18。

表3-18　结果与分析

项目	评价结果	原因分析	解决方案
形态			
色泽			
滋味与口感			
组织			

任务五　英式苏打饼干制作

一、工艺流程

根据苏打饼干的制作方法，准确写出英式苏打饼干制作工艺流程及要点。

二、英式苏打饼干制作

1. 任务准备
(1)仪器和工具:电子秤、和面机、醒发箱、起酥机、烤箱、成型机、烤盘、轮刀等。
(2)材料:中筋小麦粉、食用油、干酵母、盐、小苏打、水、糖。

2. 方案设计
英式苏打饼干方案设计如表3-19所示。

表3-19 英式苏打饼干方案设计

材料	烘焙百分比/%	用量/g	工艺参数	工艺条件
中筋小麦粉	100	500	第一次调制时间	10~12 min
水	45	225	第一次发酵温度	28~30 ℃
食用油	15	75	第一次发酵湿度	70%~75%
盐	1.2	6	第一次发酵时间	5~6 h
干酵母	1.5	2.5	第二次调制时间	10~12 min
小苏打	0.5	2.5	第二次发酵温度	27 ℃
糖		少量	第二次发酵湿度	75%
—			第二次发酵时间	3~4 h
—			烘烤温度	上下火温度290 ℃/240 ℃
—			烘烤时间	6~7 min

3. 操作步骤
(1)配料。称量配方中各原料,其中粉料需过筛。
(2)第一次面团调制与发酵。干酵母加入适量温水和糖进行活化,然后投入过筛后的中筋小麦粉和水进行第一次面团调制,调制时间需10~12 min,调制结束要求面团温度为28~29 ℃。调好的面团在温度28~30 ℃、相对湿度70%~75%的条件下进行第一次发酵,时间5~6 h。
(3)第二次面团调制与发酵。在发酵好的面团里加入剩余的中筋小麦粉、水、食用油、盐、小苏打等,进行第二次面团调制,调制时间约10~12 min,然后进入第二次发酵,温度为27 ℃,相对湿度为75%,发酵时间3~4 h。
(4)辊轧。发酵成熟的面团在起酥机中辊轧多次,进行折叠并旋转90°再辊轧,将面团压制成2 mm的面带,达到光滑细腻。
(5)成型。把压好的面带送入成型机成型。
(6)烘烤。烤箱上下火温度为290 ℃/240 ℃,烘烤6~7 min。
(7)冷却。室温自然冷却。

4. 结果与分析
(1)根据表3-20苏打饼干感官指标进行感官检测。

表 3-20 苏打饼干感官指标

项目	指标
形态	外形完整,厚薄大致均匀,表面一般有较均匀的泡点,无裂缝,不收缩,不变形,不应有较大或较多的凹底。特殊加工产品表面或中间有可食颗粒存在(如果仁、芝麻、砂糖、食盐、巧克力、椰丝、蔬菜等)
色泽	具有该产品应有的色泽,不应有过焦的现象
滋味与口感	具有发酵制品应有的香味及产品特有的香味,无异味,口感酥松或松脆
组织	断面结构有层次或呈多孔状

(2)将结果与分析填入表 3-21 中。

表 3-21 结果与分析

项目	评价结果	原因分析	解决方案
形态			
色泽			
滋味与口感			
组织			

目标测试

一、名词解释

1. 苏打饼干　2. 韧性饼干　3. 酥性饼干　4. 糖粉

二、填空题

1. 蛋黄饼干,也叫_____,主要材料是蛋黄,吃起来有浓浓的蛋香味。

2. _____是饼干中配料最好产品。

3. 生产_____的面团是半软性面团,面团弹性小,可塑性较大,饼干块形厚实而表面无针孔,口味比韧性饼干酥松香甜。

4. 韧性饼干生产的工艺流程:原料预处理→_____→_____→_____→_____→烘烤→冷却→成品。

5. _____饼干表面一般无花纹,但有大小不等的气泡并带有穿透性针孔,断面为清晰的层次结构,口感脆性突出,口味清淡,发酵香味明显。

三、选择题

1. 韧性饼干一般辊轧( )次。
   A. 1~2　　　　　　　B. 3~5　　　　　　C. 5~16　　　　　　D. 9~13

2. 使用挤注成型方法的是( )。
   A. 酥性饼干　　　　　　　　　　　　B. 曲奇饼干

C. 韧性饼干 　　　　　　　　　　D. 苏打饼干
3. 生产过程中需要静置的是(　　)。
　A. 蛋黄饼干 　　　　　　　　　　B. 曲奇饼干
　C. 韧性饼干 　　　　　　　　　　D. 酥性饼干
4. 配方中一般不需要使用膨松剂的是(　　)。
　A. 蛋黄饼干 　　　　　　　　　　B. 曲奇饼干
　C. 韧性饼干 　　　　　　　　　　D. 苏打饼干
5. 需要使用生物膨松剂的是(　　)。
　A. 酥性饼干 　　　　　　　　　　B. 曲奇饼干
　C. 韧性饼干 　　　　　　　　　　D. 苏打饼干
6. 韧性饼干的面团调制好后，需要静置(　　)。
　A. 5~10 min 　　　　　　　　　　B. 10~15 min
　C. 15~20 min 　　　　　　　　　　D. 20~25 min
7. 生产过程中不需要辊轧的是(　　)。
　A. 酥性饼干 　　　　　　　　　　B. 曲奇饼干
　C. 韧性饼干 　　　　　　　　　　D. 苏打饼干
8. (　　)是采用酵母发酵和化学膨松剂的发酵饼干。
　A. 酥性饼干 　　　　　　　　　　B. 曲奇饼干
　C. 韧性饼干 　　　　　　　　　　D. 苏打饼干
9. 韧性饼干面团辊轧后的厚度为(　　)左右。
　A. 1 mm　　　B. 2 mm　　　C. 5 mm　　　D. 8 mm
10. 制作苏打饼干的油酥不需要的原料是(　　)。
　A. 盐　　　B. 砂糖　　　C. 起酥油　　　D. 中筋小麦粉

四、简答题

1. 简述蛋黄饼干一般的生产工艺流程和操作要点。
2. 简述酥性饼干一般的生产工艺流程和操作要点。
3. 简述曲奇饼干面糊调制的方法。
4. 简述韧性饼干辊轧的方法。
5. 简述苏打饼干两次发酵的工艺条件。

附：饼干质量分析

1. 饼干粘底
(1)饼干过于酥松，内部结合力差。应减少膨胀剂用量。
(2)饼干在烤炉后区降温时间太长，饼干坯变硬。应注意烤炉后区与中区温差不应太大，后区降温时间不能太长。

2. 饼干凹底
(1)饼干胀发程度不够。可增加膨松剂尤其是小苏打的用量。
(2)饼干上针孔太少。应使用有较多针的饼干模具。

(3)面团弹性太大。可适当增加面团改良剂用量或增加面团调制时间,并添加适量淀粉(小麦粉的5%~10%)来降低面筋含量。

3. 饼干收缩变形

(1)在面带压延和运送过程中面带绷得太紧。应调整面带,在经第二轧辊和第三轧辊时要有一定下垂度,帆布带在运送面带时应保持面带呈松弛状态。

(2)面团弹性过大。可适当增加面团改良剂用量或增加面团调制时间,并添加适量淀粉(小麦粉的5%~8%)来降低面筋含量。

(3)面带始终沿同一方向压延,引起面带张力不均。面带在辊轧折叠时应不断转换90°方向。

4. 饼干起泡

(1)烤炉前区温度太高,尤其上火温度太高。应控制烤炉开始温度,不可太高,上火温度应逐渐增高。

(2)面团弹性太大,烘烤时面筋挡住气体通道不易散出,使表面起泡。应降低面团弹性,并用有较多针的模具。

(3)膨松剂结块未被打开。应注意将结块的膨松剂粉碎后再用。

(4)辊轧时面带上撒小麦粉太多。应尽量避免撒粉或少撒粉。

5. 饼干冷却后仍发软、不松脆

(1)饼干厚而炉温太高,烘烤时间短,造成皮焦里生,内部残留水分太多。应控制饼干厚度,适当调低炉温,增加烘烤时间,使成品饼干含水量小于6%。

(2)烤炉中后段排烟管堵塞,排气不畅,造成炉内温度太高。应保持排气畅通,排烟管保温,使出口温度不低于100 ℃,以免冷凝水倒流入炉内。

6. 饼干易碎

(1)饼干胀发过度、过于酥松。应减少膨松剂用量。

(2)配料中淀粉用量太多。应适当减少其用量。

7. 饼干产生裂缝

(1)饼干出炉后由于冷却过快,强烈的热交换和水分挥发,使饼干内部产生附加应力而发生裂缝。一般情况下,冬季温度低,且干燥,饼干易产生裂缝,尤其是含糖量低的饼干更为多见,此时应避免冷却过快,必要时在冷却输送带上加罩,有条件可采用调温调湿设备。

(2)与面筋形成量、加水量、配方中原辅料的比例、烘烤温度、饼干造形、花纹走向、粗细、曲线的交叉和图案的布局等有关。这时针对发生裂缝的具体原因,采取改进配方、调节炉温、设计饼干模具等措施。

8. 饼干无光泽、表面粗糙

(1)饼干喷油量太小,或喷油温度太低以致产生油雾困难,喷不匀,油不易进入饼干表面,影响饼干光泽。此时可增大喷油量,油温控制在85~90 ℃,并在油中加入适量增光剂。

(2)配方中没有淀粉或淀粉量太少。此时可加入适量淀粉,必要时在炉内前部附设蒸汽设备,加大炉内湿度使饼干坯表面能吸收更多的水分来促进淀粉糊化,以增加表面光泽。

(3)面团调制时间不足或过长。应注意掌握好调制时间。

(4)面带表面撒粉太多。应尽量不撒粉或少撒粉。

9. 饼干口感粗糙

(1)面团调制时间不足或过长。此时应正确及时判断面团调制成熟度。

(2)配方中膨松剂用量太少或太多。应调整膨松剂的用量。

(3)配方中油脂、糖用量偏少。应适当增加油脂、糖用量,并加入适量磷脂。

模块四

点心加工技术

项目一　中式点心

【基础知识】

❖❖　**知识目标**
1. 掌握中式点心分类、原料选用。
2. 熟悉中式点心加工工艺。

❖❖　**素质目标**
1. 培养学生对中国传统饮食的认同感和自豪感。
2. 助力健康中国，推广膳食营养。

> **情境导入**
> 　　中国饮食文化历史悠久，中式点心经过我国劳动人民的长期实践，尤其是点心师们的继承和发展，品种越来越多，如包、饺、糕、团、卷、饼、酥等。其形态多样，造型逼真。

中式点心按生产工艺可分为热加工点心和冷加工点心，热加工点心按熟制工艺又分为烘烤类、油炸类、蒸煮类、炒制类。本书着重介绍烘烤类点心中酥类、酥层类、酥皮类三种。

一、酥类

酥类点心是一种老少皆宜的传统食品。主要利用膨松剂在面团中产生二氧化碳，使制品内部组织疏松，体积膨胀。此类点心外表不挂糖，多数产品不包馅，有的品种以果仁入料，表面色泽金黄，并有自然裂纹，裂纹凹处色泽略浅。口感酥松、绵软、油润，口味香甜。

酥类点心在配方和制作工艺上相似，其区别主要在于风味料、装饰料、外形和大小的不同。例如，苏式杏仁酥因表面带有一粒杏仁瓣而得名。若没有杏仁瓣，一般称桃酥或桃酥饼，芝麻酥是在酥类基础原料上加入黑（白）芝麻烤制的一种甜品点心。

1. 工艺流程

（1）配料。酥类糕点加工的原料有低筋小麦粉、糖粉、油脂、蛋液、小苏打、双效泡打粉等。其中油脂、糖用量特别大，一般低筋小麦粉、油脂、糖粉的比例为 1∶（0.3～0.6）∶（0.3～0.5），加水较少，由于配料中含有大量的油脂、糖，限制了小麦粉吸水，控制了面筋的形成，面团的弹性极小，可塑性较好，产品特别酥松。

(2) 面团调制。先将糖粉、蛋液放入和面机内搅拌，再放入油脂继续搅拌至发白，最后加入低筋小麦粉、小苏打、泡打粉等，慢速搅打 2 min，搅拌时间不宜过长，防止面团起筋。

酥类点心制作的关键在于面团调制。必须使油脂、糖粉、蛋液等充分拌匀至乳化后，才能拌入低筋小麦粉。不能使面团渗油或起筋，否则会影响制品的酥松。酥类点心面团松散，可用印模或手工成型，成型后不宜久放，应及时入炉烘烤。

(3) 整形。将和好的面团按要求分块，切定量的面剂。将面剂搓圆、按扁，中间用手按一下，形成凹形。

(4) 烘烤。将整形好的面团行间适当地摆入烤盘内，以防烘烤时成品相互粘连。将烤盘送入烤箱，上下火温度为 200 ℃/180 ℃，烘烤约 15 min，即可出炉。

(5) 冷却。出炉后的产品，烤盘要交错重叠码放，待手触产品不热即可取出。

2. 方案设计

酥类点心方案设计如表 4-1 所示。

表 4-1　酥类点心方案设计

材料	烘焙百分比/%	用量/g
低筋小麦粉	100	750
糖粉	40	300
棕榈油	60	450
蛋液	10	75
双效泡打粉	1.2	9
小苏打	1.2	9

知识拓展

点心

相传东晋时期有一位将军，见到战士们日夜血战沙场，英勇杀敌，屡建战功，甚为感动，随即传令制作民间喜爱的美味糕饼，并派人送往前线，慰劳将士，以表"点点心意"。自此以后，"点心"的名字便传开了，并一直延用至今。

二、酥层类

酥层类点心的制法与酥皮类点心相似，只是不包馅，它的皮料有多种类型，包括甜酥性面团、水油面团，有的也使用发酵面团。酥层类点心的主要原料是中筋小麦粉、油脂、水，辅料有糖、盐等。

1. 工艺流程

(1) 配料。按要求称量小麦粉、黄油、盐、细砂糖、水、片状黄油(裹入用)。

(2) 面团调制。除片状黄油外其他材料放入搅拌机中搅拌成团。

(3) 松弛。用保鲜膜包裹面团，室温松弛 20 min，放入冰箱冷藏 2 h。

(4) 包油。将片状黄油压成长方形，将松弛好的面团用起酥机压成黄油 2 倍大的长方形。然后将黄油放在中间，对折将黄油包住。用起酥机压成长方形，再三折二次。最后擀至 3 mm 厚。

(5) 整形。将面片切分成需要的形状即可。

(6) 烘烤。将盛有生坯的烤盘送入烤箱，上下火温度为 180 ℃/170 ℃，烘烤 20 min 左右。

(7) 冷却。出炉后的产品，烤盘要交错重叠码放，待手触产品不热即可取出。

2. 方案设计

酥层类点心方案设计如表 4-2 所示。

表 4-2　酥层类点心方案设计

材料	烘焙百分比/%	用量/g
中筋小麦粉	100	500
黄油	12	60
细砂糖	2	10
盐	0.6	3
水	50	250
片状黄油(裹入用)	60	300

三、酥皮类

酥皮类点心也是采用夹油酥或夹油的方法，经成型、烘烤而制成。制品有层次，入口酥松。这种制作方法在我国已有近千年历史，宋朝苏东坡曾说："小饼如嚼月，中有酥和饴。"

酥皮包馅点心的种类很多，如京八件、苏式月饼、福建月饼、高桥松饼、宁邵式月饼等。这些产品的外皮呈多层次的酥性结构，内包各式馅料，馅料用各种果料配制而成，并多以糖制或蜜制、炒馅为主，如枣泥、山楂、豆沙、白果等。

1. 工艺流程

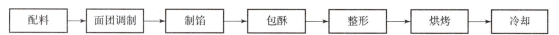

(1) 配料。酥皮的主要原料是中筋小麦粉、水、油脂，一般中筋小麦粉：油脂：水比例为 1：(0.1~0.5)：(0.25~0.5)。为了增加口味，许多制品在皮料中加糖粉和饴糖。油酥中油脂：中筋小麦粉一般为1∶2，不同的品种略有不同。辅料有果料、盐、花椒面、味精等。

（2）面团调制。

①水油面团的调制：水油面团是用小麦粉、水和油脂调制而成的面团，具有一定的弹性、良好的延伸性和可塑性。调制时先将油脂和温水搅拌成乳化状态，再加入小麦粉搅拌，直至形成软硬适宜、延伸性较好的面团。水油面团的用油量需要根据小麦粉的面筋含量来决定。面筋含量高的小麦粉应多加油脂。油脂的用量一般为小麦粉的10%~20%，个别品种超过40%。加水量一般为小麦粉的40%~50%。油脂用量多时，则少加水；反之多加。一般用30~50 ℃的温水调制面团。

②油酥面团的调制：油酥面团是一种以油脂和小麦粉为主制成的面团，可塑性强，基本无弹性。它是将小麦粉和油脂在和面机内搅拌2 min，然后取出分块，用手使劲擦透而成，因而又称擦酥。油酥面团用油量一般为小麦粉的50%左右。面团禁止加水，以防形成面筋。擦酥时要用力均匀，时间要长些，这样才能擦透，形成柔软的、可塑性强的面团。油酥面团的软硬度应与皮料接近，以利于包酥。油酥面团不能单独用来制作成品，而是用作酥皮类糕点的包酥。

（3）制馅。馅料按口味可分为甜、咸和甜咸三种，一般馅的重量占糕点总重量的40%~50%。按制作方法可分为炒制馅和擦制馅两种。炒制馅是指经加热炒制的馅料，常见的有豆沙馅、豆蓉馅、枣泥馅、山楂馅、咸味馅等。擦制馅指不经加热，直接拌和而成的馅料，靠糕点成熟时受到的温度熔化凝结，常见的品种有果仁馅、火腿馅、砂糖芝麻馅、椒盐馅等。炒制馅时先将糖和水放入锅内，加热熔化再加入饴糖继续熬制到糖水可以拉出糖丝为止（要注意季节对糖拉丝程度的影响），然后将事先过筛的中筋小麦粉和白油（猪油）放在糖浆内搅拌均匀，直至馅的黏度适宜并不结疙瘩为止。馅炒好后放在容器内冷藏。

（4）包酥。把皮、油酥、馅分成定量小块，然后把皮擀成圆形，把酥放在皮上，包好搓圆。

（5）整形。将包酥的面团擀开擀薄成长条形，从一头卷起，静置，再擀开擀薄成长条形，从一头卷起，静置，然后擀成圆形，包入馅料。皮包馅时系口要紧实并且不偏馅。

（6）烘烤。将生坯行间适当地摆入烤盘内。将盛有生坯的烤盘送入烤箱，上下火温度为200 ℃/180 ℃，烘烤约15 min。

（7）冷却。出炉后的产品晾凉，待手触产品不热，即可将成品装箱入库。

2. 方案设计

酥皮类点心方案设计如表4-3所示。

表4-3 酥皮类点心方案设计

材料	烘焙百分比/%	用量/g
水油皮		
中筋小麦粉	100	500
色拉油	30	150
糖	20	100

续表

材料	烘焙百分比/%	用量/g
水	50	250
油酥		
油	50	225
中筋小麦粉	100	450

知识拓展

京八件

"京八件"又叫"大八件",是八种形状、口味不同的京味糕点,为明清宫廷糕点,后流传至民间,以枣泥、青梅、葡萄干、玫瑰、豆沙、砂糖、香蕉、椒盐八种原料为馅,用猪油、水和面做皮,以皮包馅,烘烤而成。"京八件"原本不是糕点的名称。由于当初是将刻有"福""寿""禄""喜"以及"事事如意"等吉言美语的糕点置于八只盘子里摆成各种图案,所以被称为"京八件"。

"京八件"分为酥皮大八件、奶皮小八件、酒皮细八件三种。它们都是有馅的点心,区别主要在于皮:酥皮大八件是酥皮类的点心,两次和面,层面层酥;酒皮细八件和奶皮小八件是硬皮类的点心,一次和面,分别加入适量的黄酒、白兰地或鲜牛奶,所以具有酒香和奶香。此外,它们的形状略小于酥皮大八件,花样也少一些。"京八件"的馅多为炒馅,主料分别有砂糖、山楂、枣泥、澄沙等,再加一些子仁、桂花、玫瑰、蜂蜜等辅料,其细腻提丝,口感绵软,带有蜂蜜的清甜芳香,因此也称为"蜜馅"。

【技能训练】

❖❖ 技能目标

1. 掌握酥类、酥层类、酥皮类点心制作的工艺流程。
2. 能够正确完成桃酥、千层酥、鲜花饼的制作并进行产品分析。

❖❖ 素质目标

1. 通过学习中华传统面点制作工艺,弘扬传统文化,增强民族自豪感。
2. 通过对着装要求,提升学生认真、严谨、负责的态度,从而保证环境卫生、操作卫生、制作卫生。

情境导入

点心是中国美食文化不可或缺的一部分,与礼仪、养生、节庆、节气等文化密不可分,且与人们的日常生活息息相关。中国有着博大精深的饮食文化,而点心亦有着其精彩的篇章,古人结合中国的节日、节气和地方民俗,制成图案精美多样、寓意吉祥、口味丰富的点心,既可食用、祈福又可待客、送礼。

任务一　桃酥制作(酥类)

桃酥是南北皆宜的特色小吃,其干、酥、脆、甜的特点深受各地人们的喜爱,从而闻名全国。常见的桃酥有京式核桃酥、芝麻酥、苏式杏仁桃酥、潮式杏仁酥、滇式金钱酥、晋式桃酥等。

一、工艺流程

根据酥类点心的制作方法,准确写出桃酥制作工艺流程。

二、桃酥制作

1. 任务准备

(1)仪器和工具：和面机、烤箱、电子秤、烤盘、模具。
(2)材料：低筋小麦粉、玉米淀粉、细砂糖、棕榈油、全蛋液、双效泡打粉、小苏打。

桃酥制作

2. 方案设计

桃酥方案设计如表4-4所示。

表4-4　桃酥方案设计

材料	烘焙百分比/%	用量/g	工艺参数	工艺条件
低筋小麦粉	100	420	烘烤温度	上下火200 ℃/170 ℃
玉米淀粉	48	200	烘烤时间	15 min
细砂糖	76	320	—	
棕榈油	76	320	—	
全蛋液	12	50	—	
双效泡打粉	2	9	—	
小苏打	2	9	—	

3. 操作步骤

(1)配料。按照方案中配方要求称量原料。
(2)面团调制。把棕榈油、全蛋液、细砂糖、玉米淀粉放入搅拌缸中中速搅拌至适当发白,加入低筋小麦粉和双效泡打粉、小苏打,慢速搅拌 2 min。

(3)整形。将面团取出,装入模具成型。

(4)烘烤。烤箱提前预热约 10 min,将烤盘送入烤箱,上下火温度为 200 ℃/170 ℃,烘烤 15 min 左右。

(5)冷却。出炉后的产品,烤盘要交错重叠码放,待手触产品不热即可将成品装箱入库。

注:制作桃酥时不要为了追求健康就大量减少油脂,否则会导致成品干硬不酥脆,面团也不要揉得太瓷实。

4. 结果与分析

(1)根据表 4-5 酥类点心感官评价指标进行感官检测。

表 4-5 酥类点心感官评价指标

项目	指标
形态	符合具体产品形状要求,大小薄厚一致,摊裂均匀
色泽	色泽均匀,有光泽
组织	酥松,有均匀小蜂窝,不欠火
滋味与口感	酥松适口,无异味,具有产品特有的香味
杂质	无可见杂质

(2)将结果与分析填入表 4-6 中。

表 4-6 结果与分析

项目	评价结果	原因分析	解决方案
形态			
色泽			
组织			
滋味与口感			
杂质			

任务二 千层酥制作(酥层类)

千层酥因侧面可见许多分层而得名,其口感酥脆、香浓甜美,外观深黄、略带褐色,营养丰富,是老少皆宜的食品。

一、工艺流程

根据酥层类点心的制作方法，准确写出千层酥制作工艺流程。

```
                                                    
                                                    
                                                    
```

二、千层酥制作

1. 任务准备

（1）仪器和工具：和面机、烤箱、电子秤、烤盘、压面机、切刀。
（2）材料：低筋小麦粉、高筋小麦粉、黄油、细砂糖、盐、水、片状黄油。

2. 方案设计

千层酥方案设计如表4-7所示。

表4-7　千层酥方案设计

材料	烘焙百分比/%	用量/g	工艺参数	工艺条件
低筋小麦粉	88	220	松弛条件	冷藏
高筋小麦粉	12	30	松弛时间	20 min
黄油	16	40	烘烤温度	上下火温度180 ℃/170 ℃
细砂糖	2	5	烘烤时间	20 min
盐	0.6	1.5	—	
水	50	125	—	
片状黄油	72	180		

3. 操作步骤

（1）配料。按照方案中配方要求称量原料，把180 g裹入用的片状黄油用压面机压成厚薄均匀的薄片，放入冰箱冷藏至重新变硬。

（2）面团调制。将低筋小麦粉、高筋小麦粉、细砂糖、盐混合，加入室温软化的黄油，加入水，揉成面团。水不要一次全部倒入，根据面团的软硬度酌情添加，揉成光滑的面团。

（3）松弛。面团用保鲜膜包好，放进冰箱冷藏松弛20 min。

（4）包油。将松弛好的面团擀至黄油的2倍大，把黄油包住。用压面机压长，三折一次，压成薄片，再三折一次，压成3 mm厚的面皮。

（5）整形。用切刀切割成均匀的长方形。

（6）烘烤。将烤盘送入烤箱，上下火温度为180 ℃/170 ℃，烘烤20 min左右，即可出炉。

(7)冷却。出炉后的产品,待手触产品不热即可取出。

4. 结果与分析

(1)根据表4-8酥层类点心感官评价指标进行感官检测。

表4-8 酥层类点心感官评价指标

项目	指标
形态	符合具体产品形状要求,大小均匀,侧面可见许多分层
色泽	表皮呈黄色,有光泽
组织	酥皮层次均匀,层多,不偏皮
滋味与口感	口感酥脆,香浓甜美,具有产品特有的香味
杂质	无可见杂质

(2)将结果与分析填入表4-9中。

表4-9 结果与分析

项目	评价结果	原因分析	解决方案
形态			
色泽			
组织			
滋味与口感			
杂质			

任务三 鲜花饼制作(酥皮类)

鲜花饼是中国四大月饼流派滇式月饼的经典代表之一,馅料以食用玫瑰花为原料居多,食用玫瑰花味甘微苦、性微温、归肝、脾、胃经,芳香行散,具有舒肝解郁和调经血的功效,是天然健康的滋补佳品。其做法是——用含苞欲放或者微微开放的玫瑰花的花瓣制作成玫瑰花馅,加入小麦粉、香油、砂糖、蜂蜜等配料烘烤制成。新鲜出炉的鲜花饼酥软爽口、花香浓郁、沁人心脾。

一、工艺流程

根据酥皮类点心的制作方法,准确写出鲜花饼制作工艺流程。

二、鲜花饼制作

1. 任务准备

（1）仪器和工具：和面机、烤箱、打蛋器、电子秤、烤盘、压面机、切刀。

（2）材料：中筋小麦粉、猪油、砂糖、水、玫瑰花、熟糯米粉、去皮熟花生仁、熟黑芝麻、蜂蜜。

2. 方案设计

鲜花饼方案设计如表4－10所示。

表4－10　鲜花饼方案设计

材料	烘焙百分比/%	用量/g	工艺参数	工艺条件
水油皮				
中筋小麦粉	100	250	烘烤温度	180 ℃
猪油	20	50	烘烤时间	20 min
砂糖	12	30	—	
水	52	130	—	
玫瑰花	120	300	—	
熟糯米粉	20	50	—	
去皮熟花生仁	10	25	—	
熟黑芝麻	10	25	—	
蜂蜜		根据需要	—	
油酥				
中筋小麦粉	100	250	—	
猪油	50	125	—	

3. 操作步骤

（1）配料。按照方案中配方要求称量原料。

（2）面团调制。将中筋小麦粉、猪油、水、砂糖和好制成水油皮（面团要柔软）；把中筋小麦粉、猪油和好制成油酥，静置。

（3）制馅。新鲜的玫瑰花去蒂，将花瓣摘散，加入砂糖轻轻揉搓，根据干湿情况加入蜂蜜调味，保留花香，去除苦涩，封好避光发酵2~3天，制成玫瑰酱；加入熟糯米粉，将去皮熟花生仁和熟黑芝麻擀碎成小颗粒，放入玫瑰酱里，抓匀制成玫瑰馅。把玫瑰馅团成大小一致的圆球。

（4）切割。把水油面团分割成20 g/个，油酥面团分割成10 g/个，馅料分割成25 g/个。

（5）包酥。把水油面团按扁，放上油酥面团，包紧搓圆。

(6)整形。全部包酥完成后，把面团按扁，擀成长条形，卷起来，如此重复 2~3 次，这样就有了分层。再把面团擀成稍厚的圆皮，包入馅料，收紧口，按扁。

(7)烘烤。将整形好的面团放入烤盘，不用刷蛋液，这样烤出来表皮呈白色。烤箱上下火温度为 180 ℃/180 ℃，烘烤 20 min 左右，即可出炉。

(8)冷却。拿出晾凉，顶上用筷子沾上食用红色素，点上红点，鲜花饼就做好了。

4. 结果与分析

(1)根据表 4–11 酥皮类点心感官评价指标进行感官检测。

表 4–11　酥皮类点心感官评价指标

项目	指标
形态	符合具体产品形状要求，块型整齐，大小均匀
色泽	戳记清晰端正，皮呈乳白色
组织	酥皮层次均匀，层多，不偏皮
滋味与口感	具有馅料特有的香味，无异味，不垫牙
杂质	无可见杂质

(2)将结果与分析填入表 4–12 中。

表 4–12　结果与分析

项目	评价结果	原因分析	解决方案
形态			
色泽			
组织			
滋味与口感			
杂质			

目标测试

一、名词解释

1. 酥类点心　2. 酥层类点心　3. 酥皮类点心

二、填空题

1. 酥类糕点制作的关键在于_____。必须使_____、_____、_____等充分拌匀至乳化后，才能拌入小麦粉，边揉边擦，直至成团。

2. 热加工点心按熟制工艺又分为_____、_____、_____、_____。

3. 酥层类点心的主要原料是_____、_____、_____。

三、选择题

1. 千层酥属于(　　)中式点心。

A. 酥类　　　　　B. 酥层类　　　　　C. 酥皮类　　　　　D. 油炸类
2. 京八件属于(　　)中式点心。
A. 酥类　　　　　B. 酥层类　　　　　C. 酥皮类　　　　　D. 油炸类
3. 桃酥属于(　　)中式点心。
A. 酥类　　　　　B. 酥层类　　　　　C. 酥皮类　　　　　D. 油炸类
4. 鲜花饼属于(　　)中式点心。
A. 酥类　　　　　B. 酥层类　　　　　C. 酥皮类　　　　　D. 油炸类
5. 桃酥组织(　　)。
A. 层次感强　　　B. 酥松　　　　　　C. 光滑　　　　　　D. 粗糙

四、简答题

1. 简述桃酥的工艺流程。
2. 简述鲜花饼的工艺流程。
3. 简述千层酥的工艺流程。
4. 简述桃酥原料处理的方法。
5. 简述鲜花饼制馅的方法。

附：中式点心质量分析

1. 酥类点心不酥松、发硬

(1) 和面时形成大量面筋，导致点心变得很硬。应使用低筋小麦粉。和面的时候和均匀即可，不可和制时间太长，因为时间太长也会导致面团起筋。

(2) 配料中油量太少，烘烤时油温太高造成的。有的产品可以采用开水或热水和面，这样可以防止面团起筋。在配料中加大油量，烘烤时油温应根据产品体积的大小而定。

2. 露油酥、层次不清

油酥皮太薄容易破，会露油酥。应掌握力度和擀开的程度。

3. 皮硬、层次不清

水油面团过多。根据品种要求来确定水油面和油酥的比例，制作千层酥等酥层类制品时，对酥层的要求较高，可以选用水油面团与油酥的比例为5∶5、4∶6或3∶7。

4. 皮断裂、露馅、成熟时易碎

油酥过多。根据品种要求来确定水油面和油酥的比例，制作白皮酥时，制品既要求层次均匀、口感酥松，又要求表面光滑、完整洁白。因而这类制品选用水油面团与油酥6∶4的比例比较合适。

项目二　西式点心

【基础知识】

❖❖ 知识目标
1. 掌握混酥类、清酥类及烫面类西式点心的产品特色。
2. 掌握混酥类、清酥类及烫面类西式点心的一般工艺流程。

❖❖ 素质目标
1. 引导学生养成善待他人的品质，以构建和谐的人际关系。
2. 培养学生正确看待中西方饮食文化差异。

> 情境导入
> 　　西式点心(又称西式面点，简称"西点")，英文为"western pastry"，主要是指来源于欧美国家的点心。它是以小麦粉、糖、油脂、蛋和乳制品为主要原料，辅以干、鲜果品和调味料，经过调制、成型、成熟、装饰等工艺过程而制成的具有一定色、香、味、形的营养食品。
> 　　西点经过长期发展，在世界各国不断被创新，渐渐出现了以地域为特点的不同种类。

　　西式点心源于国外，汇聚了多样的西方民族风味，如德式、法式、英式、俄式等国的特色。按照制品加工工艺及坯料性质，西点点心可分为混酥类、清酥类、烫面类、冷冻甜食类、蛋白甜食类、巧克力类、精致小点心等类别，本书将着重介绍混酥类、清酥类及烫面类三种。

一、混酥类

　　混酥类点心又称甜酥点心，它是用小麦粉、油脂、糖、蛋等原料调成面团，配以各种辅料，通过成型、烘烤、装饰等工艺而制成的一类点心，与清酥类不同的是，混酥类点心没有层次，也不松软，口感香甜，酥脆。常见的混酥类产品有：酥皮蛋挞、巧克力挞、水果派等。

1. 制作原理

　　混酥类点心面坯的疏松主要与油脂的性质有关。油脂具有一定的黏性和表面张力。当油脂与小麦粉调成面团时，油脂便分布在小麦粉中蛋白质和小麦粉颗粒的周围，并形成油膜，这种油膜影响了小麦粉中面筋网络的形成，造成小麦粉颗粒之间结合松散，从而使面团的可塑性和疏松性增强。当面坯遇热后油脂流散，伴随搅拌充入面团颗粒之间的空气遇热膨胀，面坯内部结构破裂形成很多孔隙结构，这种结构便是面坯疏松的原因。

2. 工艺流程

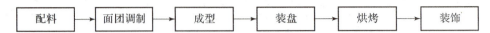

（1）配料。按照配方要求称量处理配料。小麦粉要使用筋力小的中低筋小麦粉。糖以糖粉或易溶化颗粒细小的糖为宜。

（2）面团调制。混酥面团调制的基本方法有两种。一种是油面调制法，另一种是油糖调制法。油面调制法是将油脂和小麦粉一起放入搅拌机内，用慢速搅拌均匀后，再加入其他辅料拌匀的方法。油糖调制法是先将油脂和糖一起搅拌，然后加入其他原料的调制方法。

（3）成型。将面团置于工作台上，用手轻轻将面团捏紧、滚圆，再将其放入冰箱内（冷藏室）0.5 h，目的是使面团内部水分被充分均匀地吸收，使油脂凝固，易于成型，并使面团得到松弛。

将冷藏后的面团放置在有干粉的工作台上，用擀面杖从面团中央开始擀成薄厚一致的面片。在擀制过程中，用力需均匀一致，同时注意面片下面需有干粉，否则面片易粘工作台，造成面片不完整。

借助印模扣压或刀具切制的方法，制成所需的坯料。

（4）装盘。面片切割后装入模具，为防止制品烤好后粘在模具上不易取出，可在模具上涂一点植物油。由于混酥类西点在烤制过程中不会膨胀，且体积很小，因此将模具摆放在烤盘内时，尽量缩小间隔空间，否则烤炉会将产品边缘烤焦，颜色不均匀。如果面片放在大一些的模具中时，可在面片上扎一些小孔，使得水蒸气从小孔中排出，以防面片鼓起，影响外观。有些品种此时可在面片中添加馅料，加以装饰。

（5）烘烤。烘烤温度一般在180 ℃左右，以上火为主，下火为辅。时间视品种不同而定，一般为8~10 min。表面呈淡黄色即可出炉。

（6）装饰。有些品种需先将面片放入烤炉中烘烤后，再在面片中添加馅料，加以装饰。

3. 常见混酥类点心及制作方法

混酥类点心品种丰富，风味特色各异，常见的有三类：挞、派和小干点心。挞和派都是有馅心的一类点心，一般将精小的制品称"挞"。

（1）挞。挞是英文tart的译音，又译成"塔"，是以油酥面团为坯料，借助模具，通过制坯、烘烤、装饰等工艺而制成的内盛水果或馅料的一类较小型的点心，其形状可因模具的变化而变化。

①挞的种类。挞按挞皮不同主要分为混酥挞和清酥挞两种。混酥挞比较光滑和完整，黄油香味浓郁，口感像曲奇一样酥脆。清酥挞的挞皮为薄酥皮，层次清晰、口感松酥。挞的品种还可以根据馅心的变化而改变。最常见的品种有脆皮蛋挞、蔬菜挞、水果挞等，其中蛋挞除以糖和蛋浆为原料的主流蛋挞外，也有在蛋浆内混入其他材料的蛋挞，如鲜奶挞、姜汁蛋挞、蛋白蛋挞、巧克力蛋挞及燕窝蛋挞等。

②挞的特点。挞皮金黄或焦黄，馅心鲜嫩，造型美观。

③挞的制作工艺。一种是将油酥面坯擀薄铺入挞模中，整形后入烤箱，待成熟、冷却后加各种馅料，经装饰即成为成品。另一种是油酥面坯铺入模具后，随即加入馅心，然后再烘烤成熟。

(2)派。派是英文"pie"的译音,又译成排、批等,是一种油酥面饼,内含水果或馅料,常用圆形模具作坯模。

①派的种类。派按口味可分为甜味派和咸味派两种。甜味派常作为点心,而咸味派为菜肴食用。甜味派大多选用各种水果、巧克力、椰子、蛋黄忌廉、打发的淡奶油、蛋白糖等作为馅心和配料。咸味派则用猪肉、火腿、家禽肉、鸡肝泥、海鲜类、奶酪及蔬菜作为馅心。

派按形状可分为单皮派和双皮派。单皮派如柠檬派、巧克力派,双皮派如苹果派。

另外派还有小干点心和长搭条等其他产品。

②派的特点。外酥里糯,色泽金黄,有足够的松软度而又不易碎,其表面呈薄片状,并有泡。

③派的制作工艺。

派皮主要成分是小麦粉、盐、细砂糖、油脂、水和鸡蛋,也可添加少许泡打粉来使其松软。

单皮派是将所有原料一起混合,揉成柔软的面团,放入冰箱静置。取出后擀薄,放入刷油的派模里,均匀扎出孔眼,边缘可夹成花边来装饰。然后进炉中高火烘烤。单皮派烘烤后是需要装饰和加馅才能食用的,装饰方法可分为两种。第一种,是用新鲜水果制作的各种派,水果颜色鲜艳,为保留它的鲜艳和光泽,需要在上面刷一层果胶。第二种,是用蛋黄忌廉做的各种派,这种派通常用新鲜奶油作装饰,裱上各种花纹。

双皮派做法有二:一次成型法,即将甜酥面铺入派模后,填入所需馅心,然后再擀一薄面片铺盖其上,刷蛋液,划花纹,入烤箱烤熟即为成品;二次成型法,即将铺入派底的面坯入烤箱烤至八成熟后,再装入馅心,擀薄面片铺盖其上,刷蛋液,划花纹,烘烤成熟即是成品。

(3)小干点心。小干点心是以黄油或白油、细砂糖、鸡蛋、小麦粉为主要原料和一些其他辅料(如果料、香料、可可等)制成的一类形状小、式样多、口味酥脆香甜的点心,制作方法似饼干。

二、清酥类

所谓清酥,是用水、油脂或蛋和成的面团包入起酥油,经过一折、二折等多次折叠后,炸制或烤制而成的食品。产品层次明显,口感酥脆,口味丰富,富含丰富的油脂香气。常见的清酥类点心,如葡式蛋挞、风车酥、蝴蝶酥、拿破仑酥等。

1. 制作原理

清酥类点心能够起酥的原因在于高温烘烤时面团会经历物理疏松。首先,面筋可以保存空气并能承受烘烤中水蒸气所产生的张力,并随着空气的张力而膨胀面皮;其次,由于面团中的面皮与油脂有规律的相互隔绝所产生的层次,在进炉受热后,面皮产生水蒸气,这种水蒸气滚动形成的压力可使各层次膨胀。随着温度的升高,时间的延长,面皮的水分不断蒸发并逐渐形成一层一层熟化变脆的面坯结构。油层熔化渗入面皮中,使每层的面皮变成了疏松的酥皮,加上本身面皮面筋的存在,所以能保持完整的形态和疏松的层次。

2. 工艺流程

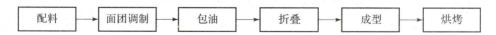

(1)配料。按照配方要求称量处理原料。制作清酥面团时对小麦粉中的蛋白质含量有较高要求,通常选择蛋白质含量在10%~12%的小麦粉较为合适。若小麦粉中的蛋白质含量过低,则面团筋力较弱,在面团擀制时不能经受住反复拉伸,而且蛋白质的水合能力较差,蛋白质在烘烤时不能产生足够的蒸汽,影响面团的分层。若小麦粉蛋白质含量过高,可能导致面层碎裂,制品回缩严重。

对于油脂选择,要求既有一定的硬度,又有一定的可塑性,熔点不能太低。目前,已有清酥类点心专用油脂,它具有良好的加工性能,给清酥类点心制作带来了很大的方便。

(2)面团调制。把小麦粉、糖、油脂、水等原材料放入和面机中,把面团搅拌至面筋扩展阶段。面团理想温度为22℃。面团搅拌完后,擀薄成约1 cm厚的长方形,包严,放入冰箱冷冻松弛。

按油脂总量(包括皮面油脂和油层油脂)与小麦粉量的比例,清酥面团可分为三种。

①全清酥。油脂量与小麦粉量相等,比例为1∶1。

②3/4清酥。油脂量为小麦粉量的3/4。

③半清酥。油脂量为小麦粉量的一半。

其中,3/4清酥较为常用。

(3)包油。清酥皮制作是根据包入油脂的方法不同而有分别,大致分为法式、英式及酥皮专用油脂等方法包油。现就酥皮专用油脂操作方法介绍如下。

一般来讲,酥皮麦淇淋呈片状,每片有1 kg和2 kg的规格,在包油操作时,根据酥皮麦淇淋片状大小,把搅拌好经松弛的面团擀成酥皮麦淇淋宽度的1倍,长度一致即可,随后把酥皮麦淇淋放在已擀好的面皮中间,最后用两侧的面皮盖在油脂上面,油边捏紧即可擀开。此法操作简便,适宜于包入片状酥皮麦淇淋。

(4)折叠。完成包油后,可把包好油的面团擀开成长方形,然后进行折叠。擀开时要注意厚度均匀、形状方正,折叠前扫净干粉。面团每次可以擀至0.5 cm左右的厚度。折叠的方法可以采用三折法或者四折法,也可以三折法、四折法结合使用。共折叠3次,每次折叠前后要进行冷冻,一般为20 min,时间不易过长,否则会导致面皮干硬易裂。

(5)成型。成型是清酥类点心能否得到理想的体积和式样的重要一环,所以在成型时需注意以下几点。

①软硬适度。油层油脂的硬度与面皮的硬度应尽量一致。若面硬油软,则在擀制时,油可能被挤出,反之亦然,最终均会影响到制品的分层。若担心油层和面皮的硬度不一致,可一起放入冰箱冷冻20 min左右,再取出擀制。

②面皮厚薄均匀。整形的面皮厚度要一致,不可厚薄不匀,这样做出的产品形状不佳。每次擀面时,不要擀得太薄(厚度不低于5 mm),以防粘层。成型时厚度一般为2~3 mm。

③面皮适当保湿。擀叠好的面皮备用时,要将湿布或塑料膜盖在其上,以防止表皮干裂。

④面皮适度松弛。面皮在两次擀折之间应松弛。

⑤整形快速有效。整形动作要快,从擀面到分割、加馅、整形要一气呵成,因为面皮在工作台上搁置时间太久会变得过分柔软,增加整形的难度,妨碍产品胀大和形状的完整。

⑥刀具锋利实用。使用的切割刀应锋利，使分制的小面皮四边的面皮与油层间隔分明，边缘部分不会黏合在一起，影响到进炉后的膨胀。面皮过于柔软会造成切割困难，使边缘部分面皮与下层面皮黏合一起，影响产品烤制时膨胀。

⑦坯皮大小一致。每块小面皮在分割时大小一样，原则上要用尺或模具切出，切忌凭经验估计分割，这样不但产品大小不同而且形状不良。

⑧半成品间隔有度。整形后的面团放在平烤盘上须留间隔距离，为了使产品表面颜色光泽漂亮，整形后可刷二次蛋液，酥皮整形完必须松弛30 min才能进炉烘烤，否则膨胀体积不大，而且会在炉中收缩。有些产品因需较长烘烤时间，整形后不应刷蛋液而改用清水，否则表面会着色太深。

⑨避免原料浪费。切剩的不规则面皮可归集在一起，如数量不多，可铺在下一个完整的面团上一起擀平，其用量不要超过新面团的1/3。如数量很多，可擀平，再包入面皮总量1/4的油脂，用三折法折叠一次或二次，制作一些膨胀性较小的产品，如奶油卷筒、拿破仑酥等。

（6）烘烤。

①面皮松弛有度。酥皮进炉前必须有足够的时间松弛，否则进炉后会有缩小和漏油等情况发生。

②掌握烘烤温度。开始时可用大火烘烤如220 ℃，等产品胀到最大体积时，改用中火170 ℃继续烤至产品金黄色。

总之，酥皮进炉时一定要大火，炉温不够不但影响膨胀而且面层内包入的油有时亦会漏出。烘烤后段产品体积已经胀大，应改用中火或小火，务必使每一层面皮完全吸收面层中的油脂，同时面皮和油脂内的水分也完全蒸发，每一层都松酥，才能称得上是一个好的成品。

（7）出炉后的处理。根据具体点心品种的不同，进行冷却，然后再进行装饰。

知识拓展

拿破仑酥

拿破仑酥是一款极具代表性的清酥类点心，广受欢迎。因为它酥香顺滑，即使不搭配咖啡或红茶也不会觉得甜腻。

法国经典甜品拿破仑酥由多层酥皮夹以卡仕达酱组合而成，口感集松化及嫩滑于一身。拿破仑酥的材料虽然简单，但是制法相当考验制作者的手艺，要将松化的酥皮夹上嫩滑的卡仕达酱，同时又要保持酥皮干燥，以免影响香脆的口感。

拿破仑酥跟拿破仑其实没有关系，说法之一是由于它的英文名"Napoleon"其实是"Napolitain"的误传，指一种来自意大利"Naples"的酥皮名字，至今被写作"Napoleon"而已。另一说法是在17世纪时，巴黎一个整饼师傅和人打赌，要做一个1 000层的蛋糕，当时做1 000层还是很有难度的，可是这师傅还是制作出成品，但是最后做了几层就没人记载。

三、烫面类

烫面类点心是一类具有特殊工艺的点心，其中最重要的环节即烫面糊的制作。这种面糊制作时要先将水和黄油加热，再加入小麦粉混合，冷却后加入鸡蛋搅拌均匀。烘烤时，因为沸腾产生的水蒸气使产品整体膨胀。

烫面类最具代表性的产品即泡芙。泡芙是一种源自意大利的甜食。具有外表松脆、色泽金黄，外形美观，食用方便的特点。吃起来外热内冷，外酥内滑，口感极佳。由于所用馅心的不同，它的口味和特点也各不相同，常见的品种有鲜奶油泡芙、巧克力泡芙、冰淇淋泡芙等。

1. 制作原理

泡芙能形成中间空心类似球体状的形态与其面糊的调制工艺有着密不可分的关系。泡芙面糊由煮沸的液体原料和油脂加小麦粉烫制的熟面团加入鸡蛋液调制而成，它的起发主要是由面糊中各种原料的特性及面坯特殊的工艺方法——烫制面团决定的。

小麦粉的品质与泡芙的膨大有很大关系，是泡芙膨胀定型不可缺少的原料。小麦粉中蛋白质变性凝固，形成胶黏性很强的面团，烫面会让小麦粉中的淀粉产生糊化，不但能吸收水分，同时糊化的淀粉具有锁住水分的作用，烘烤时，被锁在面团中的水分蒸发成水蒸气，形成较强的蒸汽压力，使面皮撑开，最终整体呈现中空的状态。

油脂是泡芙面糊中所必需的原料，除了能满足泡芙的口感需求外，也是促进泡芙膨胀的必需原料之一。油脂的润滑作用可促进面糊性质柔软，易于延伸；油脂的起酥性可使烘烤后的泡芙外表具有松脆的特点。油脂分散在含有大量水分的面糊中，当烘烤受热达到水的沸腾阶段，面糊内的油脂和水不断互相冲击，发生油气分离，并快速产生大量气泡和气体，大量聚集的水蒸气形成强蒸汽压是促进泡芙膨胀的重要因素。

水是烫煮小麦粉的必需原料，充足的水分是淀粉糊化所必需的条件之一。烘烤过程中，水分的蒸发是泡芙体积膨大的重要因素。

鸡蛋也是泡芙膨大的主要原料之一，把鸡蛋加入烫好的面团内使其充分混合，鸡蛋中的蛋白质可使面团具有延伸性，能增强面糊在气体膨胀时的承受力，使面糊体积增大。蛋白质的热凝固性，能使增大的体积固定。此外，鸡蛋中蛋黄的乳化性能使制品变得柔软、光滑。

2. 工艺流程

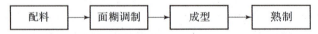

（1）配料。按照配方要求称量、处理原辅料。

中筋小麦粉因筋力适中最适合制作泡芙。其成品无论在外观还是中间空心部分都具有高筋小麦粉和低筋小麦粉所不及的优点。

油脂种类很多，其性质不同，对泡芙品质亦有影响。制作泡芙宜选用熔点低的油脂，如黄油、色拉油等。

鸡蛋应选择新鲜的，且用量适当。许多西点师喜欢用鸡蛋来调节面糊的稠度，而不是用水，因为在搅拌阶段用鸡蛋调节面糊稠度可使成品的外壳壁厚而酥，如果用水来调节，易使成品外壳壁薄和软。

盐在泡芙中不仅具有调节突出风味的作用，亦有增强面糊韧性的作用，是泡芙的辅助原料,添加少许可使泡芙品质更佳。

(2)面糊调制。泡芙面糊的调制工艺直接影响成品的质量。泡芙面糊的调制一般经过两个过程。

①烫面。具体方法是将水、油脂、盐等原料放入容器中,经中火煮开,待黄油完全熔化后倒入过筛的小麦粉,用木勺快速搅拌,直至面团烫熟、烫透,再撤离火源。油脂加水煮的时候必须充分煮至沸腾才宜加入小麦粉。因为在翻滚沸腾状态下,油脂易分散于水中,而不只是漂浮在液面上,这有利于油脂均匀分散在面糊中。小麦粉加入后应快速搅拌均匀,然后继续煮至面糊形成胶凝状态,此时的面糊不会黏附于容器壁上。

②搅糊。面糊离火后,烫煮好的面糊可放入搅拌缸内用搅拌机搅拌,如果量少可在缸内手工搅拌。待面糊温度降至60 ℃左右时分次加入蛋液。第一次加蛋量可稍多,先加1/3蛋液的量搅拌,因为此时面糊的温度较高,蛋液太少易被面糊烫熟而影响蛋的膨胀效果。之后加蛋应以少量多次为好。边加边搅拌,每次加蛋后必须充分搅拌至蛋液与面糊完全融合,再加下一次。如果蛋液加得过快,则很难形成均匀的糊状物。使用搅拌机搅拌面糊时应注意掌握面糊搅拌的程度。因为搅拌机虽然使用起来很方便,但也容易造成搅拌过度,使面糊缺乏韧性和可塑性,从而影响面糊的膨胀力。搅拌完成的面糊最佳温度为45 ℃。面糊温度与加蛋时机、加蛋次数、加蛋量、搅拌速度和时间等因素有关。

搅拌完成后,检查一下面糊稠度是否符合质量要求。其方法是用木勺将面糊挑起,当面糊能均匀缓慢地往下流,即达到了质量要求。若面糊流得过快,说明糊稀;若面糊不流动,说明蛋的用量不够。蛋的用量一般在配方中有明示,但因各环节操作程度的差异而使蛋的用量有所不同,这需要依靠经验加以判断,应通过检查面糊稠度状态来做适量调整。

影响蛋量添加的因素主要有以下几个方面:

一是水油煮沸时间。若水油蒸发较少而使面糊煮得不到,其水分较多,则需减少蛋的用量,反之则应适量增加蛋的用量。

二是烫煮面团的时间。加入小麦粉后烫煮时间不足会使面糊水分过多,同样会影响加蛋量。

三是加蛋方法。蛋液添加过快,面糊吸收太慢,容易造成面糊过稀。

四是配方中水分含量偏高,超出小麦粉需要的适当水量会造成面糊过湿,影响蛋的正常添加量。

搅拌完成若发觉面糊过硬可增添少许水或蛋液继续将其搅拌均匀,但如果搅拌完成的面糊过稀则很难挽救,因此搅拌过程中需特别加以注意。

(3)成型。泡芙面糊调制完成后即可进入成型阶段。泡芙面糊成型的好坏直接影响成品的形态、大小及质量。泡芙成型最常用的方法是挤注成型,将搅拌完成的面糊装入套有花嘴的裱花袋中,直接将其挤入烤盘内。

烤盘处理是泡芙成型的一个重要步骤。烘烤泡芙用的烤盘一般不刷油,因为烤盘涂油后,易造成面糊移动,烤好的泡芙底部无法良好定形,容易出现凹型现象,严重时内部及外观都会受到影响。适宜的做法是将烤盘擦拭干净,表面撒少许高筋小麦粉,或者铺上一层白纸、不粘烤布。

泡芙有很强的膨胀性,因此在挤注装盘时应留出足够的间隔距离,一般保持在3 cm左右为宜。成型的面糊体积越大,间隔相对越大,反则越小。

挤注成型时应以一个烤盘一种相同造型为原则。若同一烤盘内造型有大有小，会造成产品生熟不均，小的产品可能已出现焦糊，大的产品还未成熟，而未熟的产品取出后很快会萎缩塌陷。

(4) 熟制。泡芙的成熟方法一般有两种，一种是烤制成熟，一种是炸制成熟。烤制成熟即泡芙成型后即刻送入烤炉烘烤。当泡芙胀发后，表面开始干硬时，调整炉温，使炉温降低后继续烘烤，直至泡芙表面金黄，内部熟透为止。出炉后冷却备用。烘烤是泡芙形态形成的关键环节，稍有不慎就可能前功尽弃。泡芙烘烤可分为3个阶段。

①体积膨大阶段。宜使用上火小、下火大的炉温进行烘烤，以促进泡芙向上膨胀，一般炉温为上火180 ℃、下火220 ℃。面糊进入烤炉后逐渐受热，会产生气体推动其膨胀。当面糊烤至8~15 min时，可通过烤炉观察窗看到其体积膨胀约为原来的3倍，这时因尚未定型，切不可开启炉门，否则，将会使未定形的泡芙塌陷。此时可将炉温调节为上火大、下火小，即上火220 ℃、下火180 ℃，继续烘烤至泡芙定形而底部不致焦糊的状态。

②泡芙定型阶段。此阶段泡芙体积大增，表面也开始爆裂，并慢慢呈现金黄色，逐渐定型。这时可将烤炉门轻微打开，必要时可将烤盘调头以促进烘烤颜色均匀。打开炉门的时间应尽量短，次数应尽量少，否则也会因为温度降低而导致泡芙内部未熟，面糊萎缩，严重影响外观。这时的泡芙表面虽已定型，但内部还较湿润，应视表面色泽情况，继续烘烤至完成阶段。

③烘烤完成阶段。泡芙很容易因烘烤不足而出现萎缩塌陷现象。烤好后的泡芙颜色标准是表面金黄，爆裂缝里的颜色接近顶部颜色。烤到这种程度，总的烘烤时间为25~35 min。如果发现颜色差异较大，哪怕烘烤时间已到，仍需继续做适当烘烤，使泡芙色泽、质感完全达到要求。

在泡芙烘烤成熟操作中要注意以下基本要领：在烘烤的过程中不要随意打开烤箱门，以免由于开炉降温而影响泡芙胀发；正确掌握烤箱的温度，炉温过高时制品表面色泽深而内部不熟，炉温过低时制品不易胀发，而且不易上色。

炸制成熟即在锅中将油脂加热到七成熟，将调好的泡芙面糊用两个金属勺子沾上油挖成球状，放入油锅中慢慢地炸至金黄色捞出，表面撒少许糖粉，或炸熟后直接沾肉桂粉与砂糖的混合粉，再配上香草汁食用。炸泡芙要掌握好油温，油温过低时制品胀发不好，油温过高时表面色深而内部不熟。

知识拓展

泡芙塔

泡芙塔最早起源于法国，是法国糕点师傅由埃及金字塔的形状突发奇想，利用纯手工以糖衣或焦糖将泡芙层层叠起成金字塔状，其制作难度极高。泡芙塔由数量众多的泡芙组成，造就"子孙满堂、谷物丰收"的象征意义。现如今是法国婚宴上的重头戏，它代表着恋人对爱情的向往。另外在圣诞派对、洗礼仪式等大型活动上，泡芙塔也是不可或缺的甜品。

【技能训练】

❖❖ 技能目标
1. 掌握混酥类、清酥类及烫面类西点代表性产品的加工工艺流程。
2. 能够小组协作完成西点产品的制作。
3. 能够简单分析产品质量问题并提出解决办法。

❖❖ 素质目标
1. 树立学生正确的职业理想和职业道德。
2. 通过对工艺中细节点的准确把握,培养学生精益求精的工匠精神。

> **情境导入**
> 水果派是一类具有独特水果风味的派,既拥有酥脆的外壳,又包含酸甜的水果内馅,口感丰富,深受人们喜爱。目前部分企业开始生产速冻水果派,进行线上销售。

任务一 苹果派制作(混酥类)

苹果派是水果派中最受欢迎的一种。苹果派是一种起源于英格兰的食品,其制作简单方便,所需的原料价格便宜。

苹果派有着各式不同的形状、大小和口味,形状包括自由式、标准两层式等。口味包括焦糖苹果派、法国苹果派、面包屑苹果派、酸奶油苹果派等。

一、工艺流程

根据混酥类点心的制作方法,准确写出苹果派制作工艺流程。

二、苹果派制作

1. 任务准备

(1)仪器和工具:搅拌机、筛网、派模、烤盘、烤箱、电磁炉、奶锅、刮刀。
(2)材料:高筋小麦粉、低筋小麦粉、黄油、冰水、细砂糖、盐、玉米淀粉、苹果、肉桂粉、苹果汁、奶酪、蛋液、奶油。

2. 方案设计

(1)派皮方案设计如表4-13所示。

表4-13 派皮方案设计

原料	烘焙百分比/%	质量/g
高筋小麦粉	40	400
低筋小麦粉	60	600
黄油	65	650
冰水	30	300
细砂糖	3	30
盐	2	20

（2）派馅方案设计如表4-14所示。

表4-14 派馅方案设计

原料	烘焙百分比/%	质量/g
苹果汁	100	100
细砂糖	25	25
玉米淀粉	4	4
苹果	100	100
肉桂粉	0.5	0.5

3. 操作步骤

（1）派皮制作。将高筋小麦粉、低筋小麦粉过筛后与黄油一起放入搅拌缸内，慢速搅拌至黄油的颗粒像黄豆般大小；细砂糖、盐溶于冰水中，再加入搅拌均匀的混合物搅拌均匀即可，不可搅拌过久；将搅拌后的面团用手搓成直径多为10 cm的圆柱体，用牛皮纸包好放入冰箱冷藏2 h后使用，可做单皮水果派，也可做双皮水果派。

苹果派制作

（2）苹果馅制作。苹果切成小块备用；将苹果汁与10%的细砂糖一起煮沸；将玉米淀粉溶于10%的果汁中，慢慢加入煮沸的糖水中，不断搅动，煮至凝胶光亮；胶冻煮好后，加入15%的细砂糖煮至溶化；苹果与肉桂粉拌匀后，再加入胶冻内拌匀，停止加热并冷却。

（3）派的制作。把苹果馅倒入底层生派皮中，边缘刷蛋液，表面放两三片奶酪；上层皮上开一小口，铺在馅料上，把边缘结合处粘紧；在上层派皮表面刷蛋液，进炉用上下火温度210 ℃/210 ℃，烘烤约30 min。为了使底层派皮熟透，可先把底层派皮进炉烘烤约10 min，使之半熟后再加入馅料铺上上层派皮再进炉烘烤。出炉后表面刷上奶油。

4. 结果与分析

（1）根据表4-15混酥类点心感官指标进行感官检测。

表4-15　混酥类点心感官指标

项目	指标
色泽	表面呈金黄色，内部呈浅黄色，色泽均匀一致，无斑点
形态	形状整齐，厚薄、大小一致，花纹清楚不摊，不凹底，不粘边
内部组织	组织酥松均匀，无大气孔，无面粉、糖、蛋等疙瘩，无生心，无杂质
口味	酥香可口，甜度适中，无异味，松酥不艮
卫生	内外无油泥，无杂质，底无糊渣

(2)将结果与分析填入表4-16中。

表4-16　结果与分析

项目	评价结果	原因分析	解决方案
色泽			
形态			
内部组织			
口味			
卫生			

任务二　葡式蛋挞制作(清酥类)

葡萄牙的著名甜点葡式蛋挞有着酥脆的层层外皮以及浓郁的内馅，酥软兼备，香甜可口所以深得食客的青睐。它的原料简单，但烘焙技巧要求很高。

一、工艺流程

根据清酥类点心的制作方法，准确写出葡式蛋挞制作工艺流程。

二、葡式蛋挞制作

1. 任务准备

(1)仪器和工具：擀面杖、厨师机、锯齿刀、挞模、烤箱、手持搅拌器、量杯、筛网、壁纸刀、打蛋盆、烤盘、烘焙纸。

(2)材料：低筋小麦粉、高筋小麦粉、酥油、片状麦淇淋、水、淡奶油、牛奶、细砂糖、蛋黄、炼乳。

2. 方案设计

(1)葡式蛋挞挞皮方案设计如表4-17所示。

表4-17 葡式蛋挞挞皮方案设计

原料	烘焙百分比/%	质量/g
低筋小麦粉	90	280
高筋小麦粉	10	30
酥油	16	50
片状麦淇淋	80	250
水	48	150

(2)挞水方案设计如表4-18所示。

表4-18 挞水方案设计

原料	烘焙百分比/%	质量/g
淡奶油	100	200
牛奶	82	165
低筋小麦粉	7	15
细砂糖	25	50
蛋黄	30	60
炼乳	7	15

3. 操作步骤

(1)挞皮制作。

①面团调制。将高筋小麦粉和低筋小麦粉、酥油、水混合，拌成面团。水不要一次性加入，要逐渐添加，并用水调节面团的软硬程度，揉至面团表面光滑均匀即可。用保鲜膜包起面团，松弛20 min。

②麦淇淋处理。将片状麦淇淋用塑料膜包严，用擀面杖敲打，把麦淇淋打薄。这样麦淇淋就有了良好的延展性。不要把塑料膜打开，用擀面杖把麦淇淋擀薄。擀薄后的麦淇淋软硬程度应该和面团硬度基本一致。取出麦淇淋待用。

③擀制。案板上施薄粉，将松弛好的面团用擀面杖擀成长方形。擀的时候四个角向外擀，这样容易把形状擀得均匀。擀好的面片，其宽度应与麦淇淋的宽度一致，长度是麦淇淋长度的2倍。把麦淇淋放在面片中间。

④折叠。将两侧的面片折过来包住麦淇淋。然后将一端捏死。

⑤一折。将面片擀长，像叠被子那样四折，用擀面杖轻轻敲打面片表面，再擀长。这是第一次四折。

⑥二折。将四折好的面片开口朝外，再次用擀面杖轻轻敲打面片表面，擀开成长方形，然后再次四折。这是第二次四折。四折之后，用保鲜膜把面片包严，松弛 20 min。

⑦三折。将松弛好的面片开口向外，用擀面杖轻轻敲打，擀长成长方形，然后三折。

⑧整形并松弛。把三折好的面片再擀开，擀成厚度约 0.6 cm、宽度约 20 cm、长度为 35~40 cm 的面片。用壁纸刀切掉多余的边缘，进行整形，将面片从较长的这一边开始卷起来，将卷好的面卷包上保鲜膜，放在冰箱里冷藏松弛 30 min。

⑨切片及填模。将松弛好的面卷用刀切成厚度 1 cm 左右的片，将切好的面片放在小麦粉中沾一下，然后沾有小麦粉的一面朝上，放在未涂油的挞模里。用两个大拇指将其捏成挞模形状。

（2）挞水制作。

①材料混合。将淡奶油、牛奶、炼乳、细砂糖放在小锅里，用小火加热，边加热边搅拌，至细砂糖溶解时离火，略放凉，然后加入蛋黄，搅拌均匀。

②过滤。将制成的蛋挞水过滤，备用。

③灌浆。在捏好的挞皮里装上蛋挞水（装七八成满即可）。

④烘烤。放入烤箱烘烤。烤箱上下火温度为 220 ℃/200 ℃，烘烤 15 min。

4. 葡式蛋挞中无焦斑形成的原因

一个成功的葡式蛋挞表面一定有褐色的焦斑生成，因为焦斑的存在能极大提升食客的食欲。部分蛋挞在经过烘烤后并没有形成焦斑，探究其原因，主要有以下几方面：

（1）蛋挞烘烤时间和温度。蛋挞烘烤的时间越长、温度越高，蛋挞表面形成的焦斑就越多、越明显；反之亦然。

（2）蛋挞水中糖的使用量。糖在糕点中一般有两个作用，一是调味剂，增加糕点甜味；二是着色剂，让糕点着色。蛋挞水中的糖用量越大，蛋挞表面形成的焦斑就越多、越明显；反之亦然。

（3）蛋挞水中淡奶油的使用量。淡奶油使用量越大，蛋挞表面的焦斑就越多、越明显；反之亦然。

5. 结果与分析

（1）根据表 4-19 清酥类点心感官指标进行感官检测。

表 4-19　清酥类点心感官指标

项目	指标
色泽	表面呈金黄色、内部呈浅黄色、色泽均匀一致
形态	形状整齐，厚薄、大小一致，层次清晰
内部组织	组织酥松均匀，内无生心，不出油
口味	酥香可口，无异味
卫生	内外无油泥，无杂质，底无糊渣

(2)将结果与分析填入表4-20中。

表4-20 结果与分析

项目	评价结果	原因分析	解决方案
色泽			
形态			
内部组织			
口味			
卫生			

任务三　泡芙制作(烫面类)

泡芙又称气鼓、哈斗，主要有两类。一类是圆形的奶油泡芙，也称之为奶油气鼓，此类泡芙可根据需要组合成象形的制品，如天鹅泡芙、修女泡芙等。另一类是长条形的闪电泡芙，也称之为气鼓条。两类泡芙所用的泡芙面糊是完全相同的，只是在成型时，使用的裱花嘴及手法有差异而产生了形状的变化。

一、工艺流程

根据烫面类的制作方法，准确写出泡芙制作工艺流程。

二、泡芙制作

1. 任务准备

(1)仪器和工具：搅拌机、烤箱、刮刀、烤盘、电磁炉、手动搅拌器、煮锅、裱花袋、裱花嘴。

(2)材料：高筋小麦粉、牛奶、黄油、淡奶油、盐、全蛋液。

2. 方案设计

奶油泡芙方案设计如表4-21所示。

泡芙糊制作

表 4-21　奶油泡芙方案设计

原料	烘焙百分比/%	质量/g
高筋小麦粉	100	50
牛奶	150	75
黄油	70	35
盐	1	0.5
全蛋液	160	80
淡奶油	适量	适量

3. 操作步骤

（1）水油煮沸。将配方内的牛奶、黄油、盐放于煮锅内，一起煮沸。

（2）面粉糊化。把高筋小麦粉加入上述已煮沸的水油混合料中，边加边搅，至小麦粉完全糊化。

（3）面糊调制。把上述面糊转入搅拌缸内，冷却至 60 ℃。然后把全蛋液分几次加入，使用浆状搅拌器慢速搅拌，边加边搅。每加入一次全蛋液，都要充分搅拌均匀后，才能加入下一次。至面糊的稠度合适时，即可停止加入。面糊稠度是否合适的判断标准是：用浆状搅拌器挑起面糊时，面糊先向下流，但很快就不流了，面糊在浆状搅拌器上停留成三角形，下端形成锯齿形状。

（4）成型。把搅拌好的面糊装进裱花袋（使用 8～10 齿的裱花嘴），在烤盘上挤出成型。

（5）烘烤。烤箱上下火温度为 200 ℃/190 ℃，烘烤约 20 min。

（6）装饰。把烘烤完成的泡芙取出，充分冷却。然后切开，把打发好的淡奶油用裱花袋装好，挤入泡芙的内部，或者加些水果作装饰。

4. 结果与分析

（1）根据表 4-22 泡芙感官指标进行感官检测。

表 4-22　泡芙感官指标

项目	指标
色泽	金黄一致
形态	端正，大小一致，不歪斜。内部组织无面筋网络，无生心，无杂质
口感	味道松香、口感酥软细腻

（2）将结果与分析填入表 4-23 中。

表 4-23 结果与分析

项目	评价结果	原因分析	解决方案
色泽			
形态			
口感			

目标测试

一、名词解释

1. 混酥类点心 2. 清酥类点心 3. 泡芙

二、填空题

1. 派按形状可分为_____、_____、_____三大类。
2. 清酥类点心经面团调制、包油、_____才能成型。
3. 泡芙制作中会往面糊中添加全蛋液，当面糊状态呈现_____时，即可停止加入全蛋液。

三、选择题

1. 下列属于酥类点心的是(　　)。
   A. 鲜花饼　　　B. 桃酥　　　C. 千层酥　　　D. 泡芙
2. 下列属于酥层类点心的是(　　)。
   A. 鲜花饼　　　B. 桃酥　　　C. 千层酥　　　D. 泡芙
3. 鲜花饼是(　　)经典代表之一。
   A. 广式月饼　　B. 潮式月饼　　C. 滇式月饼　　D. 京式月饼
4. 混酥类点心制作原理主要与(　　)有关。
   A. 水　　　　　B. 油脂　　　　C. 蛋　　　　　D. 盐
5. 泡芙属于(　　)。
   A. 混酥类　　　B. 清酥类　　　C. 酥类　　　　D. 汤面糊类

四、思考题。

1. 简述清酥类点心整形方法的注意要点。
2. 混酥类点心的一般制作要求有哪些？

附：西式点心质量分析

1. 混酥类制品的质量问题及改进措施

(1)混酥类制品表面颜色太深。

①配方内糖的用量过多或水分用量太少。应检查配方中糖的用量与水的用量是否适当。

②烤炉温度过高，尤其是上火太高，应降低烤炉上火温度。

（2）混酥类制品表面有斑点。

①面团调制不均匀。原料要调制均匀，无硬心，无疙瘩。

②面团内水分不足。应注意制品的配方平衡。

③糖的颗粒太粗，未能及时溶解。可选择细砂糖，操作过程将糖完全溶解。

（3）混酥制品内部组织粗糙、质地不均匀。

①面团调制不均匀。面团调制应均匀。

②配方内糖、油脂等用量太多。注意面团配方平衡。

③水分用量不足，面糊太干。注意面团配方平衡。

④烤炉温度太低，导致烤制时间延长。可调整烤炉温度。

⑤糖的颗粒太粗，未能及时溶解。做混酥类点心时应尽量使用颗粒细的糖，操作过程将糖完全溶解。

（4）混酥制品韧性太强，组织过于紧密。

①配方中油脂使用太少。应注意混酥制品配方，并选用适当原料。

②小麦粉面筋筋力过强。可改换小麦粉。

③面团调制过久或速度太快，使小麦粉出筋。应注意面团调制程序和方法。

④烤炉温度太高，水分挥发太快。可合理确定制品的烘烤温度。

（5）混酥成品味道不正。

①原料选用不当或不够新鲜。应注意选用新鲜原料。

②原料配方不平衡。可改善混酥制品的配方。

③烤盘、架子、案板不清洁，烤箱有味道。应注意烤箱、烤盘及成品架、案板等用具或设备的保洁。

（6）混酥制品烘烤后煳底煳边。

①配方中糖的用量过大。可调整混酥配方内糖的用量。

②配方中油脂的用量过大。可调整混酥配方内油脂的用量。

③烘烤的温度过高。可调节烤箱的烤制温度。

2. 清酥制品的质量问题及改进措施

（1）清酥制品表面颜色过深。

①配方内糖的用量过多或水分用量太少。可检查配方中糖的用量与水的用量是否适当。

②烤炉温度过高，尤其是上火温度高。可降低烤炉上火温度。

（2）清酥制品表面有斑点。

①面团擀制不均匀。面团要擀制均匀，酥层明晰。

②面团内水分不足。可注意制品的配方平衡。

（3）清酥制品内部组织粗糙、层次不清楚。

①面团擀制不均匀，导致漏油。面团要擀制均匀。

②烤炉温度太低，导致烤制时间延长。烤炉采取合适的温度和适宜的烤制时间。

（4）清酥成品味道不正。

①原料选用不当或不够新鲜。应注意选用新鲜原料。

②烤盘不清洁，烤箱有味道。应及时清洁工具，保持设备卫生。

(5)清酥成品出炉后煳底煳边。

①配方中糖和油脂的用量过大。可调整清酥配方内糖和油的用量。

②烘烤的温度过高。可调节适宜的烤制温度。

3. 泡芙的质量问题及改进措施

(1)泡芙表面颜色太深。

①配方内糖的用量过多或水分用量太少。可检查配方中糖与水的用量。

②烤炉上火温度太高。可降低烤炉上火温度。

③烤制时间略长。可缩短烤制时间。

(2)泡芙表面有斑点。

①面糊调制不均匀。原料要调制均匀，无硬心，无疙瘩。

②面糊内水分不足。应注意制品的配方平衡。

③糖的颗粒太粗，未能及时溶解。可使用细砂糖。

(3)泡芙内部粗糙、质地不均匀。

①面糊调制不均匀，没有搅打起泡。可调整面糊的配方。

②水分用量不足，面糊太干。可调整面糊的配方。

③烤炉温度太低，导致烤制时间延长。调整烘烤温度与时间。

(4)泡芙味道不正。

①原料选用不当或不够新鲜。可注意选用新鲜原料，如鸡蛋一定要新鲜。

②原料配方不平衡。可改善泡芙的配方。

(5)烘烤后形状不整齐。

①配方中油脂的用量过大。可调整配方内油脂的用量。

②面团没有搅打起泡，挤注不均匀。可选择合适的裱花袋，用力均匀挤注。

③码盘时走形。码盘时要留有一定的空间，轻拿轻放。

参考文献

[1] 陈平,陈明瞭. 焙烤食品加工技术[M]. 北京:中国轻工业出版社,2019.
[2] 田晓玲. 焙烤食品生产[M]. 2版. 北京:化学工业出版社,2017.
[3] 魏玮,王立晖. 焙烤食品加工技术[M]. 北京:中国轻工业出版社,2020.
[4] 李里特,江正强. 焙烤食品工艺学[M]. 北京:中国轻工业出版社,2019.
[5] 中国就业培训技术指导中心. 西式面点师. 北京:中国劳动社会保障出版社,2020.
[6] 帕拉罗勒鲁. 蛋糕装饰大全[M]. 周小燕,译. 石家庄:河北科技出版社,2016.
[7] 王森. 蛋糕裱花大全[M]. 青岛:青岛出版社,2015.
[8] 凯伦·莎莉文. 蛋糕装饰基础[M]. 丛龙岩,译. 北京:中国轻工业出版社,2016.
[9] 胡源媛. 蛋糕装饰[M]. 广州:暨南大学出版社,2017.
[10] 熊谷裕子. 蛋糕裱花基础[M]. 何凝一,译. 北京:中国民族摄影艺术出版社,2018.
[11] 麦田金. 蛋糕与装饰[M]. 郑州:河南科学技术出版社,2017.
[12] 杉本都香咲. 蛋糕装饰技法大全[M]. 徐泽华,译. 郑州:河北科学技术出版社,2017.
[13] 卡罗尔·迪肯. 蛋糕装饰技法[M]. 张彦希,译. 北京:北京科学技术出版社,2016.
[14] 马涛. 饼干加工技术与实用配方[M]. 北京:化学工业出版社,2014.
[15] 钟志惠. 西点生产技术大全[M]. 北京:化学工业出版社,2012.
[16] 钟志惠. 西式面点工艺与实训[M]. 北京:科学出版社,2020.
[17] 周淑玲. 巧手做西点[M]. 上海:上海科学普及出版社,2001.
[18] 黄剑,鲁永超. 面点工艺[M]. 北京:科学出版社,2010.